苏南现代化研究丛书

丛书主编：宋林飞

Urban and Industrial Integration
Development

Changzhou Practice and Its Characteristics

产城融合发展

——常州实践与特色

芮国强 /著

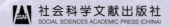
社会科学文献出版社
SOCIAL SCIENCES ACADEMIC PRESS (CHINA)

本书系国家社科基金重点项目"城市治理现代化进程中的政府质量提升路径研究"（16AZZ014）的阶段性成果

总　序

宋林飞

　　未来四年，我国将全面建成小康社会，实现振兴中华的第一个百年目标。2020 年以后，我国将全面进入基本实现现代化的新阶段，即再经过 30 年的奋斗，实现振兴中华的第二个百年目标。

　　当前，我们的中心任务是扬长补短，扶贫攻坚，突破资源环境的约束，推进可持续发展，全面建成小康社会。这是不是意味着，我们只需关注小康社会，四年后再关注现代化？不是的，我们现在必须关注现代化，因为小康社会本身就是现代化的一个阶段。

一　中国特色社会主义现代化包括三个阶段

　　第一阶段，初步现代化，即全面建成小康社会，迈入发达国家门槛；第二阶段，中度现代化，即基本实现现代化，进入中等发达国家行列；第三阶段，高度现代化，即进入最发达国家行列。小康社会是中国特色社会主义现代化的第一个阶段，全面建成小康社会是实现初步现代化。

　　实现中国现代化是中国共产党与全国人民的共同理想与目标。1964 年 12 月 21 日，根据毛泽东的提议，周恩来在全国三届人大一次会议上宣布，我国今后的战略目标是："要在不太长的历史时期内，把我国建设成为一个具有现代农业、现代工业、现代国防和现代科学技术的社会主义强国，赶上和超过世界先进水平。"[①] 这是我们党第一次完整科学地提出"四个现

---

　　① 《周恩来选集》（下卷），人民出版社，1984，第 439 页。

代化"，并将之确立为党的战略目标。

确立这个战略目标是完全正确的，但缺乏阶段性划分，时序也不可行。由于国内自然灾害、"文化大革命"干扰与国外封锁，要在20世纪末实现四个现代化，赶上发达国家水平，并不可能。改革开放初期，邓小平实事求是看待现代化，对于中国现代化进程做了阶段性的科学划分。

二　全面建成小康社会是实现初步现代化

邓小平使用"小康""小康之家""小康水平""小康社会"的概念，都是为了探讨符合中国国情的"四个现代化"。1979年3月21日，邓小平第一次提出了"中国式的四个现代化"的全新概念。他说："我们定的目标是在20世纪末实现四个现代化。我们的概念与西方不同，我姑且用个新说法，叫做中国式的四个现代化。"[①] 不久他又将刚刚提出的"中国式的四个现代化"表述为"中国式的现代化""小康之家"。达到"小康"那样的水平，同西方来比，也还是落后的。显然，现在我们应将"小康"理解为"四个现代化的最低目标"，中国人还不富裕，但日子好过，社会上存在的问题能比较顺利地解决。

小康社会是动态的、开放的发展目标。1980年12月25日，邓小平第一次对实现小康目标后的发展战略作了设想，他提出，经过20年的时间，我国现代化经济建设的发展达到小康水平后，还要"继续前进，逐步达到更高程度的现代化"。[②]

三　基本实现现代化目标是达到中等发达国家的水平

1984年4月18日，邓小平明确提出：我们的第一个目标就是到20世纪末达到小康水平，第二个目标就是要在30～50年达到或接近发达国家的水平。这样，我国经济发展目标的时限就由20世纪末延伸到21世纪中叶，目标定在"接近发达国家的水平"[③]。1987年2月18日，邓小平对21世纪中叶的发展目标作了一个调整，把以前提出的"接近发达国家的水平"改

---

① 《邓小平年谱（1975—1997）》（上），中央文献出版社，1998，第496页。
② 《邓小平文选》第2卷，人民出版社，1994，第356页。
③ 《邓小平选集》第3卷，人民出版社，1993，第79页。

为"达到中等发达国家的水平"①。

党的十五大报告首次提出，21世纪初开始"进入和建设小康社会"；以后，"第一个十年实现国民生产总值比二〇〇〇年翻一番，使人民的小康生活更加宽裕，形成比较完善的社会主义市场经济体制；再经过十年的努力，到建党一百年时，使国民经济更加发展，各项制度更加完善；到二十一世纪中叶建国一百年时，基本实现现代化，建成富强民主文明的社会主义国家"。党的十六大、十七大、十八大都将基本实现现代化列为战略目标，并且明确为"第二个百年目标"，令人鼓舞。

四 实现高度现代化是中国特色社会主义现代化的最高目标

现代化国家与地区，是由联合国宣布的，使用"人类发展指数"（人均GDP、平均受教育年限、平均预期寿命）来测定。目前，从联合国公布的发达国家或地区来看，人均GDP达到1万多美元是发达国家的门槛；中等发达国家水平为3万美元左右；还有达到5万美元左右的最发达国家。为此，应设置"全面建设高度发达国家"的长远目标。

2015年，我在《全面建成小康社会》一书中提出"中国现代化三阶段说"。第一阶段，到2020年，人均GDP达到1万美元，人民生活比较富裕，实现初步现代化，即全面建成小康社会。第二阶段，到2050年，人均国民生产总值30年翻一番以上，为3万美元左右，达到中等发达国家水平，人民生活比较富有，基本实现现代化，即实现中度现代化。第三阶段，到2080年，人均国民生产总值30年翻一番，为5万美元以上，达到高度发达国家水平，人民生活普遍富有，实现高度现代化。②

中国特色社会主义现代化战略，是要在21世纪先后实现全面建成小康社会、基本实现现代化、实现高度现代化三大目标。中国崛起，已经成为世界经济的引擎，以后将继续拉动世界经济发展，以及全球政治社会秩序的构建，给中国与世界各国人民带来发展与繁荣。

当今世界，是不是所有的国家都欢迎中国作为一个新兴大国崛起？不，总有一些国家看到中国发展就不舒服，总要折腾与遏制，并且花样不

① 《十三大以来重要文献选编》（上），人民出版社，1991，第16页。
② 宋林飞：《全面建成小康社会》，江苏人民出版社，2015，第405页。

断翻新。树欲静而风不止。对此，我们必须保持清醒的头脑。

2014年1月22日，习近平总书记在美国《世界邮报》的专访中，谈到当今处理大国关系时说，我们都应该努力避免陷入"修昔底德陷阱"①。这表明，我们面临巨大的风险，应坚持积极避免的正确态度，努力防止中国现代化进程被打断。

我们相信，只要我们不动摇、不懈怠、不折腾，坚定不移地推进改革开放，坚定不移地走中国特色社会主义道路，就一定能够胜利实现振兴中华的宏伟蓝图和奋斗目标，早日把祖国建设成为"富强、民主、文明、和谐"的社会主义现代化国家。

五 区域率先符合现代化规律

基本实现现代化是否要等到我国全面建成小康社会以后才启动？不是的，我国基本实现现代化已经在路上。区域率先是世界现代化的一般规律。

由于区域发展的不平衡，我国东部沿海有条件的地区，应建设更高水平的小康社会，同时推进基本现代化进程。创新是世界现代化不断丰富和深化的原动力，创新者也成为现代化的率先者。经济、政治、文化、社会的现代化发展，总是首先在一定的区域取得进展和突破，继而影响或带动周边地区的现代化。

党的十六大明确提出，为完成党在新世纪新阶段的奋斗目标，有条件的地方可以发展得更快一些，在全面建设小康社会的基础上率先基本实现现代化。党的十八大也鼓励"有条件的地方在现代化建设中继续走在前列，为全国改革发展做出更大贡献"。有条件的地方率先迈开基本实现现代化的步伐，是我们党在准确把握社会主义现代化建设的一般规律与基本特征基础上做出的科学判断，是对全面小康理论的科学发展。率先基本实现现代化也是历史赋予先行地区的光荣使命。

过去与现在，我国先发地区在全面建成小康社会的进程中，率先迈上了基本现代化的新征程。2014年12月，习近平总书记在视察江苏时指出，

---

① 《习近平：中国崛起应避免陷"修昔底德陷阱"》，2014年1月24日，来源：环球网、中国青年网，http://news.youth.cn/sz/201401/t20140124_4581940.htm。

要紧紧围绕率先全面建成小康社会、率先基本实现现代化的光荣使命，努力建设经济强、百姓富、环境美、社会文明程度高的新江苏。①

六 苏南现代化建设示范区主要进展与评估

2013 年 4 月，经国务院同意，国家发改委印发了《苏南现代化建设示范区规划》。该规划明确，到 2020 年，苏南人均地区生产总值达到 18 万元，这一预期目标达到中等发达国家的水平。目前，苏南现代化示范区已进入现代化国家与经济体的门槛。2014 年，苏州市人均 GDP 为 13.15 万元，无锡市人均 GDP 为 12.69 万元，南京市人均 GDP 为 10.77 万元，常州市人均 GDP 为 10.67 万元，镇江市人均 GDP 为 10.46 万元，均超过了联合国公布的现代化国家与地区的人均 GDP 1 万多美元的最低水平。

近几年来，苏南现代化建设示范区各级党政部门学习与践行习近平总书记的系列重要讲话精神，根据《苏南现代化建设示范区规划》提出的要求，先行先试、高端引领、扬长补短，努力推进全面建成小康社会与基本现代化的进程，努力建设自主创新先导区、现代产业集聚区、城乡发展一体化先行区、开放合作引领区与富裕文明宜居区，朝着这些目标推进现代化建设，同时积极探索政府治理体系、治理能力现代化的路径，取得了重要进展。

2015 年，江苏省发改委、江苏省经信委、江苏省住建厅、江苏省政府研究室、江苏省政府参事室与南京大学、苏州大学、江南大学、常州大学、江苏大学，联合组建了苏南现代化研究协同创新中心。这个中心由常州大学负责推进日常工作，第一项工作是开展苏南现代化示范区进展研究，出版"苏南现代化研究丛书"。现在与读者见面的，是第一辑六本书，包括两大内容。

第一，总结苏南现代化建设示范区初步形成的主要特色。一是南京市推进科技体制综合改革，先后出台了关于科技人才创业特别社区、众创空间、知识产权、战略性新兴产业创新中心等方面的法规与政策文件。建设科技创新创业平台，促进科技成果转化。二是无锡市推进"两型社会"建

---

① 《习近平：主动把握和积极适应经济发展新常态》，《新华每日电讯》2014 年 12 月 15 日，第 1 版。

设。构建能源资源节约利用新机制，无锡市相继列入国家首批工业能耗在线监控试点城市、国家可再生能源建筑应用示范城市、国家光伏分布式能源示范区、全国绿色低碳交通运输体系区域性试点城市、全国国土资源节约集约模范市。三是常州市推进产城融合综合改革。开展市级产城融合示范区试点工作，培育产城融合发展的典型。推进以智能装备制造为重点的十大产业链建设，推进传统优势产业转型升级。四是苏州市推进城乡发展一体化。统筹城乡基本公共服务，初步形成广覆盖的公共服务体系，全市城乡低保、养老、医疗保障制度实现"三大并轨"，城乡居民养老保险和医疗保险覆盖率均保持在99%以上。五是镇江市推进生态文明建设，在全国率先推行固定资产投资项目碳排放影响评估制度，以县域为单位实施碳排放总量和强度的双控考核。2014年获得中国人居环境奖，成为全国第5家国家生态市、全国首批生态文明先行示范区。其中，每个特色都形成了一本书，分别由蒋伏心、刘焕明、芮国强、夏永祥、马志强教授主编。

第二，评估苏南现代化示范区建设的主要进展。2016年4~5月，经江苏省委主要领导同意，我组织部分省政府参事与学者，对苏南现代化示范区各市建设情况进行了一次调查。依据调查得来的苏南地区党政部门提供的有关资料，以及江苏省统计局、江苏省教育厅提供的有关数据，我们对苏南现代化示范区建设进展做了定性与定量评估。

测评1：苏南地区现代化指标达标率。我们对"苏南地区现代化建设指标体系（试行）"进行测评。2015年，在"经济现代化、城乡现代化、社会现代化、生态文明、政治文明"一级指标的44个三级指标中，苏南地区已经有29个三级指标达标，达标率为65.91%；7个指标实现程度在90%以上，接近达标；2个指标实现程度在80%~90%；6个指标实现程度在80%以下，差距较大。分市来看，苏州市、无锡市有26个指标已达标，达标率为59.09%；南京市和常州市有25个指标已达标，达标率为56.82%；镇江市有19个指标达标，达标率为43.18%。

测评2：苏南地区现代化建设综合得分。经对"苏南地区现代化建设指标体系（试行）"进行百分制测评，2015年苏南地区现代化综合得分为90.15。分类来看，2015年苏南地区经济现代化综合得分为86.54，城乡现代化综合得分为83.54，社会现代化综合得分为97.69，生态文明综合得分为85.23；政治文明的综合群众满意度达到90.15%。分市来看，现代化综合得分南京市为 89.27，无锡市为 89.25，常州市为 88.37，苏州市为 91.00，镇江市为 87.38。

测评 3：联合国人类发展指数（HDI）得分。经对人均 GDP、平均受教育年限与预期寿命三大指数的综合测算，2015 年苏南地区人类发展指数为 0.935。其中，南京市为 0.927，无锡市为 0.943，常州市为 0.928，苏州市为 0.945，镇江市为 0.923。联合国曾根据人类发展指数将世界各国分为四类：极高人类发展水平（0.900 及以上）、高人类发展水平（0.800～0.899）、中等人类发展水平（0.500～0.799）、低人类发展水平（低于0.500）。2015 年苏南地区总体人类发展指数为 0.935，属于极高人类发展水平（0.900 及以上），相当于 2005 年德国的发展水平（第 22 位）。2015年苏南五市人类发展指数分布在 0.923～0.945，即相当于 2005 年卢森堡（0.944，第 18 位）、希腊、以色列、德国、香港地区、意大利、新西兰及新加坡（0.922，第 25 位）的发展水平。

我们测算使用的"预期寿命"数据是 2010 年人口普查数据，因此2015 年苏南地区人类发展水平与 2005 年世界极高人类发展水平的国家与地区相比，实际差距没有 10 年。到 2030 年，苏南地区人类发展指数进行当年国际比较时，将有较大幅度进位，有望达到或者接近主要发达国家的水平。

苏南现代化建设示范区正在继续推进，生机勃勃，这一伟大而精彩的实践深深地吸引着我们。我们将组织专家进行继续追踪观察与调研，每年出版一辑多本著作，记录与分析苏南现代化建设示范区的进展与面临的挑战，探索现代化的重大理论与实践问题，为中国特色社会主义理论研究与创新做出一份贡献。

是为序。

2016 年 12 月

目 录

引　言
常州产城融合发展的提出

　　"产城融合"概念于 2009 年随着我国城镇化进程的推进而提出，其出现在国内正式文献中则是在 2011 年。"产城融合"是相对于产城分离提出的一种新的发展思路，是指产业与城市融合发展，以城市为基础，承载产业空间和发展产业经济，以产业为保障，驱动城市更新和完善服务配套，以达到产业、城市、人之间有活力、持续向上发展的模式，即"以产促城，以城兴产，产城融合"。

　　常州市产城融合在文件层面的正式提出，最早源于经国务院同意、国家发展和改革委员会 2013 年 4 月 25 日印发的《苏南现代化建设示范区规划》。该规划对常州的总体发展定位给出了如下界定，"发挥产业基础较好、科教资源丰富的优势，建设全国重要的智能制造装备、新材料产业基地和区域科技创新中心、文化创意基地、生态休闲旅游目的地，成为智能装备制造名城和智慧城市"。在此基础上，该规划进而提出，"在符合土地利用总体规划、城市总体规划和相关法律法规的前提下，在常州推动建设西太湖科技城，重点发展先进碳材料、科技金融和高端商务服务，成为产城融合创新示范区"。

　　《中共中央关于全面深化改革若干重大问题的决定》（以下简称《决定》）强调，要坚持走中国特色新型城镇化道路，完善城镇化健康发展的体制机制，推进以人为核心的城镇化，推动大中小城市和小城镇协调发展、产业和城镇融合发展，促进城镇化和新农村建设协调推进。《决定》所提出的"产业和城镇融合发展"可以理解为对产城融合这一概念既规范又精准的锚定。自此，作为重要改革举措的产城融合开始步入实践层面。

　　《中共江苏省委贯彻落实〈中共中央关于全面深化改革若干重大问题的决定〉的意见》（以下简称《意见》）强调，要加强改革试点工作，重视发挥各类综合配套改革试点的示范带动作用。《意见》指出，南京科技体制改革、苏州城乡一体化发展、无锡"两型"（资源节约型、环境友好型）社会建设、常州产城融合、镇江生态文明、南通陆海统筹发展、泰州转型升级、扬州跨江融合发展、徐州振兴老工业基地、淮安苏北中心城市建设、盐城可持续发展、连云港东中西区域合作示范、宿迁区域协调发展以及农村改革试验区等领域、行业的改革试点试验，既是发展的重要载体，也是改革的重大平台，基本覆盖了江苏省经济社会发展的各个领域。《意见》要求，要切实加强对改革试点试验工作的分类指导，鼓励各地从实际出发，发挥特色优势，注重制度创新，积极先行先试，为全面深化改革探索路子、积累经验。在《意见》中，按照"一市一策"的思路，中共江苏省委确立了全省13个省辖市的改革试点内容和任务，明确了常州承担产城融合改革试点试验的重任，要求常州深入推进产城融合综合改革试点，近期作示范，长远探路子，大胆探索、先行试点、敢想敢干，迎难而上，努力为全省提供可复制、可推广的经验和模式。

为贯彻落实中共江苏省委的部署，江苏省人民政府近几年的政府工作报告都对常州产城融合改革试点工作提出了进一步的要求。2014年《政府工作报告》明确提出，"积极支持常州开展产城融合综合改革试点"。2015年《政府工作报告》提出，"强化'多规合一'与产城融合。强化规划引领，积极推进市县'多规合一'，努力做到一个市县一本规划、一张蓝图。优化产业布局，提升产业层次，推动产城融合发展。深入推进常州产城融合综合改革试点，支持科教城协同创新发展"。2016年《政府工作报告》提出，"创新新型城镇化投融资、产城融合等体制机制，扎实推进以人为核心的新型城镇化"。2017年《政府工作报告》提出，"抓好国家新型城镇化综合试点，深入落实农业转移人口市民化、投融资机制多元化、产城融合发展等重点任务"。

2015年2月13日，江苏省人民政府常务会议研究审议并原则通过了《常州市产城融合综合改革试点总体方案》，要求常州市以产城融合综合改革试点为契机，精心组织、统筹推进、狠抓落实，在产城融合中加快推进转型升级，努力提升发展质量效益，让城市发展得更好，让人民群众真正得益受惠。2015年3月，中共江苏省委、江苏省人民政府正式批准《常州市产城融合综合改革试点总体方案》。

作为江苏省唯一的承担产城融合综合改革试点的地级市，常州市委、市政府按照中央和省委的统一部署，充分认识产城融合综合改革的重要意义，高度重视、系统谋划、统筹推进，产城融合综合改革试点取得了积极进展。

2015年6月25日召开的中共常州市委全面深化改革领导小组第六次会议审议通过了《关于推进产城融合综合改革的实施意见》。2015年7月17日，中共常州市委召开十一届九次全体（扩大）会议，深入学习贯彻江苏省委十二届十次全会和"迈上新台阶，建设新江苏"系列会议精神，全面部署推进产城融合综合改革，动员全市上下进一步凝心聚力、开拓创新，努力走出一条具有常州特色的转型发展之路，为建设"经济强、百姓富、环境美、社会文明程度高"的新常州注入强劲动力。会议强调，产城融合是常州转型发展的重大命题，是重塑优势的重大战略，是改革创新的重大探索。会议提出，要完成探路试点的重托，必须立足常州实际、统筹推进，积极探索、主动作为，在产城空间配置、产城协调发展、产城形态融合等方面加强创新实践，努力使美好蓝图变成现实模样。会后，正式下发了《中共常州市委　常州市人民政府关于推进产城融合综合改革的实施意见》。

《常州市国民经济和社会发展第十三个五年规划纲要》明确了常州"十三五"期间"一城、一中心、一区"的城市发展定位，即努力打造全国一流的智能制造名城、长三角特色鲜明的产业技术创新中心和国内领先的产城融合示范区，基本建成具有突出竞争力和影响力的区域中心城市。

"一城"，建设全国一流的智能制造名城，打造"工业明星城市"升级版。重点推进"制造＋智能"，加快工业机器人、增材制造等先进制造技术在重点行业和企业中的应用，打造一批智慧工厂；推进"制造＋网络"，加快构建以数字化制造、内容服务、平台经济为代表的互联网制造模式，为常州制造业发展插上网络双翼；推进"制造＋服务"，推动制造与文化、创意等产业相互渗透、跨界融合、业态创新，到2020年新兴产业占制造业比重达40％以上。

"一中心"，建设长三角特色鲜明的产业技术创新中心，技术创新处于国内领先地位。完善提升"十大产业链"，掌握核心技术赢得发展话语权；依托常州科教城加快建设国家级智能制造创新中心；到2020年，实现规模以上工业企业研发机构覆盖率达50%，高新技术企业超过1500家。

"一区"，建设国内领先的产城融合示范区，为全省乃至全国先行探路、积累经验。推动产业绿色低碳改造，实现业态更新；以"宜居宜业宜游"为目标，加快城市有机更新；突出人的全面发展，促进发展与惠民的统一、文明与经济的互动；探索构建产城融合发展制度体系，拿出一批可供复制推广的制度成果；力争到2020年，基本建成"空间结构协调、产业活力强劲、城市品质高端、服务功能完备、市民安居乐业"的产城融合发展示范区。

> 空间结构协调是指区域均衡布局，为各区域打造发展的舞台；是指生产、生活、生态均衡布局，各区域承担应有功能，彰显各自特色，充分满足多层次发展需求；是指城乡一体化发展，城市与农村、工业与农业统筹协调，相互促进。

> 产业活力强劲是指创新驱动水平不断提升，产业结构不断优化，产业链建设积极迈向中高端水平；是指创新创业氛围浓厚，知名品牌不断涌现，"常州智造"和"常州服务"闻名海内外。

> 城市品质高端是指规划整齐有序，基础设施完善；是指文化印记鲜明，传统文化与现代文明交融；是指城市管理有序，街道干净整洁；是指制度规则国际接轨，发展环境开放包容。

> 服务功能完备和市民安居乐业是以人为核心，突出以人为本，是指公共服务进一步提质均衡，幼有所学，老有所养，贫有所依，难有所助，病有所医；是指生态环境不断美好，抬头见得到蓝天，俯视见得了碧水，出门进得了绿地；是指人人能有一份满意的工作、一个温馨的房间。

2016年3月20日，中共常州市委、常州市人民政府召开产城融合综合改革领导小组会议，进一步统一思想，深化认识，明确目标，采取更加切实有效的措施，全力推动产城融合综合改革取得新进展新成效。会议强调，推进产城融合综合改革，实现"以产兴城、以城促产、宜居宜业、融合发展"，要增强宏观把握能力，既要从小处入手，更需从大处着眼；要处理好全局和局部的关系，既全面推进各项主要任务，又加快形成一批试点示范。

2016 年 4 月，常州市下发《关于开展市级产城融合示范区试点工作的方案》和《常州产城融合综合改革 2016 年推进计划》。根据方案安排，常州于 2016 年 7 月全面开启了市级产城融合示范区建设。《常州产城融合综合改革 2016 年推进计划》确定了 2016 年产城融合的 5 大目标任务：建设布局合理的空间体系、建设富有活力的现代产业体系、建设强支撑力的基础设施体系、建设市民宜居幸福的服务体系和创新产城融合发展体制机制，明确了年度 30 项重点目标任务和各辖市区推进目标任务。

在此基础上，常州市紧扣"建设国内领先的产城融合示范区"的目标定位，将 2017 年作为全面推进产城融合综合改革的深化之年，突出重点，抓住关键，精准发力，从全市总体推进目标任务、武进国家产城融合示范区建设计划、市级产城融合示范区建设目标任务三个方面入手，制定了《常州产城融合综合改革 2017 年推进计划》。该计划对全市产城融合总体推进目标任务进行了安排，按照建设布局合理的空间体系、建设富有活力的现代产业体系、建设强支撑力的基础设施体系、建设市民宜居幸福的服务体系、创新产城融合发展体制机制 5 大工程共细分为 25 项重点任务，推动产城融合向深水区延伸。

"建设布局合理的空间体系"工程主要突出落实主体功能区规划、同步完成土地利用总体规划调整完善和永久基本农田划定工作、加快新一轮城市总体规划修编、推动多规融合、推进行政区域调整后的乡镇融合等任务。

"建设富有活力的现代产业体系"工程主要突出智能制造名城建设、现代服务业创新发展、产业技术创新能力提升、特色产业园区和特色小镇建设等任务。

"建设强支撑力的基础设施体系"工程主要突出区域交通、能源、环境、水利等重大基础设施工程建设。

"建设市民宜居幸福的服务体系"工程主要突出生态绿城、国家森林城市、碧水蓝天净土工程等生态环境改善提升和教育现代化、健康常州、棚户区改造等公共服务供给。

"创新产城融合发展体制机制"工程主要突出国家级和市级产城融合综合改革示范试点以及人口管理服务、用地管理服务、环保监管制度、社会治理创新等方面的改革创新。

由此可见，苏南现代化建设示范区、苏南自主创新示范区、长江经济带建设等国家战略给常州发展带来了新的机遇，而产城融合综合改革正是常州给出的答案。它既是常州解决积留问题的有效手段，也是常州抓住历史机遇的必然选择，更是常州重塑竞争优势的重大战略。产城融合综合改革是一项系统工程，涉及城市规划、土地利用、生态保护、产业布局等方方面面。

常州产城融合综合改革历程

2015 年 3 月 中共江苏省委、江苏省人民政府正式批准印发常州市产城融合综合改革试点方案。

2015 年 5 月 中共常州市委、常州市人民政府召开行政区划调整动员大会，对常州市部分行政区划调整工作进行动员部署。

2015 年 7 月 中共常州市委召开十一届九次全体（扩大）会议，全面部署推进产城融合综合改革。

2016 年 4 月 中共常州市委、常州市人民政府召开产城融合综合改革领导小组会议，深入推进改革试点。

2016 年 7 月 常州全面推进市级产城融合示范区建设。

2016 年 11 月 中共常州市委开展产城融合综合改革专项督察。

试点工作开展以来，通过突出规划引领，推动产业转型升级，提升城乡功能品质，坚持以人为本，加强体制机制创新，常州市走出了一条"以产兴城、以城促产、宜居宜业、融合发展"的产城融合综合改革发展之路，取得了初步成效，部分区域已形成了产城融合发展的初步形态，基本实现了"近期作示范，长远探路子"的要求，为其他地区的产城融合发展提供了可复制、可推广的经验和模式。

一是产城融合发展的空间布局更加优化。顺利完成行政区划调整工作，优化了生产力布局，打开了城市发展格局，"一中心四片区"的空间格局基本形成。二是产城融合发展的产业基础更加坚实。三次产业结构实现了由"二三一"向"三二一"的新格局转变。建成公共创新平台 30 家以上、"两站三中心"1200 个以上，科技创新驱动能力进一步提升。三是产城融合功能品质进一步提升。常州机场实现一类口岸开放，常溧高速公路、238省道常州段等重点区域联通工程建成通车，城市快速轨道交通1号线建设顺利推进，铁公水空等综合交通基础设施建设更加完善，污水、污泥、固废处理能力进一步提升，智慧城市建设不断推进，全面开展国家森林城市创建。四是产城融合发展的核心目标逐渐实现。2016年常州全市居民人均可支配收入达38435元，其中城镇居民人均可支配收入46058元，农村居民人均可支配收入23780元，城乡居民收入比为1.94∶1，社保参保覆盖面稳定在98%以上，所有辖市区均创成省教育现代化建设先进市（区），千名老人拥有床位数居全省领先水平。五是产城融合发展的体制机制不断创新。户籍制度改革、投融资体制创新、土地制度改革、生态保护制度创新等一批配套改革不断推进，保障了产城融合综合改革的顺利推进。常州武进区成功入选国家级产城融合示范区，重点围绕产城融合综合推进及人口管理、土地管理等专项制度进行改革探索。

值得关注的是，"十三五"期间，很多地区都把提升产城融合度作为工作的重点之一，如北京市提出"坚持产城融合、职住平衡，培育优势特色产业，提升新城综合服务功能，吸引高端要素聚集和中心城区人口迁住"，湖北省提出"坚持以人的城镇化为核心，坚持产城融合、四化同步"，福建省提出"优化中心城市的城市风貌、产业结构和城市空间布局，推动城市功能更新、精明增长"。同时，国家发展和改革委员会于2015年7月启动了产城融合示范区的建设工作，并于2016年10月印发了《关于支持各地开展产城融合示范区建设的通知》（发改地区〔2016〕2076号），提出了58个产城融合示范区建设的主要任务，要求各地在示范区建设中明确发展目标、控制开发强度、创新体制机制、落实工作责任。

因此，基于较为全面系统科学地总结常州的实践探索和做法经验的宗旨，本书以常州深化产城融合改革、推进产城融合发展的实践探索为样本，在准确把握产城融合科学内涵、理论基础及内在机理，科学诊断产城融合提出的历史方位、战略前提及现实背景的基础上，从现实基础、基本做法、初步成效、特色亮点四个方面较为全面地总结了常州推进产城融合综合改革的试点工作，概括提炼了常州向全省提供的可复制、可推广的经验和模式，并在国内外其他地区推进产城融合发展的实践经验的指导下，提出了常州乃至全国深化产城融合综合改革的对策建议，进而为提升产城融合度提供了思想驱动和理论引领。本书正文共由八章构成。

第一章"产城融合综合改革提出的动因及背景"从城市化社会、中国特色新型城镇化、产城分离三个维度分析了产城融合综合改革提出的历史方位、战略前提和现实背景，旨在从更为宏大的时空范围和更为精准的问题导向来理解和把握产城融合提出的时代背景和历史必然。

第二章"产城融合发展的科学内涵"在从理论层面论述产业、城镇、城镇化、融合等产城融合元概念的基础上，从理论和实践两个层面分析了产城融合概念的科学内涵，以期完整准确地理解和认识产城融合的内涵、外延、要素及其系统构成，为后续研究提供基本的概念约定。

第三章"产城融合发展的理论分析"重点从理论层面论述产城融合发展的理论基础、内在机理、作用机制和动力机制，为总结常州的做法和经验提供理论支持。

第四章"常州产城融合发展的现实基础"侧重于从产城融合发展的产业基础、城镇基础和存在问题三个方面展开分析，旨在回答常州开展产城融合综合改革的历史必要性和现实可能性。

第五章"常州产城融合综合发展的基本做法"从提升产业层次、增强产城融合新动能，改革行政区划、优化产城融合新空间，完善基础设施、强化产城融合新支撑，拓展公共服务、满足产城融合新需求四个方面简要概括了常州近年来深化产城融合综合改革、推进产城融合发展的探索和实践。

第六章"常州产城融合发展的初步成效"从凸显以人为本、加快推进了市民化进程，统筹建设管理、有效提升了城镇功能，坚持改革创新、全面推动了体制机制创新，突出示范亮点、成功入选国家级产城融合示范区四个方面总结了常州近年来深化产城融合综合改革、推进产城融合发展的进展和成效。

第七章"常州产城融合发展的特色亮点"从坚持立足全局、明晰产城融合发展定位，注重规划统领、优化产城融合发展布局，突出以产兴城、强化产业发展推进机制，推进文化建设、彰显产城融合品质内涵，建设生态文明、增创产城融合发展优势五个方面提炼了常州近年来深化产城融合综合改革、推进产城融合发展的特色和亮点。

第八章"其他地区推进产城融合发展的经验启示"运用国内国外相结

合的分析视角，以案例分析的方法陈述了国外城市和国内其他地区推进产城融合发展的实践探索及经验镜鉴，其中国内其他地区推进产城融合发展的实践探索及经验镜鉴从县域、市域、新城（经济开发区、工业园区）和乡镇四个层面展开，旨在为提出进一步深化产城融合综合改革的对策建议提供更为全面的实践素材和经验启迪。

正文的八章内容可以大致分为理论篇（第一章至第三章）、实践篇（第四章至第六章）和经验篇（第七章、第八章），依照逻辑按以下顺序来展开：什么是产城融合？为什么提出产城融合？产城融合的影响因素有哪些？产城融合的内在机理、动力机制、作用机制是怎样的？常州是在什么样的基础上推进产城融合的？常州是如何推进产城融合的？常州推进产城融合有哪些好的做法、取得了什么样的成效？常州的产城融合综合改革形成了哪些可复制、可推广的经验，又有哪些特色和亮点？

虽然常州的产城融合综合改革取得了积极的进展，但由于常州是全国唯一从地级市全域范围内推进产城融合发展的，既没有现成的经验可以借鉴，也没有标准的做法可以遵循，因此，常州的产城融合综合改革仍处于探索和试点之中，必须在问题导向的指导下思考如何进一步深化产城融合综合改革、推进产城融合发展。基于这样的判断，本书的结束语"从产城人融合走向城产人融合"在分析常州产城融合发展的存在问题后，从创新理念指导实践、重大项目支撑发展、统筹推进综合保障、创新机制吸引人才、以人为本配套功能五个方面提出了常州深化产城融合综合改革的对策建议：从更加彻底、更为根本的层面来看，常州产城融合综合改革需要颠覆性的观念变革，需要实现从产城人融合到城产人融合的转变，从"以产带城"转向"以城促产"，以城市现代化促进产业高端化，以城市现代化促进人的现代化，以城市现代化促进区域治理体系现代化。同时，立足全国产城融合发展的态势，面对日益复杂的发展环境与条件，提出从因"势"利导、把握产城融合的阶段特征，因"地"制宜、建立产城融合的统筹观念，因"人"而异、回归产城融合的人本导向三个方面来客观地认识产城融合的概念与方法，唯有如此，才能避免产城融合从"进步"走向"盲从"，才能确保产城融合综合改革沿着健康有序的轨道推进，从而助推中国特色新型城镇化的实现。

第一章
产城融合综合改革提出的动因及背景

中国作为一个拥有 13 亿人口的大国，其城镇化规模之大可谓亘古未有，不仅对中国的发展非常重要，而且会广泛地影响世界。诺贝尔经济学奖得主斯蒂格利茨也曾预言，"美国的高科技和中国的城市化将是影响 21 世纪人类社会进程的两大课题"①，他认为中国的城镇化将成为区域经济增长的火车头，能够产生最重要的经济效应。

一 城市社会：产城融合综合改革提出的历史方位

城镇化是现代化进程中最富活力的经济社会活动，是推动经济持续发展和国家走向文明富强的重要标志。早在新民主主义革命即将胜利之时，中央就面临管理城市的重任。1949 年 3 月，西柏坡举行的中共七届二中全会指出，党的工作重心由农村转移到城市，必须用极大的努力学会管理城市和建设城市。中华人民共和国成立以来，中国的城镇化经过了两个大的发展阶段，取得了令世界瞩目的成绩②。

（一）中华人民共和国成立至改革开放之前：徘徊中波动式的缓慢发展阶段

中华人民共和国成立初期，在西方国家经济封锁和政治孤立的严峻背

---

① 吴良镛、吴唯佳、武廷海：《论世界与中国城市化的大趋势和江苏省城市化道路》，《科技导报》2003 年第 9 期，第 3～6 页。
② 王伟、朱轶佳、朱小川：《从中央城市工作会议看中国后半程的城镇化》，澎湃新闻，2015 年 12 月 29 日。

景下，出于国防安全方面考虑，中国选择了重工业优先发展战略①。在重工业发展过程中城市被定位为生产中心而非消费中心，导致城市市场中心和服务中心的功能失灵②。为缓解重工业发展战略下城市就业压力，维持社会稳定，从 20 世纪 50 年代起国家颁布了以户籍制度为代表的一系列政策和法规，犹如一道人为修建的闸门，将城市人口和农村人口分割开来，禁止城乡之间生产要素的自由流动，形成了典型的城乡二元结构，严重阻碍了我国的城镇化进程，致使城镇化进程缓慢甚至一度出现停滞（见图 1-1）。根据经济社会发展的基本特点，可将这一时期的我国城镇化进程划分为六个不同的阶段。

第一阶段为 1949~1952 年城镇化恢复发展时期。新中国成立之初，全国共有 132 座城市，城镇人口为 5765 万人，城镇化率为 10.64%；经过三年的恢复发展，城镇化率提升到 1952 年的 12.46%，年均提升 0.61 个百分点。

第二阶段为 1953~1957 年工业化与城市化同步发展时期。"一五"期间我国开始进行工业化建设，城市经济迅速恢复，城镇人口有计划地增长，城市增加到 176 座，城市化率从 1953 年的 13.31% 提高到 1957 年的 15.39%，年均增长 0.59 个百分点，城镇化稳定发展。

第三阶段为 1958~1960 年的城镇化大冒进阶段。该阶段正值"大跃进"与人民公社化运动开展，提出了全民大办工业、赶英超美和以钢为纲的发展路线。与之伴随的，是爆发性的工业化过程和超高速城镇化过程，三年间新设城市 33 座，城镇人口激增，城镇人口年均增长率达到 9.5%，城镇化率由 16.25% 迅速提升到 19.75%，年均提高 1.45 个百分点，是"一五"时期的 2.46 倍，超出当时国民经济的承受能力，埋下了城市化持续发展中的隐患。

第四阶段是 1961~1963 年的反城镇化阶段。该阶段由于经济发展受到"大跃进"的负面影响日益明显，滑坡严重，我国政府不得已进行了工业结构的调整，提高了设市设镇的标准，城市人口大量精简。三年内城镇化

① 陈斌开、林毅夫：《发展战略、城市化与中国城乡收入差距》，《中国社会科学》2013 年第 4 期，第 81~102 页。
② 陈甫军：《中国的城市化与城市化研究——兼论新型城市化道路》，《东南学术》2004 年第 4 期，第 23~29 页。

率下降了 2.91 个百分点,平均每年减少 0.97 个百分点。

第五阶段是 1964 年的恢复性增长阶段,当年城镇化率激增 1.53 个百分点。

第六阶段是 1965 ~ 1977 年的停滞与衰退阶段。这期间随着"文化大革命"运动的开始,出现了以 1700 万名知识青年上山下乡为特征的反城镇化运动,城镇化出现了第二次大的回落,城镇化率从 1965 年的 17.98% 下降到 1978 年的 17.92%,设市城市 193 个,仅比新中国成立之初时增加 61 个[1]。

同时,为应对国际形势演变和周边动荡局势,在此期间我国开始大规模的三线建设,在工业布局上提出"靠山、分散、隐蔽"的方针,即"山、散、洞"方针,工厂建设远离城市,城镇建设不考虑自然、交通等条件,一味强调分散[2],并迫不得已推行企业办社会的负重型发展模式,使工厂成为一个封闭型的小社会。这些都违背了城市聚集经济的发展规律,严重制约了城镇化的健康发展。

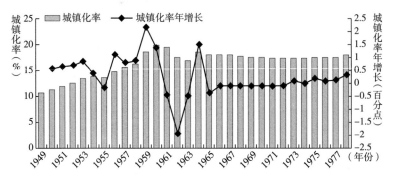

图 1 - 1 1949 ~ 1978 年中国城镇化率及年增长趋势

资料来源:根据《新中国 60 年统计资料汇编》数据计算而得。

(二) 改革开放以来:变革中的推进式快速发展阶段

改革开放以来,我国城镇化进程可划分为四个阶段:快速发展阶段、稳步发展阶段、高速发展阶段和较快发展阶段。

① 刘勇:《中国城镇化发展的历程、问题和趋势》,《经济与管理研究》2011 年第 3 期,第 20 ~ 26 页。

② 杨风、陶斯文:《中国城镇化发展的历程、特点与趋势》,《兰州学刊》2010 年第 6 期,第 75 ~ 78 页。

1. **快速发展阶段**（1978～1987 年）

城镇人口从 17245 万人增加到 27674 万人，城镇化率从 17.92% 增加到 25.32%，城镇化率年均增长达到 0.78 个百分点，农村和城镇改革为其主要驱动力。党的十一届三中全会拉开了我国改革开放的大幕，全党全国的工作重点开始转移到社会主义现代化建设方面，农村和城镇的发展得到更多的关注。1978 年后，我国开始实施许多新的城市化政策，如"准许知青回城"等，这使得城镇的人口特别是大城市人口得以加快增长。基于农村率先改革的实践以及大城市基础设施薄弱和承载能力有限的现实，我国改革开放后的城镇化以发展小城镇为开端。1978 年召开的第三次全国城市会议提出了"控制大城市规模，多搞小城镇"的发展方针，1980 年国务院进一步提出"控制大城市规模，合理发展中等城市，积极发展小城市"的城镇化发展方向[①]。随着农村经济体制改革的不断推进，农业生产率水平不断提高，非农产业迅速发展，农村剩余劳动力的转移意愿不断增强，城乡二元户籍制度的藩篱开始动摇。1984 年国务院发布《关于农民进入集镇落户问题的通知》，明确提出凡是在集镇有固定住所、有经营能力或在乡镇企业长期务工的农民及其家属，可按规定统计为非农业户口。同年，国家试行新的市镇建制标准，规定县级地方政府所在地以及乡政府驻地非农业人口超过两千人，或全乡总人口超过两万人，乡政府驻地非农业人口占比超过 10% 的都可实行撤乡建镇，实行镇管村的体制[②]，有力地促进了我国小城镇的发展，这一阶段建制镇数量从 2173 个增加到 11103 个。

2. **稳步发展阶段**（1988～1995 年）

城镇人口从 28661 万人增加到 35174 万人，城镇化率从 25.81% 增加到 29.04%，城镇化率年均增长达到 0.47 个百分点，城镇化稳定发展的动力主要来自市场经济体制改革。1986～1995 年是我国"七五""八五"计划时期，"七五"计划提出"严格控制大城市规模，合理发展中等城市和小城市"的发展战略方针[③]；"八五"计划首次出现"城市化"概念，提出

---

① 李秉仁：《我国城市发展方针政策对城市化的影响和作用》，《城市发展研究》2008 年第 2 期，第 26～32 页。

② 方创琳：《改革开放 30 年来中国的城市化与城镇发展》，《经济地理》2009 年第 1 期，第 19～25 页。

③ 丁守海：《论中国特色的城市化模式》，《政治经济学评论》2008 年第 2 期，第 126～145 页。

有计划地推进城市化进程。国务院于 1992 年再次修订了小城镇建制标准，促进了小城镇的进一步发展。1993 年全国村镇建设工作会议确定了以小城镇建设为重点的村镇建设方针与目标，并颁发了《关于加强小城镇建设的若干意见》。1995 年，根据《小城镇综合改革试点指导意见》，在全国选取了 57 个镇作为综合改革试点。1988 ~ 1995 年，我国建制镇数量从 11481个增加到 17532 个。这一阶段城镇化率提高速度相比 1978 ~ 1987 年有所放缓，降低约 0.31 个百分点。

3. 高速发展阶段（1996 ~ 2006 年）

城镇人口从 37304 万人增加到 58288 万人，城镇化率从 30.48% 增加到 44.34%，城镇化率年均增长达到 1.40 个百分点，这一阶段的城镇化发展与我国整体经济实力迅速提升密切相关。1994 年推行的分税制改革，塑造了中央政府与地方政府的独特关系，导致了城市之间的竞争性发展，成为中国城镇化的独特动力源泉。1994 年出台的《汽车工业产业政策》提出"国家鼓励个人购买汽车"，带来了机动化的逐步发展，推动了城市空间扩张的加速。1997 年，国务院进一步强调应适时改革户籍管理制度，允许为在小城镇居住和就业并符合一定条件的农村人口办理城镇常住户口，促进农村剩余劳动力就近有序转移。之后，许多小城市的户籍限制也逐步放松。1998 年国家将发展小城镇作为驱动农村和社会发展的一个大战略来抓，进一步提升了发展小城镇的重要地位。1998 年国家推行住房分配货币化，房地产异军突起。2000 年中共中央、国务院颁发了《关于促进小城镇健康发展的若干意见》，指出我国已经具备了加快城镇化发展的条件，应紧抓机遇，引导小城镇健康持续发展①。此外，2001 年我国加入世界贸易组织，快速融入全球化的市场体系，全球化红利为我国城市发展提供了资本与技术等关键要素支撑。进入全球化时代以来，中国城镇化的发展具有三个特征②。一是工业化、城镇化与社会经济发展基本协调。2006 年之前，中国国民经济发展处于高速发展时期，年均经济增长率超过 10%，而城镇化发展速度增长率平均每年为 1.2% ~

---

① 方创琳：《中国城市发展方针的演变调整与城市规模新格局》，《地理研究》2014 年第 4期，第 674 ~ 686 页。
② 姚士谋、陈维肖、陈振光、彭丽华：《新常态下中国新型城镇化的若干问题》，《地域研究与开发》2016 年第 1 期。

1.4%。沿海地区增长较快，虽有速度过快、质量偏低的问题，出现了"城镇化冒进"的现象①，但大部分地区近几年来发展还是比较协调的。二是城镇化快速发展的主要动力仍是工业化、产业集聚以及资源要素集中。这一时期第三产业得到了快速发展，特别是现代服务业，对城镇化水平的提升起到了重要作用。三是城镇化道路体现了中国国情的基本特征。中国国土辽阔广大，但水土资源有限以及生态环境脆弱的本质特征较为明显。因此，各地区城镇化道路基本上体现了集约发展、因地制宜的重要内容②。"十五"计划提出要"不失时机地实施城镇化战略"，党的十六大首次提出中国特色城镇化道路，标志着中国城镇化发展进入一个新的阶段。1996～2006年间，城镇化率年均增长高达1.40%，创城镇化发展速度之最，建制镇数量从18171个增加到19369个。

4. 较快发展阶段（2007年至今）

城镇人口从2007年的60633万人增加到2013年的73111万人，城镇化率从45.89%增加到53.73%，城镇化率年均增长达到1.34个百分点，建制镇数量从19249个增加到2012年的19881个，城镇化发展主要得益于我国经济社会的科学发展与协调发展。"十一五"规划提出坚持大、中、小城市和城镇协调发展，提高城镇的综合承载能力，以循序渐进、节约土地、集约发展和合理布局为原则，积极稳妥推进城镇化，逐步消解城乡二元结构③，从而使城镇化进程中的资源环境与社会发展问题得到更多关注。城镇化发展理念由单纯重视数量和规模向注重质量和效益转变，由资源依赖和污染排放向资源节约和环境保护转变，由单一考虑城镇自身发展向城乡统筹协调发展转变。2007年，党的十七大正式提出走中国特色城镇化道路的重大战略方针。截至2012年年底，城镇常住人口从1978年的1.7亿人增加到7.3亿人，城镇化率从1978年的17.92%提高到53.73%，年均提高超过1个百分点（见图1-2）。《国家新型城镇化规划（2014—2020）》以及《中国统计摘要（2013）》数据显示，我国城市数量从1978年的193个增加到2012年的658个，建制镇从1978年的2173个增加到

---

①　陆大道、姚士谋、刘慧：《中国区域发展报告》，商务印书馆，2007。
②　姚士谋、冯长春、王成新等：《中国城镇化及其资源环境基础》，科学出版社，2010。
③　简新华、黄锟：《中国城镇化水平和速度的实证分析与前景预测》，《经济研究》2010年第3期，第28～39页。

2012 年的 19881 个（见图 1 - 3）。

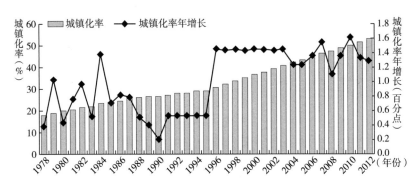

图 1 - 2　1978～2012 年中国城镇化率及其年增长趋势
资料来源：根据《中国统计年鉴 2013》数据计算而得。

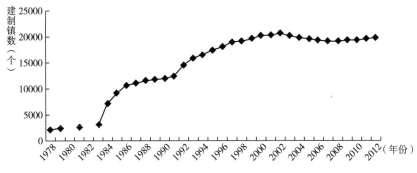

图 1 - 3　中国建制镇数量变化趋势
资料来源：《中国统计摘要 2013》。

　　由此可见，中国的城镇化经过 60 多年的风雨兼程，尤其是自 1978 年以来以年均 1% 的增长速度快速推进，2011 年城镇化率首次突破 50% 达到 51.27%，进入城镇化的"后 50%"阶段。这一历史性的成就标志着我国城镇人口首次超过农村人口，实现了从农村社会向城市社会的重大转变，在我国城镇化发展史上具有里程碑意义，是产城融合综合改革试点提出的历史方位。

　　综观全球各国的城镇化发展历史和进程，各发达国家进程均不相同。英国的城镇化率从 20% 发展到 40% 经历了漫长的 120 年，其间从 1800 年的 32% 发展到 1880 年的 56% 也用了 80 年。城镇化率从 20% 发展到 40%，法国经历了漫长的 100 年，德国经历了近 80 年。美国的城镇化率从 1860 年的 20% 左右发展至 1930 年的 56% 经历了 70 年。同样，城镇化率从 20%

发展到 40%，苏联经历了 30 年（1920 ~ 1950 年），日本经历了 30 年（1925 ~ 1955 年）。综上，中国的城镇化发展速度远远快于各发达国家的城镇化进程，中国正在经历世界上规模最大、速度最快的城镇化进程。截至 2015 年年末，全国城市数量为 656 个，建制镇数量为 20515 个，分别比 1978 年增加 463 个和 18342 个；城镇常住人口达到 7.7 亿人，1978 年是 1.7 亿人，增长了 3.5 倍多，年均增长超过 1600 万人；从 1978 年到 2015 年，城镇化率以年均 1 个百分点的惊人速度，攀升到 56.1%[①]。与 2010 年年底相比，人口城镇化率提高了 6.15 个百分点，年均提高 1.23 个百分点。

二　中国特色新型城镇化：产城融合综合改革提出的战略前提

（一）中国特色新型城镇化战略的提出

美国学者诺瑟姆（Ray M. Northam）通过对欧美各国城市化发展轨迹的分析，发现并提出了"诺瑟姆曲线"，形成了"城市化进程的阶段性规律"，指出随着时间的变化和推移，发达国家的城市化大体上都经历了类似正弦波曲线上升的过程，以拉伸的 S 形曲线发展（见图 1 - 4）[②]，并将城市化进程划分为初期（30% 以下）、中期（30% ~ 70%）和后期（70% 以上）三个阶段。初期阶段是城市化起步阶段，该阶段城市化水平较低，发展速度也较慢，农业占据主导地位。中期阶段是城市化加速阶段，人口向城市迅速聚集，城市化推进很快。随着人口和产业向城市集中，市区出现了劳动力过剩、交通拥挤、住房紧张、环境恶化等问题，同期会出现郊区城市化现象。后期阶段是城市化成熟阶段，此时城市化水平比较高，城市人口比重的增长趋缓甚至停滞，有些地区可能会出现逆城市化现象。

和诺瑟姆城镇化研究过程中的 S 形曲线发展态势相对照，结合新中国

---

① 左娅：《加强城市规划建设管理工作　开创城市现代化建设新局面》，《人民日报》2016 年 5 月 6 日，第 14 版。

② 根据相关文献的考察，国际上对于诺瑟姆曲线的准确性和适用性还存在争议，就国内来讲，多数学者对于诺瑟姆曲线以及城市发展阶段的划分还是基本认可的，同时国内城镇化的发展历史及数据，也在一定程度上证实了诺瑟姆曲线在中国城镇化进程中的适用性。

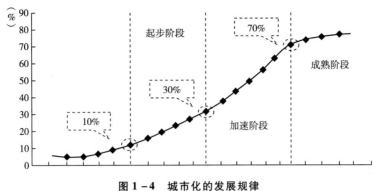

图 1 - 4　城市化的发展规律

成立以来历年的城镇化比率发展数据，2015 年中国的城镇化率为 56.1%，可见，目前中国的城镇化正处于诺瑟姆 S 形曲线中后期的加速发展阶段。但目前我国的城镇化水平不仅远低于发达国家，而且低于世界平均水平①。世界银行的数据显示，2014 年中国城镇化率为 54%，同期美国、英国、德国、法国的城镇化率分别为 81%、82%、75% 和 79%，同为金砖国家的巴西和俄罗斯是 85% 和 74%，亚洲的韩国和日本分别为 82% 和 93%，中国仅比泰国和印度高。城镇化发展水平偏低，制约着我国国内需求的扩大，影响着产业结构的升级，也是区域经济发展不协调的重要原因②。

　　在 1996 年我国城镇化率首次超过 30%、城镇化步入快速发展阶段后，中央提出实施城镇化战略，并调整部分限制和不利于农民进城的政策因素；党的十六大报告首次提出"走中国特色的城镇化道路"；"十一五"规划提出坚持大中小城市和小城镇协调发展，积极稳妥地推进城镇化；"十二五"规划提出，坚持走中国特色城镇化道路，科学制订城镇化发展规划，促进城镇化健康发展。2011 年，我国城镇化率首次超过 50%，城镇化进入快速发展阶段的后半场，随后中央提出要走中国特色新型城镇化道路。党的十八大报告明确要求，"坚持走中国特色新型工业化、信息化、城镇化、农业现代化道路，推动信息化和工业化深度融合、工业化和城镇化良性互动、城镇化和农业现代化相互协调"，明确提出了"新型城镇化"

① 中国社会科学院工业经济研究所课题组：《"十二五"时期工业结构调整和优化升级研究》，《中国工业经济》2010 年第 1 期，第 5～23 页。

② 李京文、杨正东：《城镇化面临的突出问题和应对之道》，《全球化》2015 年第 2 期，第 42～53 页。

概念。

2013 年 3 月，李克强总理在江苏考察时指出："城镇化要有产业作支撑，实现产城结合。进城的农民有就业能创业，生活就会安稳，城镇化就能走得更扎实。"2013 年 12 月，中央城镇化工作会议明确阐释了城镇化对现代化建设、"三农"问题、区域协调发展、产业转型以及全面建设小康社会等的作用、影响和现实意义，提出了推进城镇化的六大任务。国务院关于城镇化建设工作情况的报告也指出"坚持产城融合，繁荣城镇经济，加快产业转型升级和服务业发展壮大，统筹产业功能和居住功能，促进城镇化与工业化、信息化良性互动"。

2014 年 3 月，国务院印发了指导全国城镇化健康发展的宏观战略性规划——《国家新型城镇化规划（2014—2020）》，其中明确提出，走以人为本、四化同步、优化布局、生态文明、传承文化的新型城镇化道路，强调严格新城新区设立条件，防止城市边界无序蔓延。因中心城区功能过度叠加、人口密度过高或规避自然灾害等原因，确需规划建设新城新区，必须以人口密度、产出强度和资源环境承载力为基准，与行政区划相协调，科学合理编制规划，严格控制建设用地规模，控制建设标准过度超前。统筹生产区、办公区、生活区、商业区等功能区规划建设，推进功能混合和产城融合，在集聚产业的同时集聚人口，防止新城新区空心化。加强现有开发区城市功能改造，推动单一生产功能向城市综合功能转型，为促进人口集聚、发展服务经济拓展空间。

党的十八届三中全会《决定》进一步要求，"坚持走中国特色新型城镇化道路，推进以人为核心的城镇化，推动大中小城市和小城镇协调发展、产业和城镇融合发展，促进城镇化和新农村建设协调推进"。2015 年 12 月中央召开了城市工作会议，随后，中共中央、国务院于 2016 年 2 月发布了《关于进一步加强城市规划建设管理工作的若干意见》。

2015 年 12 月召开的中央城市工作会议是新中国成立以来的第四次城市工作会议（见表 1-1），其内容蕴含了未来中国城市发展应追求的内在逻辑与战略指向，即遵循"善智"（Good Wisdom）：城市规律的科学认知→树立"善志"（Good Vision）：发展愿景的长久共识→重塑"善秩"（Good Order）：空间秩序的良好耦合→提升"善质"（Good Quality）：城市品质的人本永续→推动"善治"（Good Governance）：城市治理的多元和谐,最终服务与支撑于国家治理现代化大局。1949～2030 年中国城镇化的演进与跨越如图 1-5 所示。

表 1-1 中华人民共和国成立以来四次中央城市工作会议

时间/名称	会议背景	主要对策	核心任务
1962.10.6 中共中央、国务院《关于当前城市工作若干问题的指示》	减少职工和城市人口的工作进展得还不平衡,吃商品粮的城镇人口仍然过多,减少下来的职工有不少还没得到妥善的安置;基本建设方面,不少重点的工程和急需填平补齐的工程完成得不好;工业生产的正常秩序还没有在新的秩序上完全建立起来,某些重要工业产品的生产计划完成得不好;在财政开支和货币投放方面,由于收入有些偏紧,给部分企业的资金周转带来了某些不便;大量减少职工后,城市的就业面有所缩小,加上某些商品的价格上涨,职工生活水平下降	已经完成和基本完成职工减少任务的大中城市,要集中力量组织生产,今后精简工作的重点转到专、县、社和各级机关;争取完成和超额完成今年的生产计划,大力支援农业和市场需要;抓紧时间,采取措施,争取完成今年的基本建设计划;减少企业亏损,增加企业盈利,采取分组负责和群众监管的办法,迅速处理积压物资,防止房屋、物资的损失;改善财政开支的管理,保证必要的流动资金;努力保证职工生活稳定在现在的水平上,并且力争有所改善;妥善安置目前大中城市中的闲散劳动力和不断失学的学生;调整市镇建制,缩小城市郊区,完成减少城镇人口计划;逐步改善大中城市的市政建设;按照集中统一、分级管理的原则,改进各种管理体制	围绕发展国民经济的总方针和工业发展的总方向,大力组织和发展生产,并且随着生产的发展,相应地稳定和逐步改善职工生活,是目前城市工作的主要任务。一句话,就是抓紧处理工业生产和职工生活的问题
1963.10.22 中共中央、国务院《第二次城市工作会议纪要》	"五反"运动还没有取得全胜,增产节约运动有先有迟、有好有坏,浪费还相当多;工业的调整还没有完成,工业要完全转上以农业为基础的轨道,还要继续做许多工作;粮、油、布等主要生活必需品的供应仍然很不足;市政建设还落后于生产发展的需求和人民生活的基本需要;城市人口的出生率太高,城市人口还是过多,需要安置的就学、就业的人,逐年增加	进一步做好工业的调整工作;努力做好商业工作,更好地为生产和生活服务;大力发展城市郊区的农业生产;加快房屋和其他市政设施的维修,逐步进行填平补齐;积极开展计划生育;妥善安置城市需要就业的劳动力;试办职业教育;加强城市的管理工作	工业生产始终是城市工作的中心。商业、市政建设、文教卫生、人民生活等方面的问题,只有在生产不断发展的基础上,才能够相应地逐步得到解决;妥善地解决这些问题,反过来也必将促进工业生产的发展

续表

时间/名称	会议背景	主要对策	核心任务
1978.4.4 中共中央、国务院《关于加强城市建设工作的意见》	目前的城市建设中仍然存在诸多突出问题，与发展经济与不断改善人民生活的要求不相适应，城市建设工作必须支持具有中国特色的社会主义的要求和对内搞活经济、对外开放的方针，努力同经济发展、社会发展和整个经济体制改革的进程相适应，保持一个稳定、合理的发展速度	提高对城市和城市建设重要性的认识，坚持城市建设与经济协调发展；建立合理的城镇体系，走有计划发展的道路；搞好城市规划，加强城市管理；改革城市建设体制，增强活力，提高效益；加强城市基础设施建设，创造良好的投资环境和生活环境；管好用好城市建设资金，充分发挥投资效益；城市政府要集中力量搞好城市的规划、建设和管理	坚持"控制大城市规模、合理发展中等城市、积极发展小城市"和"十分珍惜、合理利用每寸土地"的基本方针，对城市生产力进行合理布局，有计划地逐步推进城市发展，形成与经济发展相适应的城镇体系
2015.12.20~21 中央城市工作会议	改革开放以来，我国经历了世界历史上规模最大、速度最快的城镇化进程，城市发展波澜壮阔，取得了举世瞩目的成就。城市发展带动了整个经济社会发展，城市建设成为现代化建设的重要引擎。城市是我国经济、政治、文化、社会等方面活动的中心，在党和国家工作全局中具有举足轻重的地位	尊重城市发展规律；统筹空间、规模、产业三大结构，提高城市工作全局性；统筹规划、建设、管理三大环节，提高城市工作的系统性；统筹改革、科技、文化三大动力，提高城市发展持续性；统筹生产、生活、生态三大布局，提高城市发展的宜居性；统筹政府、社会、市民三大主体，提高各方推动城市发展的积极性	转变城市发展方式，完善城市治理体系，提高城市治理能力，着力解决城市病等突出问题

资料来源：邹德慈：《新中国城市规划发展史研究——总报告及大事记》，中国建筑工业出版社，2014。

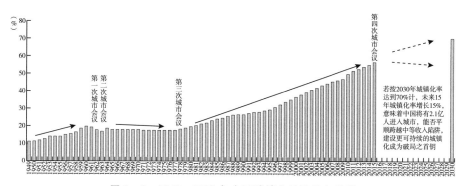

图 1-5 1949~2030 年中国城镇化的演进与跨越

资料来源：王伟、朱轶佳、朱小川：《从中央城市工作会议看中国后半程的城镇化》，澎湃新闻，2015 年 12 月 29 日。

2016 年 3 月国务院发布了《关于深入推进新型城镇化建设的若干意见》（以下简称《意见》）。《意见》强调，新型城镇化是现代化的必由之路，是最大的内需潜力所在，是经济发展的重要动力，也是一项重要的民生工程。要按照"五位一体"总体布局和"四个全面"战略布局，牢固树立创新、协调、绿色、开放、共享的发展理念，坚持走以人为本、四化同步、优化布局、生态文明、文化传承的中国特色新型城镇化道路，以人的城镇化为核心，以提高质量为关键，以体制机制改革为动力，紧紧围绕新型城镇化目标任务，加快推进户籍制度改革，提升城市综合承载能力，制定完善土地、财政、投融资等配套政策，充分释放新型城镇化蕴藏的巨大内需潜力，为经济持续健康发展提供持久强劲动力。《意见》提出，编制实施一批城市群发展规划，优化提升京津冀、长三角、珠三角三大城市群，推动形成东北地区、中原地区、长江中游、成渝地区、关中平原等城市群。《意见》要求，因地制宜、突出特色、创新机制，充分发挥市场主体作用，推动小城镇发展与疏解大城市中心城区功能相结合、与特色产业发展相结合、与服务"三农"相结合。发展具有特色优势的休闲旅游、商贸物流、信息产业、先进制造、民俗文化传承、科技教育等魅力小镇，带动农业现代化和农民就近城镇化。

《中华人民共和国国民经济和社会发展第十三个五年规划纲要》第八篇"推进新型城镇化"，以加快农业转移人口市民化、优化城镇化布局和形态、建设和谐宜居城市、健全住房供应体系、推动城乡协调发展等五章的内容对"十三五"时期新型城镇化建设做出了系统全面部署，提出了"三个 1 亿人"城镇化，新生中小城市，特色小城镇，智慧城市，绿色、森林城市，海绵城市，地下管廊（网），美丽乡村八项新型城镇化建设重大工程。在"优化城镇化布局和形态"部分，规划纲要提出"因地制宜发展特色鲜明、产城融合、充满魅力的小城镇"。

可见，新型城镇化已经得到国家前所未有的高度重视，正如李克强总理所言，"新型城镇化是关系现代化全局的大战略，是最大的内需潜力所在，是最大的结构调整，事关几亿人生活的改善"[①]，新型城镇化将成为推动我国经济社会发展的重要动力。"十三五"时期，总体上城镇化将呈现

---

① 梁倩：《新型城镇化确定 62 地开展试点》，《经济研究参考》2014 年第 60 期，第 39 页。

快速发展的基本趋势，工业化正处在一个转型提升的重要阶段，我国将处在由工业化主导向城镇化主导的转型和变革的历史时期。从我国的现实看，工业化将进入发展中后期，未来我国城镇化在工业化的推动下将继续维持较快发展势头。未来 5 年，我国城镇化率的年均增长约在 0.8～1 个百分点，至 2020 年，城镇人口增长 3.26 亿，城镇化水平将达到并超过 60%[①]。

（二）新型城镇化的时代内涵

新型城镇化有别于传统城镇化，是对传统城镇化的修正与优化，既体现了问题导向，是对城镇化关键节点凸显出的深层问题的历史反思；又体现了与时俱进，是对创新、协调、绿色、开放、共享发展理念的深刻把握。中国特色新型城镇化是以人为核心的城镇化，是空间、规模、产业三大结构统筹的城镇化，是规划、建设、管理三大环节统筹的城镇化，是改革、科技、文化三大动力统筹的城镇化，是生产、生活、生态三大布局统筹的城镇化，是政府、社会、市民三大主体统筹的城镇化。具体而言，主要体现在以下几个方面[②]。

第一，城镇化与新农村建设协调推进。一些国家的经验表明，在城镇化快速发展过程中，如果农业、农村和农民问题没有解决好，极易落入"中等收入陷阱"。2013 年 7 月习近平总书记在湖北考察时强调，即使将来城镇化率达到 70% 以上，还会有四五亿人在农村，农村绝不能成为荒芜的农村、留守的农村、记忆中的故园；城镇化要发展，农业现代化和新农村建设也要发展，同步发展才能相得益彰。在城镇化快速发展阶段的后半场，必须加快形成以工促农、以城带乡、工农互惠、城乡一体的新型工农城乡关系，让广大农民平等参与现代化进程、共同分享现代化成果。

第二，大中小城市和小城镇协调统筹。学术界对究竟应该强调城镇化还是城市化，有不同意见。一种意见认为，应把发展中小城市特别是小城镇作为我国推进城镇化的重点，对大城市的规模应严加控制。持这种观点的人往往用德国的情况来印证自己的观点。德国城镇化率达到 74%，共有大中小城市 2065 座，但人口超过 100 万人的城市只有 3 座，82% 的城镇人

---

① 贺振华、冯宇、王胜：《把握城镇化新阶段的机遇》，《资本市场》2010 年第 3 期。

② 叶兴庆：《中国特色新型城镇化的主要特征与实现路径》，《中国党政干部论坛》2016 年第 4 期。

口居住在 10 万人以下的中小城镇。另一种意见认为，应该发展大城市，大城市产业集聚度、资源要素利用效率高，而且也有助于降低物流成本。持这种观点的人往往以日本、韩国为例，用东京都市圈和首尔都市圈所聚集的人口、GDP 规模来论证自己的观点。我们认为，无论大中小城市，还是小城镇，都有其存在的逻辑。要坚定不移地推进大中小城市和小城镇协调发展，通过城市群这种形态，把大中小城市和小城镇有机联系起来。要抓住城镇化处于快速发展阶段的历史机遇，充分挖掘城镇化蕴含的巨大需求潜力，为经济的持续稳定发展提供接续力量。推进城镇化，妥善解决产业结构、就业方式、人居环境、社会保障等一系列由"乡"到"城"的重要问题，是个系统工程，不能盲目追求城镇化率的提高，应把产业发展和就业增加放在突出位置，注重提高城镇化质量。

第三，集约、智能、绿色、低碳发展。强调集约，意在改变以往那种土地城镇化快于人口城镇化、土地资源利用率不升反降的局面，在城镇化快速发展阶段的后半场要注重提高土地的集约程度，发展紧凑型城市。强调智能，是同步推进新型工业化、信息化、城镇化、农业现代化的必然要求，要大力促进信息化与城镇化深度融合，提高城市运转和治理的信息化水平。强调绿色，就是要建设生态宜居城市，解决好空气污染等城市病，提高生活质量和幸福感。强调低碳，就是要从建筑到交通出行，都必须节能减排、降低消耗。

（三）新型城镇化的发展态势及转型发展[①]

以《国家新型城镇化规划（2014—2020 年）》为转折点，以 1992年邓小平南方谈话为起点，以 2033 年我国人口数量将达到最高峰为终点，我国城镇化的快速增长大致可以分为前后两个 20 年：前一个 20 年时间段为 1992~2013 年，经济主要呈现外向型、外延式的增长，空间发展以增量拓展为主；后一个 20 年时间段为 2014~2033 年，经济将主要呈现内需型、内涵式的增长，空间发展将呈现增量、存量的平衡发展。走中国特色的新型城镇化道路，是实现我国城镇化健康发展的必由之路。推进中国特色的新型城镇化，提高城镇化的发展质量和水平，必须把握

---

① 盛广耀：《中国城镇化的态势与转型发展》，《中国党政干部论坛》2016 年第 4 期。

我国城镇化的发展态势，遵循城镇化发展的基本规律，改变过去传统粗放的城镇化模式，进一步推进城镇化的转型发展。为此，需要注意以下几个方面的问题。

第一，更加注重发展理念的"以人为核心"。坚持"以人为核心"是中国特色新型城镇化的核心理念。推进新型城镇化，必须以"人的发展"为主线，避免过去那种把城镇化等同于城镇建设、土地开发的简单逻辑，而要重视城乡居民在城镇化过程中的主体地位，切实做到以人为本，实实在在地解决城乡居民关心的现实问题。一方面，要加快推进城镇常住外来人口的市民化进程。据统计，我国目前城镇人口中的外来常住人口有2.5亿人，他们还不能平等享有与户籍人口同等的社会权益和公共服务，需要进一步深化落实户籍制度改革措施，加快完善相关配套政策。另一方面，要注重在城镇化过程中提升城乡居民的生活品质，加快推进基本公共服务均等化，完善社会保障制度，解决影响百姓生活的教育、医疗、住房、养老等问题。

第二，更加注重发展目标的综合性。传统的城镇化模式以经济要素的空间配置为核心，注重城市的空间扩张和经济增长，较少考虑社会、文化、生态、环境等要素。新型城镇化需要考虑各类生产要素在特定空间集聚对区域发展的影响，从社会进步、经济发展、资源利用、环境保护和城市建设方式等多角度选择科学合理的城镇化模式。推进新型城镇化，必须兼顾经济效益、社会效益、环境效益以及城乡和区域的协调，综合考虑人口、空间、经济、社会、文化、生态、环境等各方面的发展要求，力求在城镇化过程中实现"生产、生活、生态"空间的合理布局，实现区域经济、社会和生态环境的全面协调发展。应当避免把城市规模等指标作为城市规划发展的目标，而应强调农业转移人口市民化、基本公共服务水平、城镇环境质量等指标，真正体现"以人为核心"的城镇化目标。

第三，更加注重发展过程的协调性。城镇化作为经济社会发展的产物，不单纯是人口转移和城市建设的问题，而且涉及经济社会发展中的各种关系。过去传统的城镇化模式偏重城市建设，过分关注城市经济的增长，难以协调城镇化过程中城乡关系、经济与社会发展的关系、城市发展与资源环境的关系、城镇规模结构的关系等各种矛盾和问题，面临着城乡差距过大、区域发展失衡、资源短缺、环境污染、生态恶化、社会分层等一系列发展难题。推进新型城镇化，要注意协调城镇化发展中的各种关系，重视城镇化与人口、空间、经济、社会、资源、环境等方面的相互适应，统筹城乡和区域发展，统筹经济社会发展，统筹人与自然和谐发展。

第四，更加注重城市发展的系统性。城市的发展过程包括规划、建设、管理三大环节，新型城镇化要求提高城市工作的系统性，特别是要改变"重建设、轻管理"的做法。过去我国的城市发展方式是粗放式的。城市规划重在拉大城市的规模布局，且随意性大，存在"换一届领导、改一次规划"的现象，缺乏精细化的城市设计。城市建设重在做大城市规模，重新区开发、轻老城改造，重"高、大、上"的标志项目、轻"接地气"的社区服务设施。城市管理的能力和水平与城市发展的要求不匹配，近年来日益显现的"城市病"在很大程度上是由城市管理水平的低下造成的。提高城市管理水平是转变城市发展方式、提高城镇化质量的必需。推进新型城镇化，要更加重视城市管理和服务，不断提高城市管理的能力和水平，加强城市管理的精细化；要创新城市治理方式，引导和鼓励企业、社区、居民、社会组织等各类主体，通过各种方式共同参与到城市的规划、建设和管理中，实现城市治理模式的转变。

三　产城分离：产城融合综合改革提出的现实背景

产城融合的提出与我国城镇化的快速发展、开发区的建设和住房制度改革三方面因素密不可分。在城镇化发展方面，1978 年到 2012 年我国城镇化水平从 17.92% 增加到 53.73%，每年城镇化水平提高超过 1 个百分点。城镇化快速发展的重要途径就是城市实体地域的空间扩张，从而产生城市生产空间和城市生活空间的再组织问题，新区、新城、工业园和大学城等空间形态不断外拓，这就难免会出现产城分离的问题。在开发区的建设方面，伴随着改革开放之后世界资本的流入，工业化成为推动我国经济发展的引擎，在此过程中开发区和产业园成为招商引资的空间载体。随着开发区的大规模建设，其功能结构单一、产业结构单一、与区域经济关联度低、与就业和消费人群脱节以及企业根植性差等诸多问题不断显现。开发区在经济上的重要贡献固然十分重要，基于经济发展单一目标而形成的孤岛经济则成为产城分离的重要根源。在住房制度改革方面，随着我国土地供给制度由无偿划拨向有偿使用制度的转变以及商品房制度的施行，居住区的郊区化已经成为城市空间扩张的重要动力。由于房地产开发在土地承租能力方面远大于工业用地，其区位选址和空间扩张方向也与工业区和工业园有很大的差异。

（一）产城分离的表现

1. "有产业无城镇" 的产城分离

产城分离的首要表现就是部分地区出现的"有产业无城镇"的发展状态，其对产城融合发展带来极为不利的经济后果。没有城镇依托的产业，即便再高端，也是空转运行[①]。20 世纪 80 年代，美国率先建立的高新区、产业区的运营模式在推动经济发展方面取得了显著成效，各国开始纷纷效仿。20 世纪 90 年代初，伴随着改革开放的加速推进，我国也掀起了高新技术开发区和产业园区建设的高潮。从第一批国家级开发区设立开始，我国开发区发展至今大体经历了四个阶段：1984～1990 年的早期发展阶段；1990～2000 年的全方位开发阶段；2000～2005 年的调整反思阶段；2005 年后的成熟阶段。与之相伴随，开发区与城市互动可以分为五个阶段：城区产业空间的产生和集聚；郊区产业空间的兴起；城区产业空间的更新迁移；郊区产业空间的发展壮大；城区与郊区互动发展。与此同时，大学城、行政中心、城郊居住区等多种新型城市空间不断涌现，并逐步在城市与区域发展中承担起推动器的作用。

随着我国经济总量扩大以及全球产业格局调整的深入进行，单一功能集中于城市外围的新区建设模式也逐渐暴露出诸多问题。一方面，开发区、高新区、产业区等城市新区功能的进一步提升与发展受到限制，如产城分离造成的职住不平衡、生产服务与生活服务设施缺乏、"空城"与"睡城"，以及城市交通拥挤、潮汐式交通等问题；另一方面，越来越多的开发区、高新区、产业区开始通过发展高附加值的高端制造业、现代服务业，实现产业转型、结构优化，抢占新一轮经济高地，这些位于产业链高端的产业门类对产业区内的综合服务功能也提出了更高的期望。在此过程中，由于城乡二元户

---

① 孔翔、杨帆：《"产城融合"发展与开发区的转型升级》，《经济问题探索》2013 年第 5 期。

籍制度的制约，由中西部流向沿海地区的大量劳动力资源并没有在城镇落户，而是直接居住在生产区，导致生活区域和生产区域叠加，流入劳动人口也没有成为真正的市民以实现身份的转化，形成"有产业无城镇"的局面。在这种发展状态下，由于缺乏空间支撑载体，外加社会稳定性的缺失，产业升级的内在动力就会相对薄弱，产城融合发展也就更加困难。

2. "有城镇无产业"的产城分离

产城分离还表现为诸多区域所出现的"有城镇无产业"的发展格局，在某种程度上成为产城融合发展的"倒逼机制"。已有的理论和实践证明，没有产业支撑的城镇，即便再漂亮，也都是空城①。在我国传统的城镇化进程中，由于对城镇化概念的理解错位和"唯 GDP 政绩观"的存在，多数城镇大搞房地产开发、新城建设及华而不实的政绩工程、形象工程等，从表面而言的确是城镇化了，但就内部运行机制来看，由于缺乏产业的支撑和配套，"空城""鬼城""睡城"等被动城镇化现象不断涌现。学术界通常以城区人口与建成区面积的占比来计算一个城市成为"鬼城"或"空城"的可能性。比如，一个城市的建成区面积为 100 平方公里，按照占用地标准，城区人口应该为 100 万人；如果目前该城区低于 50 万人，就可能沦为"鬼城""空城"。有学者根据成因将"鬼城"分为衰落型"鬼城"、规划型"鬼城"等类型，其中规划型"鬼城"又分为规划超前型"鬼城"、规划滞后型"鬼城"和房地产型"鬼城"。"空城""鬼城""睡城"等被动城镇化现象导致我国部分城市债务风险偏高、金融风险加大，为城镇发展带来潜在的威胁甚至危机。

3. 产业和城镇发展均存在问题

与此同时，产业发展自身也存在各种弊端：产业区的空间形式仍以资源要素和经济要素为主，忽视生活空间；用地结构缺乏系统性规划，利用效率明显偏低，浪费现象比比皆是；功能结构相对简单，空间布局缺乏合理性；等等。与产业发展相类似，多数城镇的功能薄弱，对区域经济发展的带动力和整合力不强，导致生产要素市场发育不足，特别是在公共产品供给与产业区发展需求不匹配的前提下，城镇功能更显得乏力。产业发展

---

① 简新华、罗钜钧、黄锟：《中国城镇化的质量问题和健康发展》，《当代财经》2013 年第 9 期。

内部和城镇内部存在的各种问题及两者关系的不匹配所带来的种种弊端，不仅不能为产城融合发展提供正能量，还阻碍着产城融合的高度实现，这不是城镇化发展所追求的理想模式。

可见，产城发展关系的严重不平衡或者产城布局空间上的不统筹是导致产城分离的主要原因。一方面，缺乏动态的"过程"思维，不能正确地对城市自身所处的发展阶段、发展特点和产城演变关系进行分析，不能实现产城时间维度的整体协调，走入产城分离的误区；另一方面，缺乏正确的空间认知，不能合理统筹生产、生活、生态等功能区布局，导致产城分离，造成城市发展效率低下。

（二）产城分离的深层原因

1. 城镇化发展高速低质，消费型经济增长动力难以充分释放

自改革开放以来，我国城镇化以年均1%的增长速度快速推进，是世界上城镇化率增速最快的国家之一。但必须清楚地认识到，当前以常住人口为统计口径的城镇化率，仅仅体现了我国城镇化规模与速度等数量方面的内容，在某种程度上统计学意义甚于实际意义，对城镇化的质量与内涵反映得还远远不够。

我国的城镇化率在一定意义上是一种"名义城镇化率"，发展速度也是一种"名义速度"，"半城镇化"现象突出，城镇化发展长期处于高速度和低质量状态。我国城镇人口也包括在城镇居住超过6个月及以上的外来务工人员，这部分常住人口的主体是农民工，数量达到2.34亿人左右。受现行户籍制度及其相关制度安排的限制，农民工基本享受不到捆绑在户籍制度上的医疗卫生、子女教育、社会保障等诸多福利待遇，虽然农民工进入城镇的空间范围，但始终没有摆脱长期以来对土地的人身依附关系，土地至今依然是农民工的最后保障，农民工自身对所居住的城市没有归属感，没有实现真正意义上的居民身份转换，对经济社会的和谐稳定与健康发展造成重大隐患。

《国家新型城镇化规划（2014—2020年）》的数据显示，自1978年以来，我国常住人口城镇化率一直高于户籍人口城镇化率，并且呈现日益扩大的趋势。2012年常住人口与户籍人口的城镇化率分别是52.57%和35.33%，相差17.24个百分点；2013年常住人口与户籍人口的城镇化率

分别是 53.7% 和 35.7%，相差 18 个百分点；2014 年常住人口与户籍人口的城镇化率分别是 54.77% 和 35.90%，相差 18.87 个百分点。这主要是由于"逆城镇化体制"未被打破，即以往存在的城乡二元结构尚未化解，大规模农民工进城后在城市内部又形成了所谓的"新二元结构"。农民工是当前城镇化高速度、低质量发展中形成的庞大特殊群体，尽管生活在城市，但在教育、医疗、卫生、就业、住房等方面都得不到应有的保障，这导致大量农民工始终不敢消费和不能消费。他们生活在城市，但根基在农村；就业在城市，但户籍在农村；收入在城市，但积累在农村，因此难以和谐融入城市社会，仅仅实现了从农村到城市的"地理迁移"，而无法完成实质性的"社会迁移"，他们渴求的城市型消费受到严重制约。数亿的"候鸟型"农民工长年辗转于城市与农村之间，处于城市的边缘、产业的边缘和体制的边缘，造成了留守儿童、留守妇女、留守老人的农村空心化现象，牺牲了三代人的幸福。可见，数亿农民工对经济社会的消费贡献、对社会公共服务以及对居住设施的巨大需求都没有被充分释放出来。

因此，推动城镇化的转型发展、提升城镇化质量，是"十三五"时期中国城镇化必须面对的首要问题。正如《国家新型城镇化规划（2014—2020 年)》所提出的，"随着内外部环境和条件的深刻变化，城镇化必须进入以提升质量为主的转型发展新阶段"。这既是解决中国城镇化问题的必然选择，也是城镇化发展的趋势使然。梳理世界各国城镇化发展的一般经验发现，在城镇化中前期，通常城镇化更多地表现为数量规模扩张的外延式发展，此时也积累了大量的社会、经济和资源环境问题；成功实现现代化的国家在城镇化的中后期，都经历了城镇化由规模扩张到质量提升的转折，城市发展更注重完善城市功能、提高居民生活品质、保护生态环境和推动产业升级；一些国家则因未能实现转型发展而陷入"中等收入陷阱"，虽然城镇化率很高，但社会矛盾重重、产业升级停滞、人民收入增长缓慢。中国城镇化整体上已进入城镇化中后期，推动城镇化的转型发展已势在必行，城镇化的重心亟待转向质量内涵式的发展模式。随着各种城镇化问题的不断累积，加快城镇化的转型发展已十分紧迫。在社会融合方面，2 亿多农村转移人口难以融入城市，城市社会的二元矛盾已经显露。在城市建设方面，尽管中国城市没有形成大面积的贫民窟，但有 1 亿多人还生活在棚户区。在资源环境方面，土地资源短缺、交通拥堵、环境污染严重等问题日益突出。在财政金融方面，过度依赖土地出让和土地抵押的城市建设融资模式已经不能持续，所隐藏的地方债务风险已成为中国金融体系中最大的隐忧。在中国城镇化快速发展的中前期所积累的大量问题和矛盾，在城镇化的中后期正集中爆发。转型发展是"十三五"时期中国城镇化面临的最大挑战，提升城镇化的发展质量是推进城镇化健康发展的重中之重①。

2. 人口城镇化滞后于土地城镇化，产业支撑并未同步跟进

我国城镇化建设长期热衷于扩大建设规模，特意拉大建设框架，进行低密度建设与开发，城市建成区和建设用地规模迅速扩张，土地城镇化远快于人口城镇化，城市土地扩张与人口增长严重不匹配。如 2000～2012 年，我国城市建成区面积总量增长 77.45%，城市建设用地面积总量增长 123.29%，而人口总量增长仅为 17.79%。2000～2007 年我国城市建成区面积年均增长 6.46%，城市建设用地面积年均增长 12.43%，而城镇人口年平均增长率仅为 1.39%。2008～2012 年，城市土地扩张有所减缓，城市建成区面积年均增长 5.16%，城市建设用地面积年均增长 4.77%，城镇人口年均增长也仅为 1.34%。总体来看，2000～2012 年，我国城市建成区面积年均增长 5.96%，城市建设用地面积年均增长 9.48%，而城镇人口年均增长只有 1.37%。从图 1-6 可以看出，土地城镇化的速度远远高于人口城镇化的速度。之所以出现该状况，是由于以下两个方面的原因。

一方面，与撤县设区以及建设新城区等行政区划变动有关，如新城区规划面积动辄数百平方公里，高则上千平方公里，并且有些城市建设与本地产业基础和居民生活的需求相脱节，表面上看似高楼林立、蔚为壮观，但实际上城镇人口密度较小，产业支撑没有及时跟进，处于有城无业的萧条状态，经济缺乏生机与活力，这种投资驱动导致的"鬼城"现象造成了资源的严重浪费。

另一方面，据国务院发展研究中心调研报告显示，部分地区土地出让金净收入占政府预算外收入的60%以上，城市基础设施建设过分依赖土地财政，造成土地资源浪费与城镇粗放发展。地方政府只考虑土地城镇化带来的经济利益，并未考虑如何使产业稳步跟进和发挥其对城镇化的有力支

① 盛广耀：《中国城镇化的态势与转型发展》，《中国党政干部论坛》2016 年第 4 期。

撑作用，导致大量农村人口严重"被城镇化"。这种不符实际的快速城镇化导致"城中村"现象蔓延发展，被征地农民不能继续从事农业生产，从事其他行业又没有充足的就业岗位，无产业支撑的城镇化模式给城市社会治安和管理带来了巨大压力。"城中村"虽然被划入城市区域，但产业结构、就业方式、人居环境、社会保障等仍然与传统农村相似，没有实现真正意义上的城镇化，它是城市建设急剧扩张与政府社会管理和服务水平滞后之间的矛盾所导致的一种特殊和暂时性现象。

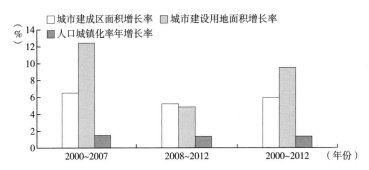

图 1-6 中国人口城镇化增长与土地城镇化增长比较
资料来源：根据 2001～2013 年《中国统计年鉴》《中国城市统计年鉴》数据计算整理而得。

（三）产城分离的历史和制度原因①

从宏观层面来看，产城分离是我国增长主义和理性主义的城市发展理念导致的后果。在我国城镇化的过程中，政府在资源配置方面处于主导地位，政府有充分的物质条件左右城市发展模式和发展方向。同时城乡二元体制的制度约束加剧了土地城镇化和人口城镇化的脱节。伴随着城市规模的扩张，大量的农民工进城成为城市经济活动中的一员。但由于城乡二元体制附带的户籍制度、土地制度和社保制度等影响，农民工无法完整地融入城市，候鸟式迁徙成为农民工的常态生活。这一方面减少了农民工的可支配收入，不利于扩大消费；另一方面加重了城市本身就紧张的资源要素流动渠道，变相地提高了城市运行的成本，高企的房价或房租构成农民工在城市落户安家的障碍。户籍制度附带的社会保障缺失，令外来务工人员

---

① 杨雪锋、孙震：《共享发展理念下的产城融合作用机理研究》，《学习与实践》2016 年第 3 期。

消费谨慎。这些因城乡二元体制而产生的诸多限制导致厂区或农民工集中居住区难以发展成为商业繁荣的生活之城。

从中观层面来看，产城分离是城镇化与工业化发展不协调的结果。中华人民共和国成立以来，我国实行赶超型工业化战略，走先积累后消费的发展道路。改革开放以来，我国工业化取得了巨大成就，无论是产业结构的多样化还是工业产值规模都有了较大增长，城市周边遍布各类产业园区，如高新区、经济开发区、保税区、物流园区、生态产业园等。但同时，城市规划和城市公共服务的配套往往具有一定的滞后性，客观上造成了工业化进程与城市化进程的不匹配，导致城市化滞后于工业化。产业园区的工人不得不在产业园区和具备较完善生活配套服务的城区之间往返，加剧了交通压力。

从微观层面来看，"唯 GDP 论英雄"的政绩考核机制，是研究产城融合需要正视的现实。在这种考核制度下，地方官员不仅直接面临土地制度附带的土地财政的激励，更受到了土地引资所能带来的政治激励的强烈诱惑。因此，地方政府在城市发展中出现了公司化的倾向，城市土地面积的扩大以及所附带的经济增长就成为政府的业绩指标。地方官员有足够的动力推动城市经济功能的片面发展而忽视其他功能的完善。2013 年，中组部公布了新的地方领导干部政绩考核通知，其中强调不能仅仅把地区生产总值及增长率作为考核评价政绩的主要指标，要加强对政府债务状况的考核，更加重视对科技创新、教育文化、劳动就业、居民收入、社会保障、人民健康状况等的考核，这在一定程度上改变了过去的"唯 GDP 论英雄"的政绩考核机制，使得地方政府更加重视社会公共服务和地方经济的长期健康发展。

第二章
产城融合发展的科学内涵

一 产城融合元概念的理论阐述

(一) 产业及其分类

1. 产业的定义

产业作为一种社会经济现象, 是生产力发展和社会分工的产物。随着生产力的发展和社会分工程度的提高, 产业的内涵和外延也在不断变化和扩展。在工业革命以前, 产业主要是指农业; 在工业革命后, 因为工业在国民经济中处于主导地位, 所以产业主要是指工业, 产业的英文表达"industry"即与工业是同一词语。随着第三产业的迅速发展, 新兴行业不断出现, 产业的范围进一步扩展。尽管产业的范围很广, 但是同一产业的经济活动往往具有这样或那样的相同属性。因此, 可将产业定义为"具有同类属性的企业经济活动的集合"[①]。

2. 产业的分类

根据不同的分类标准, 可以将产业划分为不同的类型。国内外常用的分类方法有三次产业分类法、两大部类分类法、农轻重产业分类法、生产要素分类法、国家标准分类法、国际标准分类法等 (见表 2-1)。

在产业结构的不同分类方法中, 受到国际社会广泛认可和应用的是三次产业分类法。我国最新的《国民经济行业分类与代码 (2011)》虽然将国民经济具体划分为 20 个具体门类, 但仍然将它们归入三次产业。

---

① 苏东水:《产业经济学》, 高等教育出版社, 2015, 第 5 页。

表 2 - 1 常用产业分类方法概况

分类方法	分类依据	具体划分
三次产业分类法	经济与自然界的关系	第一产业、第二产业、第三产业
两大部类分类法	产业在社会再生产中的作用	生产资料部门、消费资料部门
农轻重产业分类法	对物质生产部门进行划分	农业、轻工业、重工业
生产要素分类法	产业对不同生产要素的依赖程度	劳动密集型产业、资本密集型产业、技术密集型产业
国家标准分类法	一国政府的规定	各国有各国的规定
国际标准分类法	联合国的规定	大、中、小、细四个层次

资料来源：苏东水：《产业经济学》，高等教育出版社，2015，第 5 ~ 13 页。

3. 产业结构的含义

结构一词常指事物不同部分的地位及相互关系。从结构的概念出发，产业结构实际上就是"产业间的相互联系和联系方式"[①]。由于国民经济从广义上可以分为三大产业，从狭义上可以细分为多个具体的行业，因此产业结构有狭义和广义之分。从广义的产业概念出发，产业结构主要表现为三次产业之间的关系；从狭义的产业概念出发，产业结构主要表现为三次产业内部的不同产业之间的联系。

产业结构演进就是产业结构在各种影响因素的综合作用下而发生的动态的演变进化过程。它是数量与质量的统一，也是趋势性和阶段性的统一。从数量上来看，它表现为国民经济的不同产业之间的数量比例的变动；从质量上来看，在经济增长的前提下，产业结构的演进通常表现为产业结构水平逐步实现由低级向高级的发展。从趋势性来看，在经济持续增长的前提下，一个国家或地区的产业结构演进通常会表现出由低级到高级、由简单到复杂的进化趋势，即实现产业结构的优化升级；从阶段性来看，在各种因素的综合作用下，一个国家或地区的产业结构在不同的阶段可能呈现出不同的发展速度和发展态势，在某一特定时期和条件下甚至可能出现失衡和不协调的状态。

（二）城市与城市化

1. 城镇的含义

城镇作为一种人类生产生活的聚落形态，自古以来即已存在。在农耕

---

① 芮明杰：《产业经济学》，上海财经大学出版社，2012，第 7 页。

文明时代，由于铁制工具的出现，农业生产力大大提高，导致社会分工以及剩余劳动农产品的出现，由此形成了商品生产与交换的场所——集市，而集市便成了城镇发展的前身。可见，早期的城市是"城"与"市"的有机统一："城"是一定区域内用作防卫而围起来的城垣，"市"是进行商品交易的场所①。这一时期的城市主要是作为区域内的政治、军事、商业中心而存在的。此时，基于农耕文化的城镇，无法摆脱农业经济发展的局限性，城镇发展规模有限，经济中心功能不凸显，城镇的军事、政治功能占据主导。而进入第一次工业革命时代，蒸汽机带来生产力的发展，工业革命的发源地英国率先跨越了50%城市化率这一标志性指标的拐点，而此时，世界城市人口占比仅为6.3%，农业国家城市人口占比仅为6.0%。第二次工业革命以后，自然科学技术与生产力的紧密结合，激发了人类社会极大的社会生产力，伴随经济的腾飞，西方发达国家的城市人口呈"井喷"增长态势，在不到100年的时间里城市人口占比达到50%以上。第三次科技革命以来，一、二、三产业的社会分工更加细化，并且伴随科技革命成果的普及，世界城市发展步入快车道，城市的数量逐渐增多，功能更加丰富，类型也趋于多样。

但是人们对城市的认识并不一致，城市的定义往往因为角度、目的的差异而有所不同。美国经济学家奥沙利文（Jim O'Sullivan）认为，城市是"在相对较小的面积里居住了大量人口的地理区域"②，这个概念强调了人口的密集性。《现代汉语词典》（1996年版）认为，"城市是人口集中、工商业发达、居民以非农业人口为主的地区，通常是周围地区的政治、经济、文化中心"，这个概念相对比较全面，但将城市产业界定为"工商业"的说法不够准确全面。英国经济学家巴顿认为，城市是"一个坐落在有限空间地区内的各种经济市场相互交织在一起的并与域外相互联系的网状系统"③，这个概念强调了城市构成要素及其空间结构。综合已有的研究成果，我们将城市界定为：城市是非农产业及非农业人口按照一定的空间结构集中起来的区域，是一定地域内的政治、经济和文化中心。

---

① 谢文蕙、邓卫：《城市经济学（第二版）》，清华大学出版社，2008，第4页。
② 奥沙利文：《城市经济学（第6版）》，北京大学出版社，2008，第2页。
③ K. J. 巴顿：《城市经济学：理论与政策》，商务印书馆，1984，第14页。

2. 城市化的含义

"城市化"一词是西班牙工程师塞尔门提出的,在其著作《城市化的理论问题》里第一次使用;其源于英文 urbanization,词头 urban 意为都市的、市镇的;词尾由 iz(e)+ation 组成,表示动态行为的过程,意为"化"。对于城市化概念的解释,莫衷一是,仁者见仁、智者见智。克拉克指出"城市化是第一产业人口不断减少,第二、三产业人口不断增加的过程"。日本社会学家矶村英一认为"城市化可分为动态的城市化、社会结构的城市化和思想感情的城市化"。沃思则认为"城市化是指从农村生活方式向城市生活方式发生质变的过程"[①]。美国新版的《世界城市》一书称:"都市化是一个过程,包括两个方面的变化。一是人口从乡村向城市运动,并在都市中从事非农业工作;二是乡村生活方式向城市生活方式的转变,这包括价值观、态度和行为等方面。第一方面强调人口的密度和经济职能,第二方面强调社会、心理和行为因素。实质上这两方面是互动的。"[②]《中华人民共和国国家标准城市规划术语》表示,城市化是"人类生产与生活方式由农村型向城市型转化的历史过程,主要表现为农村人口转化为城市人口及城市不断发展完善的过程"。这种转化的深刻内涵在于,它不是简单的城乡人口结构的转化,更重要的,它是一种产业结构及其空间分布结构的转化,是传统劳动方式、生活方式向现代化劳动与生活方式的转化。一般认为,城市化是伴随着工业化的进程而产生和发展的。

由于城市化是人口学、社会学、经济学等多个学科共同研究的对象,因此不同学科站在不同的研究角度,对城市化的定义提出了不同的看法。人口学侧重关注和研究城市化进程中城乡人口的转移和人口的结构变动,社会学更关注城市化进程中社会组织和社会结构的变迁,经济学更侧重于研究城市与乡村之间经济结构的转化过程和人口的生产、生活状况。实际上,城市化是人类社会的一个重大的结构转变过程,因此从综合的视角来把握城市化的含义才更为全面和准确。根据城市的含义,可以将城市化界定为:随着经济的发展,非农产业向城市集聚,农村的劳动力和人口向城

[①] Louis,W.,"Urbanism as A Way of Life,"*American Journal of Sociology*,1989(49):46–63.

[②] 郑元凯:《城市化水平与经济增长的实证分析——以东部10省为例》,《科技创业月刊》2008年第1期,第1~3页。

市集中，带来城市的数量、规模、结构和功能不断变化，引起人类的生产方式、生活方式发生重大变化的过程。

3. 城市化与城镇化

"城市化"一词译自英文单词"Urbanization"，由于英文的"Urban"既有"城（city）"也有"镇（town）"的意思，因此"城市化"在中国也被译为"城镇化"。在学术研究层面上，1979年，吴友仁在其《关于我国社会主义城市化问题》一文中，认为城市化就是逐步转变农村人口为城镇人口的过程，该文在论述过程中，多次统计相关城镇人口数据进行分析研究，可以认为该文首次提出了城镇化概念的雏形[①]。1983年，费孝通的《小城镇·再探索》及其后续的研究成果中，在关于中国应该走大城市模式还是小城镇模式的争鸣中，费孝通一直主张中国应该走小城镇为主、大中城市为辅的小城镇模式的中国特色城市化道路，这可以认为是对城镇化说法的进一步肯定[②]。1991年学者辜胜阻在其研究成果《非农化与城镇化研究》中首次使用并拓展了"城镇化"的概念，认为城镇化是中国经济社会发展的必然趋势，是指人口不断由农村向城镇转移和集中的过程[③]。在其后的研究过程中，辜胜阻极力倡导中国应该使用城镇化概念，取得一批颇有见解、影响较广的研究成果。此后关于中国城镇化的研究较多地出现城镇化的提法。

关于城市化与城镇化是否相同，我国学术界存在较大的争论。严格来说，城市化与城镇化存在一定的差别。一是二者依托的主体不同，"城市化"侧重于依托"城市"来发展，"城镇化"强调依托于"城镇"来发展。与城市相比，城镇一般规模较小，功能也没有城市完善。二是使用范围不同，城市化是世界通用的提法，城镇化则体现了我国一段时期内限制大中城市发展的政策，体现了中国特色的城市化道路。但毋庸置疑的是，城镇化更加强调的是"镇"的意涵。在中国广袤的国土上，由于东中西地域格局的差异性，单一化的"城市化"模式难以包容差异化的发展类型和多样化的路径选择的客观要求。基于不同区域特点的"城镇化"，既有城市化一般模式的经典表达，又不缺失"镇"的特色与现实诉求。

然而，从本质上来看，城市化与城镇化并没有根本的区别。首先，城

① 吴友仁：《关于我国社会主义城市化问题》，《城市规划》1979年第3期，第13~25页。
② 费孝通：《小城镇再探索》，《新华日报》1984年5月2日。
③ 辜胜阻：《非农化与城镇化研究》，浙江人民出版社，1991，第10~50页。

市和城镇都是作为与农村对立的概念而存在的，无论城市化还是城镇化都强调人口结构中农业人口为主导转变为非农人口为主导，经济发展由农业为主转化为非农产业为主。其次，由于人口众多的国情，我国有的"城镇"在规模上可能相当于其他国家的一个城市，因此严格地区分城市和城镇并不利于实践工作和国际比较。最后，虽然中央文件中经常使用的是"城镇化"的提法，但是从国务院提出"除超大城市和特大城市外，其他城市不得设置落户限制"的要求来看，国家在政策上对于"城镇化"和"城市化"并没有进行严格的区分。我国《城市规划法》明确规定城市是包含建制镇的，该法指出，"本法所指的城市，是指国家行政建制设立的直辖市、市、镇"①。这就是说，广义的城镇，既包含市、建制镇，又包含非建制的一般集镇；狭义的城镇，包含市和建制镇。所以，广义的城市化和狭义的城镇化内涵是完全一致的。因此，本书只是在本节从概念上对"城市化"与"城镇化"进行比较，在具体使用时则是在"城市化"等同于"城镇化"的基础上来使用"城市化"术语的。

（三）融合的含义

随着经济全球化和区域一体化的深度演变，以及新一代信息技术的广泛应用，融合已成为时代发展的必然趋势和鲜明特征。融合，指熔成或如熔化那样融成一体，即几种不同的事物合成一体。融合蕴含着朴素的哲理，是事物发展的客观规律，也是时代发展的必然趋势。只有主动顺应这一趋势，才能更好地遵循发展规律，走在发展前列。

首先，客观规律决定融合。古今中外，融合的智慧都为哲人所推崇。融合绝不仅仅是事物的简单合并或优化组合，也是各种资源要素的科学重组与高效运行，进而实现"你中有我，我中有你"的优势互补、强强联合、互惠互利的过程。从这一视角来看，融合是推动事物发展、促进社会进步的重要特征。

其次，资源配置呼唤融合。随着产业分工的细化，区域间各种要素的流动越来越快。但行政干预、区域壁垒往往人为地阻碍要素流动，开放既

---

① 此处城市的定义参见《中华人民共和国城市规划法》中第一章第三条中城市的定义。该法于 1990 年 4 月 1 日施行，虽于 2008 年 1 月 1 日失效，但是其对于城市的定义依然可以参考。

是必然也是必需。比如，国家"一带一路"重大倡议、长江经济带等战略，旨在促进经济要素有序自由流动、资源高效配置和市场深度融合，推动沿线城市合作共赢发展。只有进一步扩大开放，以开放促融合，消除无形的市场壁垒，推动要素在更大范围内自由流动，才能更好地分享全球资源和全球市场，实现区域间共享和合理化配置，创造发展新优势。

最后，需求多元催生融合。社会在发展，人的需求层次也在不断提升，日趋个性化、多元化、定制化。只有将不同的产业融合起来，加速各技术领域相互渗透、交融，才能创造新产品、新服务、新业态，更好地满足消费需求。多元化的需求，加速了产业融合，产业融合反过来也更好地满足了人们多样化的需求。

二 产城融合科学内涵的理论分析

（一）产城融合科学内涵的理论界定

国外对于产城融合的相关研究分别散见于城镇化、工业化等的相关研究中。也就是说，对于产城融合思想的相关研究国外在很早以前就已经出现。像早期的城市功能分区思想，就是按功能要求将城市中各种物质要素，如工厂、仓库、住宅等进行分区布置，组成一个互相联系、布局合理的有机整体。二战以后，一些欧美国家在重建被战争破坏的城市和新建城市时基本上是按照合理的功能分区原则来规划和建设的。生产地域综合体思想于 1948 年由当时苏联经济地理学家提出，起初作为社会主义社会生产力的空间组织形态传入中国，而后于 1960 年代被介绍到欧美等西方国家。到了 1970 年代，美国郊区化趋于成熟，出现了"边缘城市"，即位于原中心城市周围郊区发展起来的商业、就业与居住中心。随着城镇化研究的深入，很多专家、学者指出，城市的空间布局是具有结构性的，单个城市、超大城市、城市体系的构建与发展不是孤立的，应是有客观规律的。著名城市经济学家弗农·亨德森（Henderson）指出，如果一些地级城市的规模扩大一倍，则可以使其单位劳动力的实际产出增长 20% ~ 35%[①]。兰德尔·S. 罗森伯格尔等在 2002

[①] 弗农·亨德森：《中国城市化面临的政策问题与选择》，中信出版社，2007，第 56 ~ 76 页。

年就提出城镇化扩展应与产业结构以及就业平衡。可以认为，以上这些理论与实践是国外早期关于"产城融合"的研究内容。

针对我国城市化进程中产城融合这一重大问题，学者们进行了广泛的研究。产城融合相关字眼从 20 世纪 90 年代以来就经常出现，但是直到近年才有学者专门对这一问题进行讨论。由于研究的时间仅有短短的几年，加之研究的出发点、研究目标和学科背景方面的差异，对产城融合的概念界定也存在诸多分歧。

张道刚认为城镇化与工业化的发展应该在同一步调上运作，不能一快一慢，城镇是产业发展的载体，产业是城镇发展的基础，要实现产业与城市的"双向融合"，实质就是达到二者之间的平衡，倡导将产业园区作为一个城镇来经营①。卫金兰和邵俊岗认为产城融合应包含产业和城市共生、生活与就业并存以及制造与服务互动三个层面②。孔翔和杨帆认为产城融合指的是产业与城市之间的融合与发展，建立在城市基础之上的产业发展，包括产业空间布局、产业结构升级等，以产业为保障，促使城市配套设施逐步完善，实现城市自身的升级，以达到产业、城市、人之间持续向上良性发展的模式。他们提出，在产城融合中，要形成产业发展与城市功能优化之间的互促关系，既要以产业发展为城市功能优化提供经济支撑，更要以城市功能优化为产业发展创造优越的要素和市场环境③。杨芳和王宇认为，产城融合主要是指"以产兴城、以城促产、产城融合"，其核心在于产业，产业属性在很大程度上决定了城市的功能、用地规模、规划布局、交通导向、景观格局等，其最终表现为城市核心功能提升、空间结构优化、城乡一体化发展、社会人文生态的协调发展目标的实现等方面④。贾晓华认为，城镇化更要注重产城融合发展，将产业功能、生态功能、城市功能融为一体，离开了产业支撑，城市就会被"空心化"，而离开了城市的依托，产业就会被"孤岛化"⑤。刘瑾等将产城融合

① 张道刚：《产城融合的新理念》，《决策》2011 年第 1 期，第 1 页。
② 卫金兰、邵俊岗：《产城融合研究述评》，《特区经济》2014 年第 2 期，第 81~82 页。
③ 孔翔、杨帆：《"产城融合"发展与开发区的转型升级——基于对江苏昆山的实地调研》，《经济问题探索》2013 年第 5 期，第 124~128 页。
④ 杨芳、王宇：《产城融合的新区空间布局模式研究》，《山西建筑》2014 年第 2 期，第 30 页。
⑤ 贾晓华：《强化中小城市的产业支撑实现城镇与产业的融合发展》，《辽宁大学学报》2014 年第 3 期，第 44 页。

界定为"以产促城，以城兴产，产城融合"，就是建设以生态环境为依托、以现代产业体系为驱动、生产性和生活服务融合、多元功能复合共生的城市发展模式①。许健、刘璇认为"产城融合"的内涵是城市核心功能提升、空间结构优化、城乡一体化发展、社会人文生态的协调发展②。李磊认为产城融合的核心是推动园区从单一生产型园区向多功能城镇社会转型③。

李文彬和陈浩着眼于以人为基础，认为产城融合应该从人、功能和结构三个方面进行分析，只有实现"以人本为导向、结构匹配和功能融合"的协调发展，产城融合才能得到充分发展④。杜宝东从融合的阶段特征（时间维度）、融合的空间逻辑（空间维度）、融合的类型差异（类型维度）与融合的目标导向（人本维度）四个维度系统地建立起产城融合概念内涵与外延的认知体系⑤。李学杰认为产城融合主要体现的是城市协调可持续发展的理念，其实质是城镇与产业的协调发展，具体表现为：城镇功能的协调、要素的有序流动、产业与城市有机单元的联系，其最大的困难是促进产业转型与城市功能的相互融合⑥。林华认为可以通过产业结构的调整来适当地增强城镇的相应功能，具体可从产业结构和城镇发展中的就业结构的关系、就业结构和社会服务需求的关系两个方面来实现⑦。陈云认为产城融合的主要研究对象应该集中于相对独立的新城建设，新型城镇化的发展可以通过产业园区的发展来实现⑧。裴汉杰认为，产业是城市发展的基础，城市与非农产业存在内在的紧密联系。没有非农产业支撑的城市只能是"空城"，而没有城市依托，再高端的产业也只能

---

① 刘瑾、耿谦、王艳：《产城融合型高新区发展模式及其规划策略——以济南高新区东区为例》，《规划师》2012 年第 4 期，第 58~64 页。
② 许健、刘璇：《推动产城融合，促进城市转型发展——以浦东新区总体规划修编为例》，《上海城市规划》2012 年第 1 期，第 13~17 页。
③ 李磊：《产城融合理念下的控规编制研究》，《西部人居环境学刊》2014 年第 6 期。
④ 李文彬、陈浩：《产城融合内涵解析与规划建议》，《城市规划学刊》2012 年第 1 期，第 106~110 页。
⑤ 杜宝东：《产城融合的多维解析》，《规划师》2014 年第 6 期，第 5~9 页。
⑥ 李学杰：《城市化进程中对产城融合发展的探析》，《经济师》2012 年第 10 期，第 45~46 页。
⑦ 林华：《关于上海新城"产城融合"的研究——以青浦新城为例》，《上海城市规划》2011 年第 5 期，第 32~38 页。
⑧ 陈云：《"产城融合"如何拯救大上海》，《决策》2011 年第 10 期，第 49~51 页。

"空转"①。

在研究城市空间领域方面，夏骥指出不能出现重产轻城的现象，如果缺乏产城融合的社区单元，则园区对城市的支撑将减弱②。蒋华东认为"产城融合"不是简单的互促关系，而是具有多重网状形态，只有产业与城市相互渗透、复合式发展，达到动态平衡，才能创造更大的生产力③。邵安兆认为为了防止新城区建设走弯路，要依赖于产业化与城市化的有机融合，打造产业布局合理、城市功能齐全、生态环境良好的现代化新城④。

综上可见，我国对产城融合进行深入研究的时间并不长，主要的研究内容虽然比较全面，但是尚未形成完整的概念框架体系。在产城融合的概念和内涵方面，不同的学者有不同的看法。有些学者将研究目标定位于以产业区建设促进新城发展；有些学者认为产业和城市应当共进退；有些学者认为产城融合是一项城市发展的系统工程，在空间上既要做到合理布局，也要兼顾各个影响要素。总之，学术界对产城融合概念内涵的理解众说纷纭，目前为止尚未形成一个为各方所公认的较为确切的定义。

通过分析，我们看到，理论界对产城融合的认识存在广义和狭义两个角度：广义角度的产城融合，多指产业和城镇（城市）的融合；狭义角度的产城融合，多指产业园区与城区的融合。产城融合是指在综合考虑城市承载力与产业空间结构以及可持续发展基础上，通过城市与产业的有序发展驱动城市更新和完善城市服务水平，形成城市功能优化与产业发展协同共进与良性互动的科学动态过程。我们认为，产城融合发展是指产业与城市融合发展，产业以城市为依托，城市承载产业发展空间，产业是城市发展的保障，推动城市化进程和完善服务配套，让产业更加依附于城市，让城市功能更好地服务于产业发展，以产兴城、以城促产，从而达到产业和

① 裴汉杰：《浅议"十二五"期间产城融合的新理念》，《中国工会财会》2011 年第 7 期，第 13 页。
② 夏骥：《对上海郊区产城融合发展的思考》，《城市》2011 年第 9 期，第 58~61 页。
③ 蒋华东：《产城融合发展及其城市建设的互融性探讨——以四川省天府新区为例》，《经济体制改革》2012 年第 6 期，第 43~47 页。
④ 邵安兆：《洛阳市伊滨区产城融合发展的战略思考》，《洛阳理工学院学报》2012 年第 1 期，第 13~18 页。

城市协调发展、相互促进、良性互动，从而实现产业、城市、人之间有活力、动态的相辅相成之发展；是指产业与城市在功能、空间、结构、组织和政策等方面相互匹配、有机互动、共同演进、螺旋上升的状态和过程，其目的是实现城乡资源要素的有效配置、城市空间载体的动态优化、城市产业结构的不断升级、城市服务功能的配套完善、城市生态环境的持续改善、城市组织结构的完整高效、城市政策体系的整合统一、城市历史文脉的传承延续、城市人口素质的持续提升，其本质是提升城市居民的幸福感和城市的可持续发展能力[①]。

产城融合一般经历三个发展阶段：首先是"产城一体"阶段，城市为产业发展提供基础条件，产业也能带动城市的初步运作；其次是"产城互促"阶段，城市的加速发展刺激了产业转型升级，产业集聚效应同时也促进城市功能的完善；最后是"产城融合"阶段，这也是城镇化发展较为高级的阶段，表现为产业区和生活区之间的界限逐渐模糊，城市和产业合二为一，相互融合在一起。产城融合发展的重点在于产业和城市发展要做好科学规划，从而避免城市化建设中的冲动性和盲目性，真正落实产业定位和科学的城市规划，从而充分发挥城市与产业发展之间的相互促进作用。

从实质来讲，产城融合发展是在人本主义导向下对人、环境和社会关系的重新认识和合理组合，反映了一种追求产业、城市、人口之间良性互动、可持续的发展模式，是协调、可持续发展理念在城市化过程中的体现，是一定区域范围内城市与产业共生，产业发展与城市功能协同共进、良性互动的一种科学发展状态，是新阶段产业和城市发展的战略要求和发展趋势。在产城融合发展理念下，产业、城市和人的关系是：产业为城市发展提供动力和经济支持，城市功能的增强反过来为产业发展提供基础设施和配套服务；而人则是连接两者的桥梁和纽带，产业发展为人提供就业，城市则为人的活动和居住提供场所和条件，通过人的活动可以带动城市功能的增强。产城融合的主要特征体现在以下三个方面。

——产业和城镇相辅相成。推进产业升级和城镇化发展是我国实现现

---

① 楚天骄：《新常态下产城融合的总体思路与实现路径研究》，《中国浦东干部学院学报》2015 年第 5 期。

代化的重要举措。由于产城分离发展的影响，我国的城镇化和工业化并没有呈现相互促进的关系。而产城融合发展模式下的主要特征就是产业和城镇相辅相成，产业的发展促进城镇化质量提高，城镇化建设推动产业升级，二者相互促进，共促经济发展。

——人的能动性全面发展。过去在城镇化发展的过程中，追求经济指标的增长而往往忽略对人的关怀，偏离了城镇化的本质要求。而产城融合发展的本质是产业、城镇和人的融合发展。相较于传统的城镇化，产城融合更加注重人的能动性的培养，促进人的全面发展，同时创新成为促进经济发展的核心动力。

——人与生态环境和谐发展。过去传统的城镇化和工业化发展都对人类赖以生存的生态环境造成了巨大破坏，虽然经济和城市取得了飞速发展，但是生态环境却日益恶化，尤其表现在空气污染上，日趋普遍的雾霾现象，严重地影响了人们的正常生活。产城融合发展模式下，更加注重与生态环境的协调发展，城市规划更加科学，注重环境保护，建立绿色城市；产业方面，淘汰关闭高污染、高能耗企业，大幅度降低单位 GDP 能耗，使愈发严重的环境污染问题得到显著改善。产城融合发展模式下生态环境得到有效保护，人与自然将和谐共处。

可见，产城融合主要体现在布局和功能的统一、城市和产业的共生、居住和就业的融合、生产和服务的互动、经济和环境的协调等方面，至少应包括以下六个方面的内容。

一是功能融合。指城市产业与城市发展战略相匹配，城市不同区域的功能定位与城市发展战略相匹配，城市不同区域之间的功能相匹配。城市不仅包括以产业发展为导向的经济功能，而且还包括以人的需求为导向的文化功能、居住功能、服务功能、信息交流功能等。注重功能融合，就是协调好产业功能与居住、生产、交通、服务等其他城市功能之间的关系，构建与城市发展相适应和匹配的产业体系，实现以产兴城、以城促产。

二是空间融合。指城市功能与空间载体相匹配，就业、居住、基础设施、公共服务设施空间相匹配，城市建成空间与生态环境空间相匹配。城市不同的功能区是城市发展彼此联系的空间网络单元。由于不同产业具有不同的占地要求、空间排他性等属性，不同产业与居住、服务等空间融合的方式不同，因此必须要从城市甚至区域的整体出发进行合理规划，根据空间主导功能的不同将产业、生活、服务、生态等空间采用不同的方式进行组织。只有产业空间格局和城市总体格局实现有效的衔接，才能够构建起产业复合、规模适当、职住平衡、服务配套的空间组织方式，从而达到不同城市空间之间的有机联系和良性互动。

三是结构融合。指城市不同区域的功能结构与城市发展战略相匹配，城市产业结构与城市人口结构相匹配，城市要素结构之间相匹配。城市的发展不仅与人口劳动力总量相关，人口结构的不同也将直接影响到城市配套公共服务设施的供给。人口的职业构成决定居民工资收入水平，收入水平的差异又使消费结构呈现明显的层次性。由此可见，就业结构与人口结构能否相匹配是"产城融合"发展的关键。

四是身份融合。"产城融合"就其实质而言，应是居住和就业的融合，即居住人群和就业人群结构的匹配，其根本是居民身份与就业类型相匹配。产业结构决定城市的就业结构，而就业结构和人口构成决定了城市功能与空间结构、城市规模、居住模式、生活配套设施的供给等诸多问题。

五是组织融合。指不同功能区与其所在行政区域组织机构之间的协调与融合。

六是政策融合。指不同功能区与其所在行政区域政策标准之间的协调一致。

需要强调指出的是，产业发展和城市发展在时间维度上存在动态协调性，即产业发展和城市发展在不同发展阶段各有侧重点，并不是完全同步发展的，但整体应协调。

（二）产城融合的构成要素

产城融合是产、城、人、地、业、居六大要素在空间上的有机结合，其中：人是核心，地是载体，"业"和"居"是支撑，"产"是关键，"城"是基础，产因城兴，城因产立，人因产而业、因城而居；反之亦然，人因业而立、因居而乐，业聚为产，人聚为城。业和居是产和城的微观基础，业与居的协调要求产与城的融合。六大要素之间的关系见图2-1。

人是产业发展和城市存在的核心要素，这是由城市的本质决定的。城市的本质就是要更好地满足人的需求，城市的兴起和发展源于人的聚集，城市的衰落和消失也是因为人的迁离。产业的存在为人提供工作，是人在

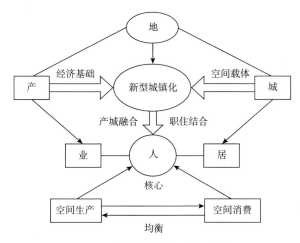

图 2 - 1　产城融合的要素及其关系

城市安身立命的关键，也是城市存在、发展的经济基础。在推进产城融合时，要遵循产业先行的原则。同时，一个地区的产业对城市的发展前景、居民的收入水平等有重大影响。城市的公共服务对象一定要以人作为目标。产业是关键，城市是基础，产无城不立，城无产不兴，两者共同为民众提供就业岗位和居住地，两者是相互融合、相互促进的协调发展关系。土地是人类生产和生活的重要参与要素，是产业和城市发展的载体。产业和城市的发展、人类的生产和生活都离不开土地要素。

产、城、人、地、居、业作为推进产城融合的六大要素，其中人是核心，其他要素都是为改善人的生产和生活条件提供支持的。当前我国城镇化的主要问题是土地的城镇化超前，人的城镇化滞后。推进产城融合就是要使当前的有城无产、有产无城和功能不完善的老城区逐步转变为功能完整的城市主体，为群众提供完善的就业和生活保障①。

因此，产城融合本质上就是坚持以人为本导向，所反映的是全面、协调、可持续发展的理念，是一条经济与社会、产业与生活、城市与农村、生态与生产的协调发展的新路径。产业结构上要求以工业为主导、服务业为支撑、农业为基础，产业形态上强调"时间上同步演进，空间上产城一体，布局上功能分区，结构上相互融合"，从而实现产业园区由工业园区

---

① 杨雪锋、孙震：《共享发展理念下的产城融合作用机理研究》，《学习与实践》2016 年第 3 期。

向产业集中区转型，产业集中区向产业社区提升，产业社区向城市特色功能区嬗变，推动经济发展从"单一的生产型园区经济"向多功能的"生产、服务、消费"等"多点支撑"城市型经济转型。可以说，产城融合的关键要素在于人，其要义绝不仅限于产业与城市[①]。

据此，可以将产城融合的主要内容分为人口、空间、经济等三个维度（见图 2-2），这三个维度分别对应人、城镇、产业三个研究对象。人和城镇之间的关系主要分析人口城市化、市民化，要想实现国家层面制定的城镇化目标，农村的乡城转移人口应该要达到相应的数量予以配合。人和产业之间的关系主要基于就业结构和产业结构相协调进行，即各产业发展所需的劳动力数量和实际的供给相匹配。在产城融合的思路下，尤其注重分析农业释放的剩余劳动力和非农产业发展所需的劳动力缺口相互协调。城镇和产业之间的关系主要关注城镇的规划和发展与当地的产业发展相适应，在城镇化和产业发展过程中，尽量避免有产无城、有城无产等失调现象。人、城镇和产业三者之间的关系主要通过劳动力作为中介进行研究，将前面的结论进行综合，把三者联系起来，在研究过程中又不仅限于劳动力这个要素。人的分析过程中包括农业人口的素质、观念、受教育年限、性别比例等。城镇的分析过程中包括城镇的空间规划、政府的政策措施、道路交通的硬件设施、生态环境、公共设施配套等。产业的分析过程中包括三次产业的发展比重、产业政策、产业布局规划、产业体系构建、优化升级等。

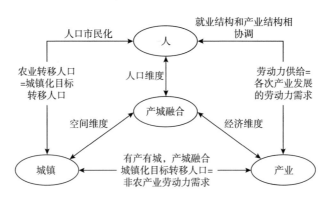

图 2-2 产城融合的三个研究维度

资料来源：姜玉砚：《四化同步进程中的产城融合研究》，博士学位论文，山西财经大学，2016。

---

① 课题组：《广西产城融合对策研究》，《广西经济》2014 年第 3 期。

新型城镇化的"人本导向"并未改变"产城融合"概念中"产"的含义,"产城融合"提出时"产"主要指的是工业。结合《国家新型城镇化规划（2014—2020 年）》中多次指出的要"工业化和城镇化良性互动",我们可以将"产"理解为以工业为主体的产业。

新型城镇化的最终目的是提高生活在"城"中的"人"的效用水平,而以此出发,"城"就不能再仅仅理解为"城市"、"城镇"或者"产业园区"这样的产业发展空间载体。在马斯洛需求框架下,"人"的需求主要包括:满足生理需求的食品、住宅;满足安全需求的医疗;满足社交需求的娱乐;满足尊重需求的就业、高档消费;满足自我实现需求的教育、培训等。不难发现,"城"满足"人"需求的主要手段是"城市功能"。结合"城"所包含的空间含义,本书更倾向于将其理解为在"人"聚集的地理范围内满足"人"不同层次需求的城市功能。

从"人"的视角出发,"产"与"城"需要融合的原因至少有三点:第一,在经济理论中"人"通常被抽象成劳动力,劳动力是"产"的重要投入要素,因此其与"产"在地域上具有天然的不可割裂性;第二,与普通生产要素仅需要提供储存空间不同,劳动力存在多层面的需求,因此,其与"城"必然存在千丝万缕的联系;第三,城市功能的获得在很大程度上来自作为"产"之一的服务业,与工业产品相比,服务具有无形性、不可储存性、生产与消费同时性三大特征[①]。尽管在现代信息和通信技术的影响下,上述三个特点都已受到不同程度的挑战和质疑,但改变有限,大多数服务活动尤其是消费服务仍受到明显的时空限制[②]。因此,服务业很难对"人"实现"跨区域"供给,即"城"的功能无法作用于不在其地理范围内的"人"。

同样从"人"的视角出发,"产"与"城"之间能够相互促进。第一,"城"能够通过提高"人"的效用水平来吸引高质量的劳动力,进而提升地区的产业发展水平。发展实践及走访调研表明,制约有关地区产业

① Browning, H., Singelman, J., *The Emergence of A Service Society*：*Demographic and Sociological Aspect of The Sectarian Transformation of The Labor Force*. Springfield V. A. National Technical Information Service VA：USAS Springfield, 1975.

② 江小涓:《服务业增长:真实含义、多重影响和发展趋势》,《经济研究》2011 年第 4 期,第 4 ~ 14 页。

升级的最大问题往往并非资金或技术，而是长期只注重工业发展、忽略生活要素配套的"产""城"脱节发展模式所带来的商贸、教育、医疗等服务的缺乏，劳动力（尤其是高质量劳动力）因需求无法被满足而大量流失，导致产业升级陷入瓶颈。第二，"产"能够通过促进"人"的集聚，为"城"的繁荣提供必要前提。如上文所述，城市功能的获得主要来自服务业，而由于生产与消费的同时性，需求规模是制约服务业发展的根本条件，只有大量消费者和经济组织集中在一起，才可能提供服务产业化所需的足够大的市场需求①。工业发展能够引致劳动力集聚（这在中国伴随城镇化的高速工业化发展中已得到体现），为作为城市功能载体的服务业的催生提供良好环境。

综上所述，新型城镇化背景下的"产城融合"应该是"产业"、"人"和"城市功能"三者的融合。在"以人为本"的指导思想下，"产城融合"的最终目的是在提高"人"的效用水平的前提下，实现产业与城市发展的共同繁荣。而基于"人"这一视角的讨论又表明，"人"是"产""城"之间有效互动和融合上升的关键连接点②。

因此，产城融合就是要实现人的发展与社会的、经济的、文化的、产业的、生态环境的良性互动和深度融合，就是要在城市发展中形成"产业升级、城市转型、管理创新"三轮驱动的新格局，形成城市与产业、产业与人才、人才与城市协调共融的发展新模式。产城人融合是新型城镇化发展的一种态势，也是一种发展格局，这种态势和格局在不断优化和提升，主要体现在以下三个层面③。

一是良好的空间发展布局和生态环境，是实现产城人融合发展的基础。合理规划包括产业集聚区、人口集聚区、综合服务区、生态保护区等在内的功能分区，处理好经济发展与生态环境保护的关系，促进资源节约集约利用，提高能源资源利用效率，推动形成绿色低碳的生产生活方式。

二是高标准的城市硬环境和软环境是吸引、留住人才的关键。完善的市

① Hill, T. P., "On Goods and Services," *Review of Income and Wealth*, 1977, 23 (4): 315 - 338.
② 谢呈阳、胡汉辉、周海波：《新型城镇化背景下"产城融合"的内在机理与作用路径》，《财经研究》2016 年第 1 期。
③ 周月莉、白玉：《关于实现产城人融合发展的思考——以北京未来科技城为例》，《北京规划建设》2016 年第 2 期。

政基础设施、优质的公共服务、完备的创新创业服务体系，有利于提升城市对人才，特别是高端人才的吸引力，要让高端人才不断集聚并支撑各产业和城市事业的发展，要使各层次人才在城市中充分实现其个人发展价值。

三是构建现代产业体系，是城市可持续发展的保障。城市是产业发展的沃土，要具有完备的产业生态链，同时，这条产业生态链在城市中要比较容易得到配套，产业价值链也比较容易得到延伸，从而实现产业的自我转型升级，不断提升城市的可持续发展能力。

从这一意义上说，产城融合主要是指产业 – 空间 – 社会三大结构的融合。其中，产业结构是动力，良好的产业基础是产业园区发展的初始驱动力，产业结构升级导致社会结构中的就业结构和消费结构发生变化，影响空间结构分异；空间结构是载体，随着产业结构沿"劳动密集型—资本密集型—技术密集型"路径的升级，生产空间与生活空间的联系更加密切，现代服务业发展需要紧密结合生活空间，而城市空间功能与产业功能的融合有助于创新型产业的发展；社会结构是保障，居住人群的教育结构决定就业需求的匹配度，不同产业工人对产业、交通空间的需求不一，消费能力的分层也导致了居住、游憩空间需求的多样化。

产业结构的融合是指园区在产业组织过程中，要结合主导产业的不同需求及特点，既要配备与生产紧密结合的生产性服务业，又要配套与居民生活息息相关的生活性服务业，形成网络化产业关联结构。《雅典宪章》提出城市规划的目的是促进居住、工作、游憩与交通四大功能活动的正常进行，这些功能区相互交织，形成网状系统。空间结构的融合将产业的不同空间需求与城市的不同功能区作为彼此联系的网络空间单元，构建起产业复合、职住平衡、服务配套和生态宜居的空间组织方式，从而达到让居民在不同的城市空间单元中就近就业、购物和休闲的目的。社会结构的融合是指产业园区内居民的教育结构、从业结构和消费结构相互匹配，并与产业结构、空间结构相协调。产城融合的核心是促进居住和就业的融合，产业结构决定就业结构。就业结构直接影响居民收入水平，不同的收入水平使得消费结构具有明显的层次性，并导致社会服务需求的差异化，进而反过来促进产业结构的调整与优化，因此城市的居民是否与当地就业需求相匹配成为促进产城融合的基础。随着园区产业结构的升级，就业人群的构成趋于多样化，消费结构趋于高级化，因此应逐步建立与城市化发展相契合的，由社会保障、公共服务、公共安全和公共管理构成的产业园区社会管理架构，形成园区与母城一体的、全面覆盖的社会保障体系、公共服务配套体系、公共安全系统与行政管理体系。

（三）理解产城融合科学内涵的维度

产城融合是在以人为本的价值导向下，以模式创新为战略驱动，通过合理的空间统筹和规划，推动产业和城镇的均衡发展，进而达成产业和城镇融合发展的现实目标①。具体来看，主要体现在以下四大维度。

1. 人本维度：以人为本的价值导向

孙红军等认为，产城融合的基本动力有两个：第一，产城融合是在市场导向下寻求资源要素最优配置，以实现最大经济效益的驱动；第二，产城融合是在人本主义导向下对人、环境和社会关系的重新认识与合理组合，以实现最大社会效益的驱动。进一步讲，"产城融合是社会经济发展到一定阶段，反映到空间上的一种表征，是资本积累到一定阶段寻求新的空间生产的必然产物，也是资本进入第三重循环提升创新能力、提高人的素质的必然要求"②。因此，从本质上说，"产城融合"是城市规划从"功能主义"价值导向向"人本主义"价值导向的一种转向回归。人本主义价值导向主要体现在以下层面：一是要厘清产城融合发展的主体到底是谁，是人还是物；二是要基于人的真实需求来进行功能安排和制度设计，避免出现形式化；三是要满足人们对公共服务的基本需求，尤其是那些供小于求的纯公共产品或准公共产品，要切实加大投入力度，建立起真正意义上的服务关联体系，引导城镇功能及人们生活质量水平的持续提升。可见，产城融合是产、城、人的融合，是以人为中心的现代城市发展的新理念和新趋势。这一理念要求以人的需求为导向，以人的智慧为动力，促进产业发展与城市建设，创造理想的就业创业环境与人性化高品质的城市空间，使人可以安居乐业，"产"可以提升效益，"城"可以富有吸引力与生命力。

2. 系统维度：模式创新的战略驱动

产城融合系统包含三个层面的内容：要素子系统、融合子系统和功能

---

① 何立春：《产城融合发展的战略框架及优化路径选择》，《社会科学辑刊》2015 年第 6 期。
② 孙红军、李红、马云鹏：《系统论视角下的"产城融合"理论拓展》，《绿色科技》2014 年第 2 期。

效应子系统。产城融合系统的实体性要素和非实体性要素通过互动构成一个子系统，这一子系统的效率高低直接影响到融合子系统的运行；在融合子系统中，要素与要素、要素与融合子系统、融合子系统和环境之间都会产生互动关系，并推动城镇化、产业化以及产城融合水平的提升；融合子系统运作的结果就是功能效用子系统的结果——人口、制度、空间、产业和思想的融合——产城融合（见图 2 - 3）。

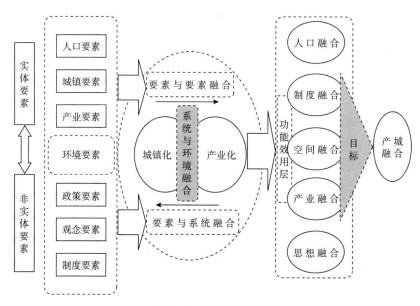

图 2 - 3　产城融合系统

从系统维度来看，产城融合发展必须坚持模式创新的战略驱动，要求由政府主导的外生型向市场主导的内生型模式转变。一是要适度建立智慧产业园区，推动支柱产业高端化、战略性新兴产业规模化和传统产业的技术化，整体促成产业结构的优化和升级；二是要构建智慧产业链，通过信息技术手段实现城镇之间产业要素的交流对接，逐步完善产业结构；三是要考虑建立智慧城镇和协同创新中心，为产业发展提供最佳的承载空间，为推动智慧城镇和智慧产业化发展创造良好的市场氛围。

3. 时间维度：产城均衡的演变目标

从时间维度来看，产城融合发展必须坚持产城均衡发展的演变目标，从根本上梳理产城关系演变的一般性规律。一是要做到产业内部空间布局和功能设计的均衡，实现产业的高效发展；二是城镇发展中要实现公共产品供需的均衡，诸如城镇交通、土地规划等；三是要由单一功能的生产型园区经济向多点支撑的城镇型经济转型，实现产业、居住和基本公共服务的均衡发展。

4. 空间维度：空间统筹的结构前提

由于不同产业具有不同的占地要求、空间排他性等属性，因此不同产业与居住、服务等空间融合的方式不同。在城市空间拓展中，居住、服务、产业、绿地等空间应当相互有机融合，改变以往各功能空间相互隔离的空间布局，营造方便、舒适、可持续的环境。因此，产城融合必须坚持空间统筹的结构前提：一要促使产业区与职工居住区的空间布局合理有序，避免结构混乱和模糊不清的特殊现象；二要完善产业区的配套公共服务，依据产业区的建设需要规划城镇新区，实现"有城镇有产业"的共存局面；三是考虑产业区建设由水平开发向立体开发转变，提倡紧凑型城镇建设，提高土地的利用效率，增加单位土地的产出率和容积率，强化与城镇功能的契合。

（四）理解产城融合科学内涵的层次

产城融合的核心要义是指产业与城镇（城市）的融合发展。由于城镇（城市）概念的伸缩性，因此，我们可以从全国、城市圈（城市体）系、单个城市三个层次来观察、理解、认识产城融合问题①。

1. 全国尺度的产城融合

这一层次的内在要求是在中长期内必须将全国性的产业布局和城市规划统一起来考虑，并有科学的预见性。曾经有学者根据公开资料进行统计并得出一个结论，到 2020 年我国所有城市规划总人口将达到 16.5 亿人。按照城市规划，这些人口应当是都考虑了与就业的匹配。缺乏全国统一指导的城市规划，导致产业、人口、空间的逻辑错配和混乱。毫无疑问，到 2020 年，必然会出现有人没产业、有产业没人、没产业没人等各种不期而遇的后果。

2. 都市圈或者城市体系尺度的产城融合

这一层次的科学内在要求是：在整个城市体系或都市圈内，根据中心

---

① 罗守贵：《中国产城融合的现实背景与问题分析》，《上海交通大学学报》（哲学社会科学版）2014 年第 4 期。

城市和成员城市之间、成员城市与成员城市之间的功能定位，以及产业分工的动态演化趋势，形成制造业与服务业之间、高端服务业与普通服务业之间的合理分工，从而形成中心城市、次中心城市、一般城市之间匹配良好的区域性产业体系。从这一内在要求出发审视目前的都市圈，大、中、小城市全面扩张，产业功能紊乱的局面十分严重。

3. 单体城市尺度的产城融合

可从超大城市和一般城市来认识。对于超大城市，产城融合的实践体现在城市功能分区、卫星城或新城建设中产业与城市的相互支撑、良性互动。这一问题的解决对于缓解交通拥堵，形成在一定范围内匹配良好的人口就业空间具有重要意义。对于一般城市所建设的庞大新城或新区，极端重要的是要判断在中长期内根据这个城市的功能定位和产业转移，能够在这个新区内形成足以支撑相当部分人口就业，并有助于满足整个城市产业体系的完善和规模的扩张。在单体城市发展中，不同阶段的产城融合会面临不同问题。

当然，当前我国最突出的是大量新城新区建设中出现的问题。由于缺乏现实乃至未来可以预期的产业支撑，在房地产市场高涨的热情推动下，在农村集体土地向城镇建设用地转变的巨大利益的推动下，一片片由住房构成的所谓新城新区拔地而起。但这不是城市功能规划良好的卧城，而将长期乃至永久成为空城、鬼城。

三　产城融合科学内涵的实践界定

（一）国家政策关于产城融合的有关规定

2015 年 7 月国家发展改革委办公厅下发《关于开展产城融合示范区建设有关工作的通知》（以下简称《通知》），对产城融合示范区建设作出全面部署。

《通知》指出，开展产城融合示范区建设，是主动适应经济发展新常态、推动经济结构调整、促进区域协同协调发展的重要举措。推进产城融合示范区建设，有利于协同推进城镇产业发展、人口集聚和功能完善，促进资源优化配置和节约集约利用；有利于探索产业和城镇融合发展的新型城镇化道路，推动"3个1亿人"的就近城镇化①；有利于形成功能各异、协调互补的区域发展格局，推动经济结构调整和经济发展方式转变；有利于深化开发开放和体制机制创新，打造"大众创业、万众创新"的新平台。

《通知》强调，开展产城融合示范区建设必须全面贯彻落实党的十八大和十八届二中、三中、四中全会精神，深入贯彻落实习近平总书记系列重要讲话精神，按照党中央和国务院决策部署，主动适应经济发展新常态，深入实施国家区域发展总体战略、主体功能区战略和新型城镇化战略，顺应国际国内产业发展和城镇化发展新趋势，进一步深化改革、先行先试，依托现有合规设立的各类国家级、省级产业园区，充分发挥市场配置资源的决定性作用，更好发挥政府规划和政策的引导作用，全面落实产城融合发展理念，着力优化发展环境，不断深化开放合作和改革创新，走以产兴城、以城带产、产城融合、城乡一体的发展道路，加快产业园区从单一的生产型园区经济向综合型城市经济转型，促进产城融合发展，提高资源利用效率，改善生态环境质量，保障和改善民生，为新型工业化和新型城镇化探索路径、提供示范，努力构建经济发展、社会和谐、人民幸福的良好格局，促进区域协同协调发展。

《通知》明确了产城融合示范区建设的主要目标：到2020年，示范区经济社会发展水平显著提升，经济增长速度快于所在地区总体水平，常住人口城镇化率明显快于所在地区平均水平，现代产业体系加快形成，城镇综合服务功能不断完善，生态环境进一步优化，居民生活质量明显提高，将示范区建设成为经济社会全面发展、产业和城市深度融合、城乡环境优美、居民生活更加殷实安康的新型城区。

《通知》对产城融合示范区概念作出了清晰界定，即"产城融合示范区是指依托现有产业园区，在促进产业集聚、加快产业发展的同时，顺应发展规律，因势利导，按照产城融合发展的理念，加快产业园区从单一的生产型园区经济向综合型城市经济转型，为新型城镇化探索路径，发挥先

---

① "3个1亿人"的就近城镇化是国务院总理李克强在第十二届全国人民代表大会第二次会议所做的政府工作报告中提出的，具体是指：今后一个时期要着重解决好现有"3个1亿人"问题，促进约1亿农业转移人口落户城镇，改造约1亿人居住的城镇棚户区和城中村，引导约1亿人在中西部地区就近城镇化。

行先试和示范带动作用，经过努力，该区域能够发展成为产业发展基础较好、城市服务功能完善、边界相对明晰的城市综合功能区"。其任务主要包括以下几点。

一是优化空间发展布局，推进产城融合发展。全面落实产城融合发展理念，按照生产空间集约高效、生活空间宜居适度、生态空间山清水秀的原则，科学规划空间发展布局，统筹规划包括产业集聚区、人口集聚区、综合服务区、生态保护区等在内的功能分区。统筹推进城乡基础设施建设和公共服务设施建设，提升城市综合服务功能，实现产业发展、城市建设和人口集聚相互促进、融合发展。

二是促进产业集聚发展，构建现代产业体系。依托现有国家级和省级经济技术开发区、高新技术产业园区、海关特殊监管区域等，发挥产业集聚优势，提高产业综合竞争力和企业经济效益。以新产业、新业态为导向，大力发展新一代信息技术、生物、高端装备制造、高端服务、现代物流等战略性新兴产业和高技术产业，不断优化产业结构。集聚创新资源，壮大创新创业人才队伍，搭建人才创新发展平台，加快创新创业服务体系建设。

三是加强基础设施建设，提升公共服务水平。进一步完善基础设施，促进示范区内各类基础设施互联互通，加快推进对外联系的跨区域重大基础设施建设。加强城乡基础设施连接，推动水电路气等基础设施城乡联网、共建共享。改善物流基础设施，完善交通运输网络体系，降低物流成本。合理布局教育、医疗、文化、旅游、体育等公共服务设施，配套建设住居、商业、娱乐、休闲等设施，提升宜居宜业水平。

四是注重生态环境保护建设，促进绿色低碳循环发展。统筹处理好经济发展与生态环境保护的关系，严格建设项目及产业准入门槛，严禁开展不符合功能定位的开发建设。统筹新增建设用地和存量挖潜，加强对用地开发强度、土地投资强度等用地指标的整体控制。促进资源节约集约利用，提高能源资源利用效率，控制主要污染物排放总量，加强环境风险防范和应急处置，大力发展循环经济，推动形成绿色低碳的生产生活方式。

五是完善城镇化体制机制，推进城乡发展一体化。按照政府主导、社会参与、市场运作的原则，进一步完善城乡建设投融资体制。加快建立城乡统一的户籍管理制度，加快推动农业转移人口市民化。探索农村土地管理制度改革，加快建立城乡统一建设用地市场，保障农民公平分享土地增值收益。建立健全城乡一体的社会保障体系，加快形成政府主导、覆盖城乡、可持续的基本公共服务体系，提高城乡基本公共服务均等化水平。

《通知》要求全面落实产城融合发展理念，按照生产空间集约高效、生活空间宜居适度、生态空间山清水秀的原则，科学规划空间发展布局，统筹规划包括产业集聚区、人口集聚区、综合服务区、生态保护区等在内的功能分区。

（二）产城融合内涵的常州理解

在推进产城融合综合改革试点时，常州不仅稳步有序地推进中央和江苏省委部署的落实，而且立足实际赋予产城融合全新的内涵和生动的表达，即把人的全面发展作为核心，把产业和城市作为一个良性互动的有机整体，以产业为基础驱动城市更新、完善城市功能，以城市为载体拓展产业空间、发展产业经济，通过产城融合发展充分满足人的发展需求，使人的发展成为提升产业层次和城市品质的核心，达到人、产、城三者之间和谐共进，积极走出一条"以产兴城、以城促产、宜居宜业、融合发展"的特色之路，实现了城市核心功能提升、空间结构优化、城乡一体化发展和社会人文生态的协调发展①。

从常州的角度看来，基于人本导向的"产城融合"，一方面是以产业为保障，驱动城市不断更新和完善配套服务，促进城市升级；另一方面则是以城市为基础，为产业发展提供空间和留住人才，促进产、城、人融合持续发展。简单地说，就是"以产促城、以城兴产、产城互动、融合发展"。

产城融合的"产"，是转型升级之产。产业是城市发展的支撑和动力。常州所理解的"产"，是指就业吸纳能力强、附加值水平高、具有较高资源配置能力和较强国际竞争力的现代产业体系，也就是"常州智造"和"常州服务"体系。近年来，常州先后出台了十大战略性新兴产业、"双百"传统产业升级计划、"十百千"创新型企业培育计划、现代服务业和金融业三年行动计划，按照"建链、强链、补链"的要求，狠抓十大产业

---

① 马野池、祝滨滨：《产城融合发展中存在的问题与对策研究》，《经济纵横》2015 年第 5 期，第 31 ~ 34 页。

链建设，不断推动产业优化升级。西太湖科技产业园、中关村科技产业园、中德创新园等一批新兴产业载体初具规模，其中西太湖科技产业园的江南石墨烯研究院已经创造了多个全国第一甚至全球第一。

产城融合之"城"，是城乡一体、宜居宜业的幸福之城。宜居宜业，既是新型城镇化的内在要求，又是产城融合的必然选择。一方面，常州追求"宜居"之"城"。以城市品质化、精致化为方向，按照国际化、现代化、生态化、精品化要求，使常州成为空间结构协调、城市品质高端、服务功能完备、市民安居乐业的幸福之城。另一方面，常州追求"宜业"之"城"。不仅让产业活力强劲，具有足够的发展空间，而且确保能够提供足够的就业岗位。当然，在新型城镇化进程中，产城融合的"城"，还应当是体现城乡一体发展要求的"城"。

产城融合关键在"融合"。"融合"不是产业与城市简单的组合，而是二者的有机结合、良性互动，形成"1+1＞2"的效应。在实践中，坚持以改善民生为落脚点。城市功能的完善是为了人们更便利地生活，产业层次的提升是为了人民更为富足地生活，归根到底都是让人民群众拥有强烈的幸福感、获得感。同时，以吸引高端人才为着力点。高端人才是产业转型升级和城市品质提升的关键要素。常州突出以高端产业集聚高端人才，以高品质的城市吸纳高端人才，以高端人才提升产业层次和城市品质，从而实现高端产业和高品质城市的深度融合。

可见，常州所理解的产城融合是生产、生活、生态等空间布局的协调、均衡发展。即城市化与产业化要有对应的匹配，以创新产业驱动城市繁荣，以城市完善的配套服务推动产业进一步创新发展，从产业、空间、生态、交通、公共服务等方面规划，从而成就经济发展、城市繁荣和民众的安居乐业。

第三章
产城融合发展的理论分析

　　产业是城市发展的动力，城市是产业发展的空间载体。产城融合的提出既有产业发展理论与城市发展理论相互交叉融合的理论支撑，也存在城市与经济发展相互影响的实践基础。20世纪初期，以美国为代表的西方发达国家在经济发展过程中第二产业不断向第三产业转移，由于工业经济的衰退及其支付地租水平的下降，工业郊区化成为一种普遍的趋势。然而，在城市的郊区所建立起来的工业基地在空间形态上与中心城区发生了脱离，工业基地相关城市功能的缺失开始受到关注。二战之后，在田园城市理论的启发下，一些发达国家开始尝试在大城市的郊区培育卫星城，有些卫星城比如法国索菲亚·安蒂波里斯科学城较好地平衡了生活和工作的空间关系，有效地缓解了中心城市的交通压力，成为产城融合的典范，但是一些以居住功能为主导的卧城则面临着产城失调的问题。产城融合已经成为城镇化发展中一个基本命题，在国外城市化过程中不断得以发展和延伸。从某种程度上说，产城融合既属于一种交叉研究，又属于一种边缘研究。

一　产城融合发展的理论基础

（一）产业发展理论

　　从产业发展的理论来看，区域产业结构演进理论是产城融合的理论基础，可以有效地解释产业结构变化的方向、方式以及途径。

　　配第-克拉克定理：英国经济学家威廉·配第（William Petty）最早

注意到经济增长中的产业结构变动。他在《政治算术》中指出，"制造业的收益比农业多，而商业的收益又比制造业多"。在配第研究的基础上，依据费希尔（Fisher）提出的三次产业分类法，英国经济学家科林·克拉克（Colin Clark）提出了配第 – 克拉克定理，即随着人均 GNP 的增长，劳动力会发生由第一产业到第二产业再到第三产业的转移，使国民经济中第一产业就业人员所占比重不断下降，第二、第三产业就业人员所占比重逐渐上升。克拉克认为，劳动力在不同产业之间进行转移，是由经济发展中各产业之间存在的收入差异造成的，而这正是对配第观点的印证。因此，学术界将他们的观点合称为配第 – 克拉克定理。配第 – 克拉克定理首次将劳动力比重作为分析产业结构的指标，实质上阐明了劳动力结构在产业结构变动中的分布演变规律。

库兹涅茨法则：在克拉克等人研究的基础上，美国经济学家库兹涅茨（S. Kuznets）在对许多国家的国民收入资料进行统计分析的基础上，提出了比较劳动生产率的概念，并运用这一概念对产业结构演进的规律做了进一步的探讨。库兹涅茨指出，随着一国经济的持续增长，第一产业产值的相对比重和劳动力的相对比重会逐渐下降，其在国民经济中的地位也会逐渐下降；第二产业在产业结构中会逐渐占据主导地位，其产值的相对比重上升较快，而劳动力的相对比重不变或略有上升，即比较劳动生产率可以呈现持续快速上升的趋势；第三产业会逐渐成为产业结构中规模最大的一个产业，将成为劳动力就业的主要产业，但其吸纳劳动力的能力要高于创造产值的能力。库兹涅茨将三次产业的产值比重引入产业结构的研究中，通过三次产业的产值结构与劳动力结构的两方面比值来研究产业结构的变动，拓展了产业结构的研究领域，深化了对产业结构演进规律的认识。

霍夫曼定理：在现代经济增长过程中，一个经济体三次产业的结构变动，总是同其工业化进程联系在一起的。德国经济学家霍夫曼（W. G. Hoffmann）对工业化尤其是重工业化问题进行了开创性研究。他将消费资料工业增加值同资本资料工业增加值的比值称为霍夫曼比例，并根据这一比例，将工业化发展的过程划分为四个阶段（见表 3 – 1），并提出了工业化进程将由轻工业为主导逐渐演化为重工业为主导的规律。霍夫曼定理揭示了工业化进程中制造业内部结构的变化规律，但是霍夫曼将工业只划分为消费资料工业和资本资料工业两种类型的方法不够完善，只从工业内部比例来分析工业化的阶段划分也存在较大的片面性。

表 3 - 1　霍夫曼的工业化阶段划分

工业发展阶段	霍夫曼比例	产业结构特征
1	5（±1.0）	消费资料工业占主要地位
2	2.5（±1.0）	资本资料工业快于消费资料工业
3	1（±0.5）	两大部门基本持平
4	1 以下	资本资料工业占主要地位

资料来源：芮明杰：《产业经济学》，上海财经大学出版社，2012，第 174 页。

钱纳里的"标准结构"理论：在克拉克和库兹涅茨研究的基础上，钱纳里（H. Chenery）、艾金通（Elkington）、西姆斯（Sims）对多个国家的统计资料进行了深入分析，于 1971 年提出了多国产业结构的标准形式。钱纳里等人的"标准形式"仍然采用产值结构和就业结构来衡量产业结构，只是他们的产业结构标准比库兹涅茨的标准划分得更加细致，能够更加全面地反映产业结构的演进情况。钱纳里和赛尔奎因（Syrquin M.）在 1986 年进一步提出了产业结构的变动规律。他们认为，在工业化初期，以纺织、食品为代表的轻工业在产业结构中处于主导地位，此时的产品生产以劳动密集型为主要特征；到了工业化的中后期阶段，重化工业将发展为国民经济的主要部门。它的发展又可以分为两个阶段：前期以资本密集型的原材料工业为重点，后期以技术密集型的加工工业为重点。在这个大的阶段，国民经济增长呈现明显的加速趋势。当一个国家或地区的国民经济完成工业化任务而进入后工业化阶段后，经济增长速度会逐渐回落。钱纳里等人对产业结构的研究比库兹涅茨的研究在方法上有所改进，在研究内容的广度上和深度上都前进了一大步。

雁行形态理论：日本经济学家赤松提出了产业发展的雁行形态理论，指出后进国家的产业在赶超先进国家时按照"进口—国内生产—出口"的模式相继交替发展。雁行形态理论所主张的是一种建立在动态比较优势原则基础上的追赶型经济发展模式。所谓"动态比较优势原则"，强调的是从生产要素开发的角度进行国际比较。它谋求一国产业结构的高级化和以此为基础的生产力的跳跃性发展。后发国为改变自身的不利地位，有必要暂时放弃静态比较利益，实施非均衡的发展方式。静态比较优势原则注重短期经济利益，强调通过"出口导向"而尽快地增加财富。动态比较优势原则注重远期利益，强调通过进口替代，实现产业结构及由此决定的贸易结构的高级化。从雁行形态理论中的"进口—进口替代—出口"的具体内容看，后发国首先实行"进口替代"，然后不失时机地向"出口导向"转换。从这个意义上说，雁行形态理论体现着既发挥动态比较优势又发挥静态比较优势的两方面的有机结合。

国际产品周期理论：弗农在解释国际投资的空间变化时提出了国际产品周期理论，在分析了产品生命周期所经历的基本阶段以及相应的市场特性后，得出结论：在国际市场范围内，某一产品所处的生命周期不同，决定了其生产产地的不同，而跨国公司的建立则是生产过程或产地转移的必然结果。弗农把产业的发展分为新产品阶段、成熟产品阶段和标准化产品阶段。他认为，区域经济也存在发展阶段的问题，不同的发展阶段产城融合空间组织形态也会有所差异。

产品生命周期理论与雁行形态理论二者都认为，先进国会将某一标准化产品的生产依次地向后发国转移，后发国完成进口替代后转而进行出口。产品生命周期理论与雁行形态理论的差异在于：前者阐述的是美国企业行为，而后者实际上是将产品的生命周期从微观层次扩展到了宏观层次。

新经济地理学对城市化和产业关系的微观解释：现代主流的新经济地理学模型对城市化和产业的关系给予微观基础和解释。新经济地理学模型都源起于规模经济，而规模经济与产业结构变迁紧密相关。Fay 和 Opal 认为，城市化在初期和中期的进程，主要取决于一国经济部门构成（即产业结构）和政府政策。如果不存在产业部门之间的扭曲，则人口从农村向城市迁移主要取决于工资政策和移民限制（如中国的户口限制）[1]。Henderson 提出了最初的城市体系模型[2]。Krugman 的新经济地理模型围绕空间聚集，认为决定经济活动在空间上是聚集状态还是分散状态，取决于促使产

---

[1]　Fay, M. and Opal, C., *Urbanization without Growth*: *Understanding An African Phenomenon*. Mimeo. World Bank. 1999.

[2]　Henderson, J., "The Sizes and Types of Cities," *American Economic Review*, 1974 (61), pp. 640 – 656.

业地理集中的向心力和削弱产业地理集中的离心力中，哪个占据主导地位。促进产业地理聚集的向心因素包括市场规模效应、充裕的劳动力市场和纯外部经济性。促使产业分散化的离心因素包括要素的不可流动性、地租和纯外部非经济性①。

（二）城市化理论

城市化作为经济发展中的一个重大结构性转变，极大地推动了人类经济和社会的发展。学者们对于城市化给予了广泛的关注，从不同角度对城市化进程中的规律进行了探索。

1. 城市化进程的阶段性规律

美国城市经济学家诺瑟姆（Ray M. Northam）通过对多个国家城市人口占总人口比重变化的研究，提出了城市化发展过程呈 S 形曲线的结论，揭示了城市化进程中存在的阶段性规律。在城市化的初期阶段，城市化水平发展缓慢，持续时间长，在这一阶段，农业和农村在国民经济中处于支配地位；当城市化水平超过 30% 时，城市化进入中期阶段（也叫快速发展阶段），呈现加速发展状态，在这一阶段，城市化与工业化相互促进，城市在国民经济发展中逐渐占据主导地位；当城市人口比重超过约 70% 时，城市化进入后期阶段（也叫终极阶段），此时的城市化水平再次进入缓慢发展时期，在这一阶段，城市在经济和社会发展中居于绝对优势地位，人口也绝大多数生活在城市（见图 3 - 1）。

2. 集聚经济规律

集聚是城市在空间上的重要特征，也是影响城市化发展最重要的经济规律。马歇尔（Marshall）最早研究了集聚经济，认为集聚经济带来的利益主要来源于三个方面：知识外溢、辅助行业的发展、存在一个广阔的专业技能市场。俄林（Ohlin）将集聚经济划分为四种不同的类型：企业内部规模经济、地方化经济、城市化经济、产业间联系。此后，还有多位学者对集聚经济进行了研究，形成了对于集聚经济现象较为系统的认识。

集聚效应是指市场主体（企业、居民等）的空间集聚所带来的成本降

---

① Krugman, P., "Increasing Returns and Economic Geography," *Journal of Political Economy*, 1991 (99), pp. 483 - 499.

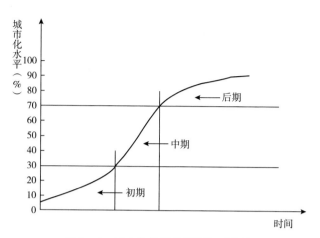

图 3 - 1　城市化发展的诺瑟姆型曲线

资料来源：谢文蕙、邓卫：《城市经济学（第二版）》，清华大学出版社，2008，第40页。

低和经济效益的提升。集聚经济存在着适度的空间范围，当集聚水平适度时，就会出现正的外部性，也即集聚的正能量，产生集聚经济；相反，当集聚水平不适度时，就会出现负的外部性，也即集聚的负能量，产生集聚不经济。企业的集聚通常有两种表现形态：一是同类企业的集聚经济；二是多类企业的集聚经济。同类企业集聚在一个区域，一方面，减少了顾客的采购成本，往往能产生在原有消费目的之外的"引致消费"行为，使交易规模扩大；另一方面，同类厂商集中在一起有利于开展良性竞争，提高行业的整体效益。不同类型的企业集聚在一个区域，既可以促进企业之间开展合作，形成各种"产业链"，产生一系列"正外部效应"；又有利于满足消费者对不同商品或服务的多样化需求，起到吸引客源、开拓市场、加强联系的作用。城市化的过程也是农村人口逐步向城市迁移的过程，人口的集聚势必增加相应的商品和服务的需求，引起相应的配套公共服务和公共产品的集聚。

3. 增长极理论

法国经济学家佩鲁（Francois Perroux）在1955年《论增长极的概念》一文中，首次明确提出增长极的概念。他认为，现实中的经济增长往往是在非均衡的条件下进行的，最先出现在一些增长点上，然后通过特定的渠道向周围辐射，对外围地区产生影响。瑞典经济学家缪尔达尔（Gunnar Myrdal）进一步发展了佩鲁的理论，认为在区域和城乡的经济动态发展中，存在两种方向相反的效应，即极化效应和扩散效应。前者会使落后地区的生产要素向发达地区流动，导致落后地区发展缓慢；后者会导致发达地区的生产要素向落后地区流动，促进落后地区的发展，这种观点也被称为"累积因果循环"理论。美国经济学家赫希曼（Albert Otto Hirschman）于1958年提出了与缪尔达尔相近的"涓滴效应"理论，他从乐观的角度认为增长极必然会造成"涓滴效应"与"极化效应"并存，从长期来看，"涓滴效应"足以缩小区域或城乡之间的差距。增长极理论是建立在经济空间基础上的，实际上说明了区域与城乡发展中生产要素的空间转移效应和规律。

4. 二元结构理论

二元结构理论认为城市化是城乡结构的转换过程，其主要代表人物有刘易斯、费景汉、拉尼斯和乔根森等。

刘易斯（A. Lewis）认为，在技术进步的前提下，传统的农业部门中会出现大量的剩余劳动力，由于这部分剩余劳动力的收入非常低，因此城市化过程中劳动力的供给具有完全弹性，即存在现有工资条件下的"劳动力无限供给"的情况，因此传统农业部门可以为现代工业部门的发展提供充足的劳动力供给和支持。劳动力由传统部门向现代部门集中的过程，也就是城市化的过程。费景汉和拉尼斯（H. Fei & G. Ranis）对刘易斯的理论进行了补充和完善。他们指出，刘易斯的"二元结构"理论只关注到农业剩余劳动力的转移问题，在一定程度上贬低了传统农业部门的作用。传统农业部门不仅能为工业部门提供劳动力的支持，而且在劳动力转移过程中还会带动个人资本的转移，从而为工业部门的发展提供资金。因此，农业部门所生产的农业剩余的多少才是影响城市发展的主要因素。乔根森（D. Jogenson）从新古典经济学的角度来开展研究，对"二元结构"理论做了进一步的深入和完善。他认为，现实中并不存在边际生产率为零的劳动力供给，而且农业部门和工业部门的工资也不是固定不变的。在改变假设条件的基础上，乔根森得出了只有当农业部门的发展能够有效满足自身发展的需要而出现剩余时，才会出现工业部门，才能实现城市化发展的结论。从总体上看，"二元结构"理论主要研究和分析的是人口和资本在农业部门和工业部门之间的转移问题，即主要研究城市化过程中劳动力和资本由农村向城市的流动和转移问题。

5. 职住平衡理论

职住平衡（Jobs – Housing Balance）是就业和居住空间关系的一种理想模型，是西方规划师在与"城市病"做斗争的过程中逐步形成的一种规划理念[①]，最早来源于霍华德"田园城市"中居住与就业相互临近、平衡发展的思想。职住平衡理论被学者们提出来之后，得到了很多城市规划师、城市管理者的认可，早期的内涵是指新城市内部要配备齐全的服务设施，就业和居住均衡分布，使居民的"工作就在住宅的步行距离之内"[②]。

随着时代的变化，职住平衡内涵发生了新的变化，是指在某一给定的地域范围内，居民中劳动者的数量和就业岗位的数量大致相等，大部分居民可以就近工作；通勤交通可采用步行、自行车或者其他的非机动车方式；即使是使用机动车，出行距离和时间也比较短，这样就有利于减少机动车尤其是小汽车的使用，从而减少交通拥堵和空气污染[③]。

目前国际上关于职住关系的度量指标可以大体分为两类：第一类是直接度量在某个空间范围内居住与就业在数量上的平衡程度，而不关注两者是否真正匹配，例如，某个区块的"就业居住比"仅计算该区块内就业岗位与居住人口的比值，而不考虑这些居住人口是否的确在此就业；第二类则会着重度量两者的匹配程度，例如，"本区块内居住人口在本区块就业的比重"。可以认为，前者是从"名义"上，而后者是从"实质"上来度量居住与就业的平衡程度。

反映职住实质性平衡的"职住平衡指数"又包含两个子指数——"居住者就业平衡指数"（在本区块居住的居民中有多少比例在本区块就业）和"就业者居住平衡指数"（本区块的就业者中有多少比例在本区块居住）。

"就业者居住平衡指数"描述的是在本区块就业的劳动力，有多大比例选择在本区块居住。不同的产业（及微观的企业个体）会雇佣不同类型的劳动力，这些劳动力的通勤成本会被资本化到他们的工资中，从而进入企业的生产成本，而这些劳动力的人力资本水平也直接影响企业

[①]　孟晓晨、吴静：《职住平衡的研究回顾及观点综述》，《城市发展研究》2009 年第 6 期，第 23 页。

[②]　E. Howard, *Garden Cities of Tomorrow*, London：Nabu Press, 2010.

[③]　Cervero, R., "Jobs – housing Balance as Public Policy," *Urban Land*, 1991（10）: 4 – 10.

的经济产出①。因此，该区块内产业所对应的企业性质、劳动力人力资本水平以及交通可达性，会影响劳动力市场上企业与劳动力的搜寻和匹配过程，形成相应的居住和就业空间关系。研究表明，技能越高的劳动力，与之匹配的就业机会越稀疏，需要就业者在较大的空间范围内进行搜寻以寻找到合适的工作机会②，相应的收益也越大，这意味着高技能劳动力（及相应行业）会对应较低的就业者居住平衡指数。如果该区块有较为完善的交通基础设施，如轨道交通，能够有效地降低通勤成本，那么就业者居住平衡指数有可能会被进一步拉低。这是因为就业和居住的空间位置可以进一步拉开，而实际的交通时间并不会被延长很多（因此劳动力成本也不会上升很多）③。

"居住者就业平衡指数"描述的是在本区块居住的劳动力，有多大比例选择在本区块就业。相类似地，高技能劳动力的居住和就业位置会距离较远，该指数较低④；国有企事业单位占的比重越高，该指数则会越高；地铁会降低该指数，使人们可以在离家较远的地方工作⑤。但对于该指数空间差异性的分析更需注重除了劳动力人力资本水平外的其他家庭特征。如果一个家庭人口较多，那么在选择居住地时就需要去权衡家庭内多个就业者的工作地，这会拉长每个就业者的职住空间距离⑥。家庭责任越重的就业者，会选择在较近的位置工作，这会抬高该指数。目前文献研究中主要关注两个家庭责任变量：一个是家庭里是否有小孩，有小孩的家庭，家长需要花很多

① Zheng Siqi, Peiser R. B., Zhang Wenzhong, "The Rise of External Economies in Beijing: Evidence from Intra‐urban Wage Variation," *Regional Science and Urban Economics*, 2009, 49: 449–459.

② Simpson, W., *Urban Structure and the Labor Market: Worker Mobility, Commuting and Underemployment in Cities*, Oxford: Oxford University press, 1992.

③ Lucas R. E., Rossi‐Hansberg E., "On the Internal Structure of Cities," *Econometrica*, 2002, 70 (4): 1445–1476.

④ Simpson, W., *Urban Structure and the Labor Market: Worker Mobility, Commuting and Underemployment in Cities*, Oxford: Oxford University Press, 1992.

⑤ Lucas R. E., Rossi‐Hansberg E., "On the Internal Structure of Cities," *Econometrica*, 2002, 70 (4): 1445–1476.

⑥ 丁成日:《城市空间规划——理论、方法与实践》，高等教育出版社，2007；Giuliano G., Small K. A., "Is the Journey to Work Explained by Urban Structure?" *Urban Studies*, 1993, 30 (9): 1485–1500; Hanson S., Pratt G. J., *Gender, Work and Space*. Psychology Press, 1995。

时间在孩子身上，往往会选择在较近的地方工作；另一个是性别，通常认为女性就业者需要承担更多的家庭责任，也会尽可能地缩短通勤时间[①]。

就业（"职"）和居住（"住"）的互动关系是城市空间增长管理的核心[②]。在中国许多城市进入整体拥堵时期的现实背景下，通过"职住平衡"降低交通出行需求成为城市规划和管理者的政策着力点，但还缺乏相应的定量决策支持工具。对于职住平衡实现的途径，学者们提出了不同的观点，主要集中于市场作用、政府政策干预等。一般而言，评判职住平衡是否有效，主要是看在一个地区平衡了就业和居住之后，能否缩短居民的通勤时间和通勤距离，从而减少交通拥堵和空气污染。在此基础上，又有很多学者提出"步行就业圈""半小时就业圈"等概念。影响职住平衡的主要因素包括城市空间规划、住房供给模式、区域就业机会、区域生活成本、公共交通以及生活综合配套完善程度等，推动职住平衡涉及法规制度、保障体系、经济发展等方方面面。职住过度分离会带来潮汐式交通高峰、市民通勤距离和费用支出增加、影响城区服务经济发展等诸多问题，实现职住平衡是评价产城融合的一个重要指标。研究发现，简单认为职住平衡就是指一个区块内的就业岗位数量和住房数量相等（或近似相等），是不符合客观市场规律的，因此也难以实现。基于上述发现，学者提出：城市规划与管理者应该对塑造城市职住空间关系的这些经济机制有更为深入的了解，才能设定更为科学的规划指标，形成合理的职住关系，从而提高城市空间效率并改进居民生活质量[③]。

6. 可持续城市理论

在可持续发展理论的影响下，一些国际组织和学者开始提出可持续城市概念，并试图在城市建设中加以实践。1991 年联合国人居署和联合国环境署在全球范围内提出并推行了"持续城市发展计划"（Sustainable Cities

---

① Ericksen, J. A., "An Analysis of the Journey to Work for Women," *Soc Probs*, 1976, 25: 428–435; Lee, B. S., McDonald, J. F., "Determinants of Commuting Time and Distance for Seoul HHSIZE: The Impact of Family Status on the Commuting of Women," *Urban Studies*, 2003, 40 (7): 1283–1302.

② Waddell P., "UrbanSim: Modeling Urban Development for Land Use, Transportation and Environmental Planning," *Journal of the American Planning Association*, 2002, 68 (3): 297–314.

③ 郑思齐、徐杨菲、张晓楠、于都：《"职住平衡指数"的构建与空间差异性研究：以北京市为例》，《清华大学学报》（自然科学版）2015 年第 4 期。

Programme，SCP)①。此后，坦桑尼亚、印度、巴西、波兰等众多国家开始尝试在城市建设中引入可持续发展理念，我国的武汉和沈阳也于1996年加入这个计划。1994年，欧盟发起了"欧洲可持续城镇计划"（European Sustainable Cities and Towns Campaign，Sust – CTC)②，之后有更多的国际组织和国家开始了城市（社区）可持续发展理论研究和实践。2000年7月在柏林召开的21世纪城市会议（Urban 21 Conference）对可持续城市提出如下定义：可持续城市是指改善城市生活质量，包括生态、文化、政治、机制、社会和经济等方面，而不给后代遗留负担的城市发展模式③。

关于可持续城市的概念和内涵，国内也有很多学者从经济学、生态学等不同角度进行不同的解释。如王放认为可持续的城市化的含义是：在城市化过程中，探寻一种最佳的生态系统和土地利用的空间构形，实现经济、社会、资源、环境的协调发展，达到经济效益、社会效益和生态效益的最大化④。王新文则认为：城市可持续发展至少包括两方面内容，即可持续的城市化和城市的可持续化⑤。赵景柱等认为可持续城市是具有保持和改善城市生态系统服务能力，并能够为其居民提供可持续福利的城市⑥。在可持续城市建设路径上，喻红阳、袁付礼和李海婴则提出，应从经济、环境和文明三个层面推进，即提高工业化、现代化和信息化水平，提高土地等资源的利用效率，完善社会保障体系，注重环境保护和促进全民参与⑦。

尽管国内学者对可持续城市有不同的理解，但普遍认为，可持续城市应该包含合理的产业结构、完善的公共服务、良好的生态环境、高效的城市管理以及持续提高的人口质量和居民生活水平等基本特征，其经济增长

---

① UN – HABITAT, UNEP, *Sustainable Cities Programme* 1990 – 2000, Nairobi, 2002, pp. 2 – 45.

② Europe Union, *The European Sustainable Cities and Towns Campaign*, http：//sustainable – cities. eu/, 2008 – 07 – 15.

③ Antrop, M., "Sustainable Landscapes：Contradiction, Fiction or Utopia?" *Landscape Urban Plan*, 2006, 75 (3, 4)：187 – 197.

④ 王放：《中国城市化与可持续发展》，科学出版社，2006。

⑤ 王新文：《城市可持续发展的制度经济学分析》，《人口、资源与环境》2002年第6期，第1~4页。

⑥ 赵景柱等：《中国可持续城市建设的理论思考》，《环境科学》2009年第4期，第1244页。

⑦ 喻红阳、袁付礼、李海婴：《中国城市化的挑战与城市可持续发展》，《城市管理与科技》2003年第3期，第102~104页。

和社会进步都建立在一个持续发展的模式上。从可持续城市的内涵来看，其与产城融合发展目标有着很多的相似之处。

可持续城市作为一个前瞻性的理论议题，与传统城市发展理念的本质区别，在于它尝试超越城市自身的经济利益，旨在在广阔的空间尺度当中、多维的价值诉求之下，探寻出能够满足可持续发展目标的城市理想运行模式。对于任何国家和地区而言，如何规划设计出科学合理的可持续城市运行模式，推进城市地区迈向可持续发展目标，将成为城市规划人员及地方管理者所必须应对的一项艰巨挑战。

由于可持续城市议题存在多维的价值目标和复杂的理论内涵，研究机构和规划学者的探索方向日渐多元化，并逐渐形成了一系列极具差异性的概念模型。根据国内外相关领域的文献检索可以发现，这些模型包括了宜居城市（Livable City）、生态城市（Eco‑City）、区域城市（Regional City）、慢速城市（Slow City）、健康城市（Healthy City）、紧凑城市（Compact City）、安全城市（Safty City）、包容性城市（Inclusive City）、弹性城市（Resilient City）和低碳城市（Low‑Carbon City）等。尽管多元化的理论探索和差异性的概念模型，在一定程度上体现了可持续城市议题的研究热度，然而这也在客观上引发了可持续城市建设实践当中的观点分歧与政策争议，并不可避免地影响了可持续城市理论的实践价值。因此，需要回答的关键问题是，如何理解这些差异性概念模型之间的本质区别与内在联系？这些概念模型在可持续城市理论发展谱系当中处于什么位置？

面对可持续城市理论的内涵复杂性和模型多元化，基于"目标定位‑运行机制"的分析框架，对可持续城市概念模型的理论内涵及其相互关系进行了系统辨析，研究发现，在目标定位层面上，社会目标主导下的概念模型包括宜居城市、慢速城市和健康城市等，环境目标主导下的概念模型包括低碳城市和生态城市等，紧凑城市和安全城市等同时关注于社会和环境目标；在运行机制层面上，物质空间改良范式下的概念模型包括宜居城市和紧凑城市等，行为活动调整范式下的概念模型包括慢速城市、安全城市和健康城市，复杂系统重构范式下的概念模型包括低碳城市和生态城市等。

对于可持续城市理论的发展趋势，可以做出如下基本判断：一是从价值取向来看，可持续城市理论的目标设定，已不再停留于相对空泛的社会公平或环境保护方面，而开始聚焦到一系列更为具体的、多样的现实议题上来,并将"全球－区域－地方"的跨尺度联系结合起来,例如,低碳城市关注于环境层面的全球气候保护,慢速城市关注于社会层面的地方传统生活等;二是从设计范式来看,可持续城市的概念模型不再单纯局限于物质空间形态或活动行为方面的特定因素,而是关注于城市作为"自然－社会－空间"统一体的复杂运行机制,兼顾空间形态、技术手段、经济运行和社会活动对城市可持续发展的综合作用,例如,低碳城市同时考虑到城市生产、生活和形态等对温室气体排放的复杂性影响[①]。

人们也清醒地认识到,可持续城市作为一个复杂议题,其理论观点和概念模型远未成熟,在今后可持续城市建设实践当中仍将面对分歧和争议。尤其是,面对全球、区域和地方层面复杂多变的政治环境,当前与可持续城市相关的各种概念术语和政策主张层出不穷,使得可持续城市的理论研究存在从严肃性的科学议题沦为模糊性的政治措辞的潜在危机。鉴于此,应该从我国快速城市化进程当中最为迫切的现实问题出发,摆脱对各种热点概念的盲目追捧。只有深入分析地方城市的空间形态、活动行为和系统运行对可持续发展的深层影响机制,才可能探索出可持续城市建设的本土化策略。

(三) 产业化与城镇化的相互关系

1. 产业化与城镇化相互关系的历史进程

从城市作为生产要素和生产关系集合体的角度看,城市的起源、城乡的分离就是由产业分工所推动的。随后,城市的演进即是产业分工不断深化的结果。工农业之间的局部分工并不一定会产生城市,当交易效率不断改进,全部均衡从自给自足向局部分工演进,直至最后发展到完全分工,工业内部分工得到深化,才出现了城市。因此,城市的发展与产业紧密相关,两者是动态互促关系。城市是产业的承载地、共生地,城市的功能之一是支撑产业发展。反之,产业是城市的基本内容之一,产业的创造力、影响力是城市活力的集中体现。城市化与产业化作为不同社会资源和功能聚焦的过程,是资金、技术、劳动力等生产要素和生产关系在特定空间中

---

① 杨东峰、殷成志:《可持续城市理论的概念模型辨析——基于"目标定位－运行"的分析框架》,《城市规划学刊》2013 年第 2 期。

不同维度上的反映。或者说，城市化实际上是一种产业资源配置和调整的自我良性循环过程。城市化和产业化两者共荣共生，相互渗透，彼此交织。从演进过程上看，城市化和产业化之间的互动大概可以分为三个阶段①。

第一阶段是产业化拉动阶段。在城市化发展初期，产业化的发展对城市化进程的拉动作用占主导地位，决定了城市的定位和发展方向，从历史上看，世界上几乎所有的大都市都是伴随着工业化的进程而诞生和成长的。

第二阶段是城市和产业协同发展阶段。在产业化发展到一定程度时，其对城市化的推动作用下降，而随着大都市的兴起，一方面，城市的经济要素集聚效应和生产组织扩散效应不断加强，促进了以高度分工和大批量生产为基本特征的工业规模经济和范围经济；另一方面，随着城市化发展的逐渐成熟，城市承载的功能极大丰富，区域的制度、信息、生态和文化等方面的活力不断彰显，这些优势与人才、技术、资金等资源有机结合，推动旧产业的升级，催生新产业的发展，进而促进区域整体产业发展水平的提高。城市的郊区化和产业的多元化是这一阶段的明显特征。

第三阶段是大都市圈和大产业的网络化协同阶段。在城市化发展到一定程度后，以知识、创意集成为基础的区域创新网络逐渐成为城市和产业互动的新机制。"都市圈"是指以两个及以上的超大型城市为核心，若干不同等级的城市相对集聚，城市个体之间保持强烈交互作用和密切联系的地域形态②。随着现代交通和移动互联网的发展，人与人之间的沟通更为便捷，信息传递成本大幅降低。与此同时，新一轮工业技术革命正在发生，以计算机技术、生物技术和新材料技术为代表的高新技术正成为拉动区域和产业增长的新动力。在此背景下，物流、信息流、资金流在城市与产业之间、城市与城市之间不断加速流动，相关专业知识和创意在创新网络中频繁地交流与碰撞，产业和城市发展的空间与物理束缚被不断打破，形成了大都市圈和大产业的网络化协同。

---

① 孙瑜、罗仲伟：《世界城市的城市化与产业转型——基于纽约与北京的比较》，《区域经济评论》2015 年第 5 期。

② 牛凤瑞、盛广耀：《三大都市密集区：中国现代化的引擎》，社会科学文献出版社，2006，第4 页。

2. 产业化与城镇化相互关系的理论阐述

（1）产业发展是城镇化可持续进行的内在根本

缪尔达尔的累积循环因果理论指出，当城市发展到一定的水平时，决定城市增长的就不再是本地的资源禀赋，而是城市本身集聚资本、劳动力等生产要素的能力。这种能力取决于城市是否有自身的主导产业，这一产业将会派生出新的产业，而新的产业又能形成一种繁荣的主导产业及其派生出的新产业①。这种累积和循环的产业发展过程，推动城市不断向前发展。因此，城市发展首先要解决的就是产业发展问题。在这方面的研究中，董伟认为发展城市新产业区是加快中国城市化进程的必然选择②；刘永萍和王学渊指出聚集效应使工业集中分布在城市，并提高了城市化水平，而第三产业的发展成为城市化水平提高的持续动力③。已有的研究成果已充分证实产业发展是城镇化可持续进行的内在根本，离开产业发展的城镇化没有任何实质性意义。就推动力看，产业是新型城镇化发展的基本动力，产业发展能加速新型城镇化进程。一方面，由产业结构演化带动的劳动力向非农产业转移，能促进各种生产要素向城镇集聚，并通过提高产业生产效率，拓宽就业空间，增加就业机会，提高收入水平，扩大消费需求，这种要素集聚机制能够加快新型城镇化进程；另一方面，由产业集群产生的网络协作机制，能使具有产业基础的专业镇或专业园区成为吸纳更多劳动力的"就业池"，不断促进劳动力市场的专业化发展，使置身于专业化劳动力市场的从业人员，更容易利用这种内在的生产组织体系优势内嵌于地方社会网络，从而在政策容许范围内为新型城镇化的推进开辟新的途径。

产业结构的具体形态表现为三次产业，它们与城市化存在密切的关系。刘易斯提出，虽然城市化的动力是工业化，但城市化的基础是农业的进步和发展。库兹涅茨最早强调城市化对农业发展具有积极作用，并把这一作用概括为两方面的路径：一是城市化带动人口从农村向城市转移，在提高居民收入的基础上，会增加对农产品的需求；二是农产品由农村运往

---

① 王雅莉：《城市经济学》，首都经贸大学出版社，2008，第6~7页。
② 董伟：《论城市新产业区及其对城市化进程的影响》，《西南民族大学学报》（社会科学版）2010年第4期。
③ 刘永萍、王学渊：《城市化与产业结构升级协调发展研究》，《齐鲁学刊》2014年第2期。

城市，带动了交通运输等农业服务业的发展。

工业化与城市化存在内在的互动作用。钱纳里和塞尔奎因研究了多个国家和地区工业化与城市化之间的关系，提出了工业化与城市化的发展模式，指出二者的发展经历的是一个由紧密到松弛的过程，城市化会以快于工业化的速度变化发展。Moomaw 和 Shatter 的研究认为，农业人口的增长会对城市化产生明显的阻碍作用，工业的劳动力增加则会促进城市化的发展。Kojima 根据 1965～1989 年的数据，研究了发展中国家工业化与城市化的关系，得出了东亚国家的工业化与城市化基本同步，而拉美国家的城市化超前于工业化的结论。Pandy 运用计量分析方法，得出了非农产业的就业增加对城市化具有显著正向影响的结论。

进入后工业化时期，第三产业与城市化的关系受到了越来越多的关注。Moir 运用 75 个国家的数据进行考察，发现在经济发展水平较低的时期，第二产业与城市化的联系更加紧密；而在经济发展到较高水平的阶段，第三产业与城市化之间的关系变得更为突出。Singelmann 认为，城市化对第三产业的发展具有重要作用，它推进了一个国家的经济向服务型转变，城市化是服务业发展的重要原因。Daniels 研究发现，城市发展会在一定的空间区域内形成专业化的市场，会为服务业的发展和扩张创造条件，城市化促进了服务业从业人员的增多。Yoshima Araki 通过研究发现，城市人口与第三产业从业人员密切相关，城市化促进了服务业从业人员的增加。Messina 通过计量分析，认为城市化水平会对第三产业的就业规模产生显著的正向作用，城市化程度等对服务业就业的贡献有显著的正向作用，城市化水平的提高对于服务业规模的扩大具有显著作用。Hermelin 的研究表明，城市区域是第三产业活动分布与发展的重要区域；反过来，第三产业部门的增加及其发展对于城市地区的经济增长具有重要影响。Henderson 通过实证研究得出结论，城市的规模在很大程度上受到主导产业的影响，以科技、金融、商业、信息咨询等现代服务业为主导产业的城市规模相对较大，而以劳动密集型的轻工业或制造业为主导产业的城市规模一般较小。Henderson 认为，在城市经济系统中，由于分工和专业化的原因，经济活动更趋于分散。标准化的工业生产通常会转移到中小规模的城市开展，而大城市由于人口规模和人才集聚的优势则会侧重于技术研发、金融服务等现代服务业，也会发展非标准化的制造业。

（2）产业集聚推动城镇化的内在机制

城市化进程与工业化发展息息相关，国内外的学者对此做了大量研究，但是对工业化究竟如何与城市化发生联系，以及推动城市化发展的内在机制是什么的研究一直没有深入进行。克鲁格曼和藤田昌久等人将微观经济学、经济地理和城市经济学等学科的研究成果融合在一起，运用规模收益递增、交易费用和不完全竞争等经济学范畴来分析产业集聚形成的原因以及城市空间经济与产业集聚的关联，形成了空间经济学，提出：当规模经济存在于经济活动中，那么活动的经济主体为了获取经济收益，会选择在某一区域聚集进行大规模生产，随之市场因为生产活动的聚集而进一步更加扩大；同时聚集带来的劳动市场共享和知识、信息的流动又吸引了更多经济主体的聚集，从而推进了城市经济的发展[1]；Scott 从企业出发去探寻产业集聚与城市化两者之间的关系[2]；Mills 和Hamilton 把城市形成与城市化发展的动因归于产业的集聚过程与区位选择[3]；葛立成认为产业集聚是城市化的基础[4]；陈柳钦和黄坡从外部性视角说明产业集聚对城市化的作用机制，产业集聚在城市化过程中具有集聚效应和资源共享效应，为城市化准备必要的技术、人力、公共设施等要素基础[5]；花建延伸到文化产业领域，认为推动文化产业的集聚发展，将使具有世界规模的中国城市化发展得更为健康[6]。产业集聚推动城镇化的发展构成了产城融合发展的理论基础，也成为产业经济学和城市经济学关注的重点内容。

（3）城镇化是产业集聚的空间载体

城市经济学的集聚效应理论认为，城镇化能够扩大生产性服务业与生活性服务业的市场需求，能够在更大程度上适度创新要素的集聚水平，强

---

① 藤田昌久、克鲁格曼等：《空间经济学》，中国人民大学出版社，2011，第 20～21 页。

② Scott, A. J., "Industrialization and Urbanization: A Geographical Ggenda," *Annals of the Association of American Geographers*, Vol. 21, No. 1 (1986), pp. 25 – 37.

③ Mills, E. S., Hamilton, B. W., *Urban Economics*, New York: Harper Collins College Publishers, 1994, pp. 35 – 37.

④ 葛立成：《产业集聚与城市化的地域模式——以浙江省为例》，《中国工业经济》2004 年第 1 期。

⑤ 陈柳钦、黄坡：《产业集群与城市化分析——基于外部性视角》，《西华大学学报》（哲学社会科学版）2007 年第 2 期。

⑥ 花建：《文化产业集聚发展对新型城市化的贡献》，《上海财经大学学报》2012 年第 4 期。

化创新凝聚力和创新活力，从而进一步驱动传统产业升级和战略性新兴产业的高效发展，为产业结构转型升级献计献策。Keeble 和 Wilkinson 认为城市化能够促进产业集群和企业生产效率的提升①。马鹏、李文秀通过分析城市化与第三产业及其内部各行业之间的关系，提出城镇化能促进第三产业的集聚②；吴丰林、方创琳等基于城市区位和城市的研发能力视角，对城市产业集聚动力机制与模式展开深入研究，指出在城市化发展水平相对高的地区，凭借资源条件和较强的研发能力等良好的区位条件，能够吸引更多优质产业的集聚③。已有的理论和研究能够充分说明，城镇化能够扩大生产性服务业与生活性服务业的市场需求，有助于创新要素集聚，增强创新活力，从而驱动传统产业升级和新兴产业发展，推动产业结构转型升级。在这个意义上，城镇化能为产业发展提供集聚的平台。新型城镇化的水平与质量决定产业集聚的水平与质量，城镇化的质量越高，产业集聚能力越强，越有利于产业升级和产业结构优化。这是因为高水平、高质量的城镇化意味着更多的就业机会、更自由的择业空间和更高的收入水平，从而吸引更多的人才流入城镇；随着人才向城镇不断集聚，城镇空间规模越来越大，由此决定的交易空间越集聚，进而产业集聚的空间得以拓宽。可见，城镇化既能够为产业集聚提供正能量，也成为产业集聚的空间载体，为产城融合发展提供理论根基。

（4）产业与城镇化具有互动性

产业和城镇化相伴而生、共同发展，两者之间存在较强的动态关联效应。产业是基础和基本动力，城镇化是载体和依托。缺失了产业，就会导致城镇"空心化"，城镇居民会因缺少就业机会而面临收入无法保障等生存困境；缺失了城镇，产业就会"空转"，产业升级、结构优化、集聚发展就缺少了可依托的平台。无论是从优化产业结构、促进产业转型升级看，还是从提高城镇化水平、确保城镇化顺利推进而言，促进产业和城镇化融合发展都具有重要意义。促进两者融合发展，既有利于拓宽产业发展

---

① Keeble, D., Wilkinson, F., "Collective Learning and Knowledge Development in the Evolution of Regional Cluster and of High Technology SMEs in Europe," *Regional Studies*, Vol. 30, No. 4 (1999), pp. 295 – 303.

② 马鹏、李文秀：《城市化、集聚效应与第三产业发展》，《财经科学》2010 年第 8 期。

③ 吴丰林、方创琳：《城市产业集聚动力机制与模式研究进展》，《地理科学进展》2010 年第 10 期。

空间，又有利于培育城镇化的动力机制。产业发展与新型城镇化推进应协调匹配，避免两者的脱节，既要注重城镇的依托作用，又要注重产业的支撑功能。当前，我国正处在推进新型城镇化的关键时期，应以人的全面自由发展为出发点和落脚点，以人的城镇化为核心和重点，积极促进产业和新型城镇化融合发展，以城镇为载体承载产业发展空间，以产业为动力提升城镇质量，切实保证新型城镇化的顺利推进，使其成为促进我国未来经济增长的引擎和实现人的全面自由发展的有力保障。

3. 新型城镇化过程中的产城融合路径

推进新型城镇化，必须在发展理念上将产城融合看成一个体系，统筹协调产业选择与城镇定位、产业集聚与人口转移、产业功能与城市功能，促使产业发展与城镇发展有效衔接，促进产业体系与城镇体系高效融合。

（1）产业发展规划与城镇发展规划相衔接，实现产业发展与城镇发展相结合

产业是产城融合发展的动力和基础，也是城镇在进行空间规划、土地利用规划、建设规划中必须考虑的首要问题。因此，产业规划是产城融合发展规划的最核心内容，产业的发展实质上也是产城融合发展的内生动力机制形成与发展的过程。实现产城融合，应当把着眼点放在产业合理规划与建设上，将产业发展规划纳入城镇总体发展规划中，做到产业规划与城镇总体规划相一致，实施产城一体规划建设。坚持以产业发展的规模和程度来决定城市发展的规模和进度，统筹协调好承接产业转移与城镇化之间的关系，把城镇化与地方特色产业发展有机结合起来。

（2）优化城镇空间布局，实现城镇功能与产业功能相融合

空间是产城融合发展的重要依托。城镇体系的发展框架与空间布局是否合理和优化，直接影响着产城融合发展的水平和质量。因此，要按照区域经济空间组织的规律和发展要求，将城镇空间布局与产业功能区划有效衔接起来，通过提高土地利用强度来为产城融合提供更强大的承载能力；要以空间规划和区域合作为契机，从"四化同步"和区域协作的层面优化城镇空间形态格局、产业布局、交通布局、生态布局，加快城市组团载体建设；要把城市不同功能区看作城市发展彼此联系的空间网络单元，构建起产业复合、规模适当、服务配套的组织方式，从而达到不同功能区之间的有机联系和良性互动。

（3）增强吸纳农业转移人口能力，实现产业集聚与人口转移相均衡

人口是产城融合的主体。推进农业转移人口市民化是城镇化的重要任务。因此，实现产城融合，必须不断增强城镇对农业转移人口的吸纳能力，坚持以市场调节为主、公共资源引导为辅，促进农村人口有序转移和适度集中，使产业集聚和人口集中达到平衡。充分发挥城市的产业集聚功能和城镇化的空间效应，壮大城镇规模和综合实力，使城镇产业吸纳就业能力与农业转移人口市民化相衔接。一方面要以产业集聚区为载体，提高产业、人口、生产要素的集中度，坚持产业集聚、人口转移同步推进，既集聚生产性人口，又集聚生活性人口，实现就业和产业、生产与生活的有机结合；另一方面要推进专业化集群式招商，使承接产业转移与培育内生动力相结合，着力构建规模大、竞争力强、成长性好、关联度高的产业集群，充分发挥产业集群的信息集聚、技术集聚、资金集聚、政策集聚、资源集聚效应，有效带动农村劳动力向非农产业转移、农业人口向城镇集中。

（4）完善公共服务与基础设施，为产城融合发展提供基础保障

公共服务与基础设施是实现产城融合发展的重要前提条件。只有基础设施和公共服务设施满足了产业、城镇发展的需要，综合承载能力不断增强，才能使产城融合实现良性运行。因此，应从产城融合发展的目标要求出发，推进社会服务配套体系和公共服务管理体系建设，不断完善公共服务与基础设施，构建起产城融合发展的功能支撑和要素保障，并通过有效整合各种基础设施和公共服务资源，最大限度地优化产城融合发展环境。

（5）破除体制机制障碍，为产城融合发展提供制度保障

产城融合发展需要一系列体制机制创新的驱动，需要对二元户籍制度和由户籍制度衍生出来的二元就业、教育、医疗、社保等体制进行综合配套改革，形成有利于城镇化健康发展的体制机制。产城融合发展是一项综合的系统工程，需要统筹谋划，整合各方面资源协同推进，并通过发挥市场机制的决定性作用来实现。

（四）协调发展相关理论

尽管经济学理论中也常常体现出协调发展的思想，但是完整系统地探讨协调发展的理念和方法的，却是系统论和协同论等现代科学方法论。

1. 系统论

系统论最初为一般系统论，后来这一理论推广到其他领域，从而形成了跨学科"现代系统论"。一般系统论是研究系统的一般模式、结构和规律的科学，最早由美籍奥地利人贝塔朗菲（L. Von. Bertalanffy）在 20 世纪 40 年代提出。贝塔朗菲认为，"系统是由各部分或子系统，按照一定规律组成的具有特殊功能的整体"①。我国科学家钱学森认为，系统是由很多部分组成的，互相依赖、互相作用的并具有特定功能的有机整体。一般来说，系统具有整体性、层次性、功能性、适应性、相关性等特征。

系统论的基本原理主要包括以下四个。一是系统整体性原理。系统是由两个以上的不同部分及要素组成的，具有一定结构的有机整体。在结构合理、有序的条件下，系统的整体功能大于各部分功能之和。二是动态相关性原理。不同系统之间、各子系统之间、不同组成部分之间、各个要素之间、系统与环境之间存在密切的联系，它们相互依存、相互影响，构成了系统变化发展的条件。这些条件的存在及变化影响制约着系统的动态变化。三是等级层次性原理。在一个复杂系统中，存在不同的子系统及其组成部分，它们之间具有高低不同的等级层次。不同等级层次的系统具有不同的结构和功能，是相互联系、相互作用的。四是系统有序性原理。由于一个系统的结构与层次在一定时期内具有稳定性，其结构与功能的动态演变具有较为明确的方向性，因此系统具有有序性的特点。系统的有序度是变化的，在一定条件下保持在一定有序度上，随着条件的变化，系统的有序度可以发生由高到低或由低到高的变化，它对应着系统的整体性发生由强到弱或由弱到强的变化。

系统方法论与产城融合概念是理论范式和应用概念的关系。区域系统分析方法，就是把区域经济作为一个系统，以系统论的方法分析区域经济系统的构成要素、影响因素、发展阶段等。如果把产业、城市功能等作为区域经济系统之中的要素，那么产城融合实际就是区域经济系统之间的要素互动关系。如果把城市作为一个复杂的系统，它包括生产、生活、生态等各类空间，也必须具备生产、生活、游憩和交通等功能，城市的发展就是各个系统之间综合作用的结果。

---

① 霍绍周：《系统论》，科学技术文献出版社，1988，第 24~25 页。

系统的特征决定了作为一个区域经济系统中的产业和城市要融合发展。从系统的整体性来看，如果把常州市当作一个区域经济系统，则产业、城市和人就是这个系统中的子系统，系统的整体性要求将这些子系统当作一个整体，不能只考虑其中的一个。在城市这个子系统中，生产系统、生活系统、生态系统又是下一级子系统。只有考虑这些子系统的整体性，才会有"1+1＞2"的效果，否则，就会出现"三个和尚没水喝"的现象。从系统的相关性来看，各子系统或要素之间要用联系的观点来看待问题。

2. 协同论

协同论（Synergetics）是由德国斯图加特大学教授哈肯（Hermann Haken）在1971年提出的。协同论认为，无论是自然系统还是社会系统，尽管其具体属性可能存在差异，但是都处于一个整体的环境中，因此不同系统之间存在既相互影响又相互合作的关系。协同论的主要内容包括以下三个方面。一是协同效应。协同效应是指，不同的子系统由于处于不同等级的系统中，会在内在联系基础上发生相互作用而产生整体效应。这种协同效应是促使系统形成合理结构的内在驱动力，能够使系统在一定条件下发生质变，实现从无序状态向有序状态的演变。二是伺服原理。在系统的不同部分和要素中，发展速度存在快慢的差异，重要程度也有大小之分。伺服原理是指，在系统的变化发展中，快的变量的发展速度要服从于慢的变量，对于系统整体起主要作用的少数变量即序参量会支配着系统的结构与动力，因此要重视序参量和慢变量在系统变化发展中的作用。三是自组织原理。与他组织相对应，自组织是指系统在没有外部干预和影响的条件下，其内部各子系统之间自发作用，根据某种规则自动形成一定的结构和功能。之所以会发生自组织现象，是因为系统的不同子系统之间存在协同作用，所以能够在一定的时空维度上形成有序的结构。

3. 系统论和协同论对产城融合发展的启示

系统论和协同论等科学方法论阐述了系统内部与系统之间协调发展的必然性及规律性，它们对于产城融合发展具有重要的指导作用。虽然产业结构与城市化是经济系统中的两个子系统，但是二者都是构成因素较多、结构较为复杂的大系统。产业结构既包括三次产业之间的关系，也包括三次产业内部各个具体产业的关系；城市化不仅包括非农产业和人口在城市的集聚，还涉及城市空间结构的调整、居民生产方式和生活方式的转变、生态环境的保护等多个因素和问题。因此，要实现产城融合发展，就应该在系统论和协同论的指导下，坚持整体性、动态相关性、等级层次性、有序性的原则，正确认识和处理产业结构和城市化发展中的各个要素、各个部分之间的关系，重视慢变量的发展，着力处理好影响二者互动发展的序参量，充分发挥产业结构与城市化之间的协同效应和自组织效应，实现二者的良性互动和协调发展。

二 产城融合发展的内在机理

（一）产业结构演进对城市化的作用机制

产业结构的逐次演进是城市化发展的重要动力。区域产业结构由低向高地不断演进的过程就是城市化发展过程，是要素在产业空间聚集和转移的过程，进而导致城市规模的扩大和内涵的逐步提高。城市化进程的发展要以产业发展为基础，以产业结构的研究为动力。产业结构对城市化的影响主要有以下三个方面。

1. 产业结构演进通过生产要素流动效应推动城市化发展

一般来说，生产要素包括劳动力、资本、土地、技术等，它们构成了发展生产必备的基本条件。生产要素的流动和转移受到多种因素的影响，其中最重要的因素是经济因素。在市场经济体制下，生产要素的投入和使用遵循利益最大化的原则。产业结构演进对生产要素流动具有重要的推动作用。

技术进步是促进产业结构演进的根本动力，促进了新兴产品和新兴产业的出现，推动了生产要素由低劳动生产率部门向高劳动生产率部门的转移，实现了产业结构水平由低向高的发展。技术进步首先带动了需求结构的变化，导致人们对于不同商品的需求数量和需求结构出现差别。相对而言，需求增加较快的产业由于容易获得较高的商品价格，能够获得较高的附加价值，进而需求结构的变动又会影响供给结构的变动。供给结构会通过投入的潜在回报率来影响各种生产要素的投入方向和数量比例，最终影响产业结构的演进。由于第二、第三产业通常拥有比第一产业更高的回报率，劳动力、资本、技术等生产要素会在利益的驱动下发生由第一产业向第二、第三产业的行业流动；第二、第三产业具有空间上集中布局的特点，会带动生产要素向具有区位优势的空间区域——城市流动和集聚，并与土地要素相结合，从而产生从事第二、第三产业生产、经营的经济组织——企业。因此，产业结构演进在促进生产要素流动的过程中推动了企业在城市的集聚。

在各种生产要素中，劳动力最具有特殊性。一方面，农业的剩余劳动力是构成城市经济生产必不可少的要素；另一方面，劳动力的拥有者及其家庭也是城市潜在的居民和消费者。农村剩余劳动力向城市转移的根本原因在于城乡之间的收入差距。农村剩余劳动力向城市的转移也带动了农村人口向城市的迁移，这种人口的迁移是逐渐完成的，先是一个家庭的少数劳动力到城市就业，后是夫妻双方共同到城市就业和生活，最后是包括孩子、父母在内的整个家庭迁入城市。因此，产业结构演进在促进生产要素流动的过程中也带动了人口向城市的转移和集聚，同时促进人力资本的积累。产业结构递进的过程其实就是产业重心从自然资本到金融资本再到人力资本逐次递进的过程，产业结构的演变，要求提高区域的教育水平，促进城市的人力规模，进而推动城市化的发展。

企业和人口在城市的集聚，促进了城市数量的增加、规模的扩大和功能区域的划分，推动了城市化的进程，带动了城市的发展。从历史的进程来看，西方国家在进行工业化的同时，企业和人口大量在城市集聚，促进了城市数量和规模的快速增长。

生产要素的流动对于产业结构演进和城市化互动发展的作用是基础性的，但是不同要素具有不同的特点。相对来说，资本、劳动力要素的流动性较强，而土地的流动性最差。如果不同要素的流动速度和方向发生偏差，就可能影响产业结构与城市化的协调发展。虽然农村剩余劳动力的转移带动了农村人口的迁移，但是二者并不是同步进行的。如果向城市流动的劳动力不能顺利转变为城市人口，则既会影响城市规模的扩大和城市化水平的提升，也会给城市发展带来一些不稳定的因素。因此，要实现产业结构演进与城市化的协调发展，既应该促进生产要素的有序流动，也要高度重视流动的劳动力转变为城市人口的问题。

可见，城市化的本质就是随着产业结构的优化升级而实现生产要素在城乡发展过程中合理分配的过程，但市场是实现资源合理配置最有效的机制。因而要使城市化进程不断推进，就要使得各要素在要素市场上合理地流动。通过改变要素在市场上的潜在回报率影响产业结构的逐阶递进投入方向，通过产业演进过程中置换出来的土地和资本来推动城市的发展，不断提升城市功能和扩大城市规模，走内涵式的发展道路。

2. 产业结构演进通过产业关联效应推动城市化发展

产业结构的变化来自投资结构的变化。根据比较利益原则，对于产业的投资一般都倾向于利润较大的产业，这些产业是城市相对有优势的产业；根据产业之间的关联理论，产业之间的联动发展需要城市主导产业或优势产业的定位，进而推动整个区域的发展，同时增加就业机会，也为农村人口的转移提供了空间。但是人口数量及规模的扩大仅仅是城市发展的基础，还需在产业结构不断优化的过程中提高自身的功能，优化就业结构，促使城市化发展向内涵化迈进。

产业结构的演进不是某个产业的单独发展，而是作为整体的各个组成部分的不同产业之间的相互作用和关联互动。不同产业之间存在密切的产品劳务、生产技术、价格、劳动就业等联系，这种内在的产业关联决定了产业结构的演进具有整体性和有序性。产业结构演进是在产业关联效应下进行的，会通过这种关联效应促进城市结构和功能的完善。

根据配第-克拉克定理、霍夫曼定理等理论，产业结构的演进一般遵循"农业—轻工业—重化工业—加工工业—现代服务业"的发展顺序。在以农业为主导向以轻工业为主导的转变过程中，工业化进程开始，城市化进程加快。由于轻工业是以劳动密集型为主要特征的产业，能够吸纳大量的农村剩余劳动力就业，因此轻工业的发展带动了城市规模和人口数量的快速增加，与此相适应的生活服务业会得到较快的发展。在以重化工业为主导的经济发展阶段，由于主导产业具有资金密集型的特征，一方面其吸纳的劳动力数量较为有限，对就业的贡献偏小；但是另一方面，这些产业却能创造更高的利润，从而显著提高居民的人均收入，带动消费水平的快速提高，引发相关的生产服务业的发展。在加工工业主导的发展阶段，由于主导产业是技术密集型产业和知识密集型产业，不仅能够促进技术进步和知识发展，而且能够带动信息、知识服务等相关第三产业的发展。随着工业化过程的完成，很多发达国家进入了后工业化阶段。在这一时期，虽然城市人口的增加变得缓慢，国民经济中第二产业的比重有所下降，但是第三产业得到了较快的发展，城市的基础设施和公共服务等部门更加完善，城市的功能也更加丰富。不同产业在城市的依次发展和逐步完善，促进了城市结构的完善和功能的提升。因此，产业结构的演进可以通过产业关联效应促进城市结构、功能的完善，带动城市化的发展。

在产业结构演进通过产业关联效应促进城市结构、功能完善来推动城市化发展的过程中，也存在不协调的可能性。发达国家的产业结构演进往往沿着"农业—轻工业—重化工业—加工工业—现代服务业"的一般发展顺序有序推进，因而其城市规模与水平的提升也往往是渐进和有序的。发展中国家的要素禀赋和基础条件不同，在国际分工中的地位也不同，其产业结构演进的顺序往往具有一定的跳跃性。这种跳跃性虽然在一定时期内能够加速其经济增长和结构变动，但是由于发展顺序的差异，有可能导致城市化发展过程中出现问题。有些发展中国家在没有充分工业化基础的条件下较快地发展第三产业，出现了过度城市化的问题；有些国家优先发展重工业，导致了人口城市化的进程落后于产业结构的发展，出现了滞后城市化的问题。

3. 产业结构演进通过产业转移效应推进城市化发展

随着城市化的发展，在一些规模较大的城市，当企业和人口集聚到一定规模之后，就会出现交通拥堵、人口拥挤、成本提高等问题，造成企业的规模收益递减。在生产成本超过交易费用时，一些工业企业由于其产品具有较强的可流动性，出于降低成本、维护竞争优势的考虑就会选择向城市的边缘地区迁移；一些服务企业由于具有内在人口集聚的要求，会占据原有的工业企业的位置，依托良好的区位条件来发展。这就实现了城市内部不同产业空间位置的迁移。这种企业空间布局的变化也带动一部分劳动力及人口向郊区迁移，带来城市的郊区化现象，促进城市规模的进一步扩大和空间结构的调整。

不仅同一城市内会发生产业的空间转移，而且在不同地区之间也会发生产业的转移，即所谓的产业"梯度转移"现象。随着经济的发展和技术的进步，一些发达城市中会逐渐产生一些新兴产业，其相对落后的企业为了竞争的需要会逐步向欠发达的中小城市甚至村镇转移。这一变化既带动了中小城市及农村地区的发展，又加强了中心城市与其周围城市之间的联系，带动了城市群的出现和发展，促进了城市化的进一步发展。

　　并不是产业转移一定能促进城市化的健康发展。在企业迁移过程中，会出现较大的迁移成本，如果不能有效地获得更多的收益，就可能影响企业的效益，进而影响城市经济的发展。因此，企业的迁移在可能带来新的竞争优势的同时，也蕴藏着较大的风险。相对而言，如果产业转移是通过市场机制发生的，则比较容易平衡各方的利益。相反，如果这种迁移是通过非市场化的手段实现的，则有可能产生一些困难和问题。产业结构演进对城市化的作用机制如图 3 - 2 所示。

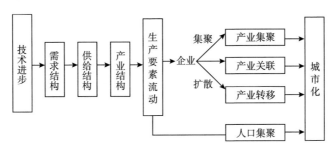

图 3 - 2　产业结构演进对城市化的作用机制

（二）城市化对产业结构演进的作用机制

　　城市的本质是资源在空间的集聚。城市化既是产业结构推动的企业和人口集聚的产物，也会通过空间集聚效应反过来对产业结构的演进产生影响。这种影响可以表现在发挥产业集聚效应、改善要素供给、促进需求变动和提供公共物品等几个方面。

1. 城市化通过产业集聚效应影响产业结构的演进

　　城市是产业结构递进演变的空间载体，主要是城市为产业结构的递进演变提供了所需要的地域空间。一方面，在产业结构逐阶递进发展过程中各项生产要素都要落实在一定地域空间上，再加上产业结构的规模和集聚效益，使城市成为这些要素在地域上的最重要空间载体。另一方面，城市化的发展及规模和集聚效益的增大，会促进这些要素向城市的流动、转移和集聚，为产业的升级提供更好的空间支持。如果没有产业空间载体的变换，就不可能有产业结构的全局高度化，城市化是产业空间实现的主要形式。

　　随着城市化的发展，城市的规模在不断扩大。在城市规模达到一定程度之前，城市的空间集聚效应能比较有效地促进产业结构的演进。一方面，产业集聚促进了同一行业的企业的集中，既有利于通过竞争促进整个行业劳动生产率的发展，形成区域内具有比较优势的特色产业，也有利于发挥规模效应，促进行业的相关服务和配套设施的发展。另一方面，产业集群促进了不同类型企业的集中，有利于实现外部规模经济和外部范围经济，既加快了区域内企业的发展，又吸引了更多的企业及人才向该地区集聚。产业集聚在促进企业集聚的同时带动了人口的集聚，为城市的结构完善和功能提升提出了更高的要求，如住宅区的划分与建设、交通运输的规划与安排、商业区的布局与管理等，都会促进城市相关服务业的发展和完善。

此外，产业集聚能在很大程度上促进地方比较优势的提高，形成具有地方特色的优势，形成区位品牌，提高城市的竞争力。因此，产业集聚所在的区域能形成一个经济增长极，不仅可在全区域内有效吸收和利用资源，还可以对周边地区的发展发挥带动作用，从而促进产业结构在区域范围内的梯度转移和优化升级。

但是，企业和人口的区域集中仅仅是产业集聚的充分条件而不是必要条件。企业和人口的集中有可能带来集聚效应，也可能出现偏差。集聚效应的发挥需要具备一定的条件，是建立在完善的市场机制、良好的基础设施和公共服务等条件的基础上的。

此外，在经济发展的不同阶段，增长极的"极化效应"和"回波效应"也存在较大的差别。发达国家与发展中国家在发展条件和发展阶段方面存在明显的差异，因而决定了各自在城市化进程中集聚效应的程度和水平也存在较大的差异。

可见，如果没有城市化或城市化落后，就没有或缺乏产业演变所需的生产或非生产要素的集聚，无论是更换主导产业还是更换优势产业，相关产业的发展都不可能获得必要的资源和有助于实现规模经济的市场牵引，也不能为产业提供基础，必然会导致产业结构"空转"，进而会制约产业结构演变和优化升级。相反，城市化适度超前于产业结构的演变，能够为产业结构演变过程提供市场需求，包括要素供给、基础设施及各种服务等，这样会更进一步地促进产业结构的优化升级。

2. 城市化通过改善供给结构支撑产业结构演进

产业结构演进需要一系列的供给要素的支撑，包括劳动力、资本、技术、土地等因素。城市化的发展既带来城市中人口、企业和组织机构的集聚，又促进城市规模、结构、功能的完善和居民的生产、生活方式及文明程度的提高。在城市的规模、质量和水平得到提升的基础上，城市的人口素质得到较快的改善和提升；在空间集聚的过程中，企业获得了规模效应、集聚效应等更多的收益，促进了资金的积累和技术的进步。在城市规模扩大的同时，服务业得到较快发展，实现了基础设施和公共服务体系的完善等。这些积极的变化能够通过改善供给结构来支撑产业结构演进。

在城市化初期，城市的规模较小，经济实力有限，技术水平低，产业结构不完善，城市功能也不完善。这一阶段，城市产业以劳动密集型的轻工业为主，劳动力主要来自农村的剩余劳动力，城市为产业结构演进提供的要素供给的数量和质量都是非常有限的。

随着经济的发展和城市化水平的提高，城市的规模效益和集聚效益逐渐发挥作用，积累了大量的资本、劳动力和先进技术，城市的功能不断地得到完善。一方面，城市经济的发展为吸引和容纳更多的农村剩余劳动力转移创造了条件；另一方面，随着在城市环境中成长起来的劳动力的受教育程度和文化素质的明显提高，城市发展为产业结构演进提供了更高层次的劳动力供应。与此同时，得益于城市的集聚效益，企业的利润增加，促进了资本的积累，为由劳动密集型向资金密集型进而向技术密集型产业的转变提供了充足的资金支持，为产业结构实现由轻工业向重化工业再向加工工业及现代服务业的发展创造了条件。城市化不仅能为产业结构演进提供劳动力和资金，最为重要的是，随着城市化的持续推进，城市化对技术创新的作用也越来越显著。根据动态集聚效应理论，城市化的发展促进了分工的深化，营造了有利于知识外溢的环境，对于技术和人才的吸引力不断增强，使城市成为技术创新的主要区域，城市的技术创新活动也越来越显著。据统计，1990~1999 年，美国确认的 581000 项专利申请中有 92% 的专利与城市有关。对于后期阶段，城市化对产业结构递进提供先进的科学技术、人才及信息的支持，主要表现在随着城市化经济增长，第三产业在整个区域经济发展中的比重增加，同时城市化的发展推动产业结构逐阶有序地递进，从而实现了区域的产城一体化。

城市化通过改善供给结构来影响产业结构演进存在多种可能性。如果出现城市劳动力供应大量增加，而教育、医疗、社会保障等公共服务供给不足，就可能影响劳动力素质的普遍提高。技术创新具有复杂的发生机制和条件，城市的空间集聚只是技术创新的一个必要条件，技术创新能力还与一个国家的教育、文化和经济体制有很大的关系，并不是所有城市的空间集聚都一定能带来技术的创新。

3. 城市化通过提升需求结构支撑产业结构演进

从人口的角度来看，城市化就是非农业人口在城市集聚及其在总人口中的比重不断上升的过程。随着经济发展和人们生活水平的提高，个人消费的需求和规模都发生改变（见表3-2）。由于城市人口一般从事劳动生产率较高的第二、第三产业的生产，因此城市人口的人均可支配收入要明显高于农村人口。一般而言，在经济增长的前提下，随着城市化的发展，居民的人均收入水平会有较大的提高，城市居民家庭的消费需求总量会增加，消费需求结构也会发生变化，他们会增加对高质量的生活必需品、耐用消费品和劳务商品的需求，从而为农产品、工业品数量和质量的提高以及第三产业的发展提供消费需求的动力。随着农村剩余劳动力向城市转移，一方面，他们的人均收入水平会提高；另一方面，在城市便捷的交通条件、良好的消费环境和城市文明的影响下，他们的消费习惯也会发生较大的变化，消费需求更加多样化，人们的消费从仅仅满足温饱需求，转为对耐用消费品和劳务服务方面的多元、高层次的需求，这极大地推动了最终产品的大批量生产，同时促进了中间产品的发展。因此，城市居民的消费水平也会得到提高。例如，日本1956～1959年消费率高达70%，经济增长率为6%～8%；1960～1970年经济增长率平均高达10.4%，消费率逐年下降，从最高点1963年的67%下降到1970年的59.7%；在1971年后，经济进入个位数增长，消费率逐步提升，至1983年重回70.1%。韩国1988年消费率达到最低点的59.76%，经济增长率为两位数10.64%，之后消费率提升到69%。此外，人口的增加和城市规模的扩大，带动了与生产、生活密切相关的住宅、供水、供电、供热、交通、通信等基础设施的需求。为了满足这些需求，就必须进行大规模的城市公共设施建设。这些公用基础设施的建设能够带来大量的投资而产生乘数效应，从而带动相关产业的发展，并通过产业之间上下游的关联效应带动产业结构的变动，间接带动其上下游产业发展。据有关部门测算，我国城市化率每提高1个百分点，城市基础设施投资将新增1400亿元，最终将带来3360亿元的国内生产总值。

表3-2　消费结构与产业结构的关联

单位：美元

人均年收入	消费需求	消费结构	产业结构
≤300	解决温饱	生理性需求占主导地位	第一产业占主导地位，轻纺和日用品在第二产业中比重较大
300~1000	追求便利与功能	生活必需品为主	资金密集的重工业得到快速发展
1000~3000	追求个性时尚	多样性、多变性、高档次非物质消费大大提高	第三产业进入深加工化和高技术化
≥3000	追求生活质量	高档次生产生活服务	服务化为主

城市化通过影响需求结构带动产业结构演进也有很多的条件。首先，它建立在城市人口的收入在一定条件下增加而且消费也随之增加的情况下。如果城市人口的收入增长缓慢或者在收入增加的同时，其消费支出没有相应的增加，则产业结构的演进就会缺乏需求动力。其次，城市基础设施建设的乘数效应是否有利于产业结构的升级取决于城市的规模与实际情况。对于达到一定规模的城市，进行相应规模的投资建设，有利于规模效应和集聚效应的发挥，也符合世界上大城市超先发展的趋势；对于一些规模较小的城市，如果盲目进行大规模的投资，既可能难以形成规模效应和集聚效应，也可能造成资源的巨大浪费。

4. 城市化为产业结构的有序演进提供公共服务支持

城市公共服务的提供依靠公共产品的供给，也是政府的重要职能。城市公共服务主要包括城市基础设施建设（如道路、公共交通、供电、供水等项目）和公共服务设施（如公园、绿地、教育、治安、消防等内容）。城市公共服务对于企业生产和居民生活均具有非常重要的作用。企业的发展一方面需要通过生产、购买、销售与服务等活动与相关企业与消费者开展广泛的市场联系与合作，另一方面也需要通过产业集聚开展竞争、提高效率、加强合作、降低成本、增加收益。城市公共服务为企业的发展提供了必不可少的外部环境和条件。一方面，城市的基础设施为企业的发展提供了基本的道路交通、资源服务等硬件保障，有利于企业更好地开展生产和经营活动；另一方面，城市良好的公共服务为企业的发展提供了外部环境，有利于企业吸纳和集聚劳动力、人才等资源，公平地开展竞争与合作。城市公共服务水平的提高，有利于改善和提高城市居民的生活质量和水平，既有利于城市人口素质的提高，也关系到城市居民的劳动效率和水平。因此，城市公共服务的规模与水平的提高，对于企业生产的发展和居民生活水平的提高具有重要作用，会对企业和居民的集聚产生较大的吸引力，并可以诱发技术创新效应和空间集聚效应，为产业结构实现由低层次向高层次的演进创造条件。

城市化通过公共服务支撑产业结构演进也具有不同的可能性。首先，由于公共物品的供给主要由政府承担，不同国家的财政状况不同，财政收入与支出的数量和方向也存在较大的差别，因此可能造成公共物品供给的差异。其次，不同国家的人口数量及分布状况不同，也会对公共物品的供给造成影响。对于人口数量保持长期稳定的发达国家来说，公共物品的人均占有量会随着经济增长而出现稳中有升的情况。对于人口增长率较高和城乡差距较大的发展中国家来说，人口的快速增长和迅速发展的城市化进程会对公共物品的供给产生较大的挑战。城市化对产业结构演进的作用机制如图3-3所示。根据以上分析，产业结构演变与城市化互动的关系如图3-4所示。

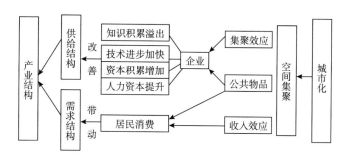

图3-3　城市化对产业结构演进的作用机制

综上所述，城市与产业是相互促进、共同发展的，城市没有产业支撑，即便再漂亮，也只是"空城"；产业没有城市依托，即便再高端，也只能"空转"。而且，城市化与产业化要有对应的匹配度，不能一快一慢，脱节分离。只有两者双向融合，均衡发展，才能达到互相拉动、互相促进的良性循环。产业活了，人的需求就活了，城市的内在活力也就激发起来，城市形态也就有了"魂"；反过来讲，城市功能的完善、品位的提高也会为产业发展提供条件，增强竞争力，而这才是城市和产业的本义。

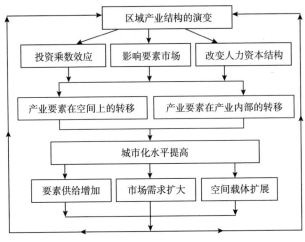

图 3 - 4   产业结构演变与城市化互动

三   产城融合发展的作用机制

（一）产城融合的影响因素

目前对于产城融合影响因素的研究，主要反映在基于产城融合的评价指标体系中。王霞等认为影响高新区产城融合度的因素主要有四个，分别为产业因素、资源因素、社会因素与环境因素，并在此基础上设立三级指标体系[①]；唐晓宏基于产业因素、人口因素、空间融合因素和城市功能因素构建了指标体系[②]；王菲从产业化与城市功能实现角度，构建了二级产城融合评价指标体系[③]。学术界对于影响产城融合的因素分析目前还在探讨过程中，缺乏具体而深入的研究，达成共识的是对于产城融合的影响是多元化因素共同作用的结果。刘欣英梳理出的影响因素主要反映在产业生产要素、经济实力、城市化水平、发展环境四个维度的若干因

---

① 王霞、王岩红、苏林、郭兵、王少伟：《国家高新区产城融合度指标体系的构建及评价——基于因子分析及熵值法》，《科学学与科学技术管理》2014 年第 7 期，第 79 ~ 87 页。

② 唐晓宏：《基于灰色关联的开发区产城融合度评价研究》，《上海经济研究》2014 年第 6 期，第 85 ~ 92 页。

③ 王菲：《基于组合赋权和四格象限法的产业集聚区产城融合发展评价研究》，《生态经济》2014 年第 3 期，第 36 ~ 41 页。

素上①。

1. 产业生产要素

产业生产要素包括自然资源、资本、劳动力等因素。自然资源亦称天然资源，是一切可以利用的自然物质资源总和，是经过人类发现进入生产和消费过程，产生经济价值来提高人类当前及未来福利的物质与能量的总称，是人类社会生存发展的根基，在经济发展中起着基础性作用。劳动力是生产过程中不可或缺的要素，劳动力供给是其他生产资源进行优化配置的重要条件，同时生产活动也会创造出对劳动力的需求，引起劳动力的就业结构改变，进而改变产业发展方向和城市经济发展进程。资本是一种可以带来剩余价值的价值，是指所有者投入生产经营，能产生效益的资金，包括一切投入再生产过程的有形与无形资本。

2. 经济实力

经济实力包括经济产出、产业结构、科技创新等因素。经济产出是一个地区的国民收入，可以是 GDP，也可以是人均 GDP 等指标反映的经济总量，一个地区的经济产出和该地区产业发展高度相关。产业结构是各产业之间的联系构成和结构比例关系，是在分工基础上产生和发展起来的，包括产业结构、产业布局、产业组织等内容。不同的产业部门，因受到各种因素的影响和制约不同，会在增长速度、从业人数及对经济增长和发展的推动作用等方面呈现出较大差异性，由此推进传统产业的改造提升，这是加快城市经济发展和促进城市产业结构优化升级的重要途径②。科技创新是科学研究、技术创新的总称，是提出新概念、新思想、新方法、新理论和新发现等的科学研究活动，是生产工艺、流程、产品及制造技能等方面的创新与改进，是科学研究、技术进步与应用创新共同演进的产物。

3. 城市化水平

城市化水平包括生活水平、公共服务等因素。生活水平是指经济社会在某一生产发展阶段，居民用来满足物质与文化生活需要的产品和劳务的消费程度，主要包括居民实际收入水平、消费水平及消费结构等内容。公

---

① 刘欣英：《产城融合的影响因素及作用机制》，《经济问题》2016 年第 8 期。
② 张明之：《产业集聚、新产业区与城市经济空间整合》，《中国软科学》2003 年第 7 期，第 119～224 页。

共服务是指通过政府部门或其他经济主体部门投入的、为了公共利益所提供的、满足居民生产和生活需要的服务，涉及保障基本民生所需的教育、医疗卫生、社会保障、基本公共设施等方面。

4. 发展环境

发展环境具体包括制度环境、文化环境、生态环境、风险环境等因素。制度环境是指一系列用来发展生产、交换与分配基础的社会、法律与市场的基础规则，它是对经济产生影响的正式和非正式制度因素的总和，包括法制环境、市场化程度、政府职能转变及开放度等若干内容。Globerman 和 Shapiro 认为成熟、良好的制度环境意味着政府政务和立法透明、腐败程度低，能够为市场机制的基础性资源配置提供良好保障，减少政府对市场的非正常干预，有助于社会经济的发展①。文化环境是人类生产和创造出为自身物质文化和精神文化活动提供协作与秩序的基础文化条件。生态环境是指与人类生活和生产活动密切相关并发生作用与影响的各种自然力量的总和，是人类赖以生存和发展的物质条件综合体，城市生态环境是关系到城市经济社会持续发展的复合生态系统。风险环境是指存在于事物内部的某种特定危险情况发生的可能性及后果的组合，产城融合中存在的风险，主要体现在产业风险、债务风险、金融风险及治安风险等方面。

（二）产城融合的作用机制原理

产城融合的作用机制是指各因素驱动城市和产业在整个结构体系中协调运行的原理，这种动力机制具有相对稳定性和规律性，其具体作用原理如图 3－5 所示②。产城融合的作用机制表现为各要素改变所产生的内生动力，如发动机一般产生巨大的动力推动产城融合。

1. 产业生产要素是产城融合的原动力

产业生产要素为产城融合提供发展原动力，自然资源为产业生产提供原料，劳动力资源是产业生产的价值源泉，资本是产业生产追逐的利益动力。产业生产要素的变化，会影响到整个城市系统中的产业变化和导致系统中要素的重新整合。比如，劳动力因为适应企业需求而进行的技能培训

① Globerman, Shapiro, "Governance Infrastructure and US Foreign Direct Investment," *Journal of International Management Studies*, 2003 (34): 19－39.
② 刘欣英：《产城融合的影响因素及作用机制》，《经济问题》2016 年第 8 期。

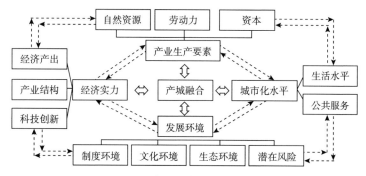

图 3 – 5　产城融合作用机制原理

及继续教育，会提高劳动力的工作效率及管理能力，而企业为获取利益最大化会降低生产成本，做出有利于自身价值提升的调整。在劳动力追求精细化发展的过程中，人工成本逐渐上升，削弱了劳动力的数量优势，增强了劳动力的质量优势，更好地投入高新技术产业、新兴产业、高端制造业等产业，在此基础上机器替代劳动力，解放出来的劳动力流向现代服务产业，通过产城融合的演进，促进产业和城市的协调发展。资本在产城融合中的作用在于提高生产效率，提升产业层级，带动城市经济增长与发展。

2. 经济实力是产城融合的动力基础

经济实力是城市发展的经济基础，是产城融合的动力基础。经济产出提供的各种物质产品是产城融合发展的物质保障，是城市与产业自我发展的基础力量。产业发展带给城市发展带来支撑力量，也是城市发展的未来方向选择。产业结构变迁是以城市资源禀赋和积淀为基础的变迁，是促进城市发展的原动力之一。随着生产力的快速发展，第三产业得到迅速发展，并成为城市后工业化时期的主导产业，促使城市的经济增长、发展与产业结构的升级优化保持同步，改变城市外延式的粗放发展方式，确保产业与城市的综合发展[①]。科技创新也将在城市区域范围形成科技增长极，带动城市经济的快速发展。科技创新推动了产业集聚、技术集聚及人才集聚，更好地实现产业与城市的良性互动，同时也有利于促进知识社会的形成，有利于城市资

---

① 柯善咨、赵曜：《产业结构、城市规模与中国城市生产率》，《经济研究》2014 年第 4 期，第 76 ~ 88 页。

源环境的保护及城市公共服务一体化的建设与完善，对于推动城市经济社会和谐发展与城市竞争力的提升意义重大①。科技创新能创造激活经济社会的新产业，对社会经济的进步与发展起着关键性的作用，是社会进步的动力源，是经济实力的体现，是产城融合的重要动力因素之一。

3. 城市化水平是产城融合的动力保障

生活水平及公共服务是产城融合的动力保障。城市生活水平主要以消费反映，消费是生产最终的需求，消费需求的提高有助于促进产业优化升级，主要体现在改造提升传统产业，大力发展新兴产业，尤其是生产和生活服务型产业。通过不断适应和满足消费者的新需求，产业可以延长价值链，开创及占领新市场，创造新供给，带动城市与产业协调发展。公共服务提升将为社会公众参与社会政治、经济、文化等各类活动提供良好保障，只有持续向城市主体提供优质公共产品和公共服务，才能更好地保障公众的基本权益，促进城市有序发展。公共服务的不断提升，可以逐步缩小因不同区域空间范围而产生的居住就业和公共服务的差异性，通过公共服务资源分布均等化助推城市和产业的协调发展。

4. 发展环境是产城融合的后续动力

发展环境是产城融合的后续动力，发展环境因素出现问题很可能会阻碍产城融合的进一步发展，比如一个城市区域金融制度环境欠佳，难以有效地组织和配置社会资源，导致产业发展受阻，经济效率低下，甚至还会引发大量资金外流，削弱城市经济的竞争力。城市文化环境的营造是一个多层次的复杂环境体系建设，正确的文化取向和文化定位可以帮助城市加快建设和发展的步伐，通过文化环境的配合运作，加快产业升级转换，不仅可以推动城市物质文明的建设与发展，更能带动城市精神文明的进一步提升。加强城市生态文明建设，是保证城市居民更好投入生产和生活及推动产城融合循环发展的必要条件。风险如果不能预警、控制、化解，就会给城市和产业发展带来非常严重的危害，阻碍产城融合的进一步发展，因此，控制与降低风险的影响程度，将会有助于城市与产业系统化发展。

5. 产城融合的反作用力

在生产要素变化、产业结构变迁、技术进步和消费需求提高及公共服

---

① 王缉慈：《创新的空间——企业集群与区域发展》，北京大学出版社，2001。

务质量改善等因素产生推动力影响产城融合的同时，产城融合的发展也会对这些要素产生反作用力。产城融合最终体现的是基于城市承载力发展产业经济，在产业保障下驱动城市的自我更新与完善，以及城市、产业、人口的有序发展和良性互动。产城融合的这些特征也将保证自然资源的合理开发和使用，劳动力的质量提升与资本的高效使用，有利于吸引优质产业和引领产业变革，有利于增强产业自我更新能力及结构升级，有利于推动城镇一体化建设。同时，在制度、文化、生态及风险环境等因素影响产城融合的过程中，反作用力特征也使得产城融合发展对这些因素有着转变的影响力，良好的产城互动关系将有助于自然和社会环境的改善，生态环境在产城融合基于城市承载能力的合理规划及遵循自然规律的共生理念中逐步改善，文化环境与制度环境也会随着产城融合有机发展而进一步提升，有效保障城市的制造业、交通、卫生、教育、金融等各产业有序发展，降低各种风险的可能性，确保城市和产业的健康循环发展。

综上所述，产业是城市发展的助推器，城市是产业发展的平台，城市与产业的融合发展离不开各种发展因素的影响与作用，在产业生产要素、经济实力、城市化水平及发展环境等维度各因素的共同作用下促进产业优化升级和城市健康发展，对城市与产业的协调发展具有重要意义。

四　产城融合发展的动力机制

根据《现代汉语词典》（商务印书馆 2002 年增补本）的解释，"机制"原指"机器的构造和工作原理"。后来应用于自然现象和社会现象，泛指"一个工作系统的组织或部分之间互相作用的过程和方式"，基本内涵就是一个事物在有多个部分存在的前提下，以什么具体运行方式协调各个部分之间关系以更好地发挥作用。理解"机制"这个概念，主要需把握两点：一是事物各个部分的存在；二是以什么具体的运行方式协调各个部分之间的关系。事物有各个部分的存在，才有一个如何协调各个部分之间的关系问题。

"体制"与"机制"是容易混淆的一对词语。按照《现代汉语词典》（商务印书馆 2002 年增补本）的解释，"体制"是指"国家机关、企业、事业单位等的组织制度"。一般来说，"体制"指的是上下之间有层级关系的国家机关、企事业单位有关组织形式的制度。"机制"重在事物内部各部分的机理，也就是相互作用的过程和方式。"机制"本身含有制度的因素，还包括手段和方法，简而言之就是制度加方法。在一个系统中，机制起着基础性作用。有了良好的机制，可以使一个社会系统在外部条件发生不确定变化时，有自我调整、自我适应能力，迅速做出反应，实现优化目标。"动力机制"主要是指对一个事物产生动力的各个部分的相互作用关系及其原理。

产城融合发展的动力机制，是指推动城市化过程中，促进产业和城市互动、达到良性发展的各种因素构成的综合系统，这个综合系统由工业化、科技、聚集效应、制度等因素组成并进行相互作用。换句话说，也就是在城市发展过程中，能够有效促进城市功能和产业发展良性互动的各种力量及其相互关系、作用原理。

（一）产城融合的动力因素分析

1. 从工业化的根本推动力来看

农业发展是城市化的初始动力，而工业化则是城市化的根本动力。一方面，由于聚集效应的作用，在工业化过程中，从事工业生产活动的企业在地理上趋于集中，也就是更多的劳动力从农业中转移出来，向城市迁移并引起非农产业人口比重的提高，进而导致城市化率提高。由于劳动者既是产业发展的重要投入要素，又对城市功能存在的必然需求，因此，劳动者是连接产业和城市的重要中介。工业发展、工业产出和工业劳动力的增加，意味着收入增加，引致对服务需求的增加。假定短期内服务供给不变，那么服务价格就会上升，从而该地区服务业将可能吸引更多的劳动力流入。劳动力流入意味着人口的增加，进一步引致对服务的需求增加。通过这个作用过程，城市经济不断繁荣发展，城市载体功能不断完善。

另一方面，城市对产业发展也有反作用。随着城市建设的推进，城市功能不断完善，这个过程意味着服务业劳动力和总产出的增加，从而带动地区总收入的上升和对工业品需求量的增加。假定短期内，工业品供给不变，那么工业品价格会上升，工人工资水平上升，从而吸引劳动力的流入，促进产业发展。因此，产城融合的初始点是产业的存在，劳动力在这个区域存在经济活动，该经济活动既促进产业的发展，又引致对城市功能的需求，城市功能的完善引起劳动力数量增加，通过劳动和服务的价格机制，进一步带动该区域发展繁荣。在这个过程中，城市不断发展，产业结构升级。产业与城市的作用是通过价格机制调节和因果循环机制实现的。

2. 从科技的重要支撑力来看

科技创新催生新产业，新产业发展成为主导产业、支柱产业，深刻地促进产业集聚及产业结构的转换。而产出结构与就业结构的变动关系，在很大程度上影响着工业化对城市化的带动作用。同时，科技支撑力还体现在现代城市建设上，特别是智慧城市的建设既是产业发展的需要，也是完善城市功能的需要。经济学家缪尔达尔提出城市发展积累因果理论，认为当城市发展到一定的水平时，在城市经济增长中，城市本身聚集资本、劳动力等生产要素的能力，比资源禀赋更为重要。这种能力取决于城市能否形成一种繁荣的主导产业，然后由主导产业派生出新的产业，新的产业又能形成主导产业。这种累积和循环的产业发展过程，推动城市不断向前发展，促进经济的繁荣。而城市能否形成主导产业，关键因素是科技的创新能力，科技创新能力越强，适应市场需求的新产品可能会越多，形成主导产业、推动产业升级的可能性就越大。因此，科技进步助推了工业化，加速经济增长，为城市发展增添动力，提供有力支撑，影响城市化进程。

3. 从聚集效应的积极助推力来看

聚集现象与城市规模的变迁有很大的关联。城市在本质上是聚集经济。聚集区内可实现基础设施共享、信息共享，在交易费用、人力资本等方面可获得低成本、规模经济、分工与专业化等优势，有利于技术创新。因此，聚集效应能助推产业和城市发展，也是城市发展的作用形式。聚集效应与城市发展之间的关系，可以分两个阶段来分析。

第一阶段，工业化产生聚集效应，聚集效应作用于城市"成长"。由初始阶段工业围绕主导部门逐渐发展成为城市的主导工业，在初始阶段工业的推动下，产生聚集效应和规模效应，一方面为城市化提供了相应的物质和技术基础；另一方面带来了人口、企业等诸多资源要素的聚集，推动服务产业的发展，促使经济发展和城市规模扩大。聚集效应作用于城市发展，主要是通过个体与厂商的理性经济行为为城市发展提供内生动力。

第二阶段，城市"成长"进一步引发"聚集"，推动城市功能完善和产业升级。这个机理和聚集效应与产业经济中的组织结构有关。聚集使城市空间规模进一步扩张，进一步深化社会分工，创造投资环境，经济活动进一步加强了城市产业和部门之间的联系，为技术进步、创新创业活动、创新人才创造了需求。在这种强大需求拉动下，城市的科技进步和创新活动作用于相关产业链条，促进产业的成长进步。产业之间的关联效应促进了经济增长，推动了城市发展和扩张。

4. 从制度安排的资源配置力来看

一般来说，制度可分为三个层次：根本制度、基本制度和具体制度。根本制度属宏观层次，基本制度属中观层次，具体制度属微观层次。本书探讨的影响产城融合的制度创新，主要是指微观层次的具体制度，某一个方面的制度，实际上也就是国家或地方政府在推动城市化和产业发展方面实行的具体政策或措施，比如土地制度、户籍制度等。制度安排，包括政府公共政策的调整，都能对城市和产业发展进程起到加速或抑制的作用。制度安排创新能引起技术创新，从而产生新的产品或新的管理方法，带动新兴产业发展，从而改变产业结构。制度安排创新对城市发展的影响，直接或间接地通过土地政策、户籍制度、人才政策、社会福利政策等形式，引起要素尤其是人口的聚集。通过这些有效率的制度安排，加速生产要素聚集，丰富城市功能定位，活跃繁荣城市经济，加快城市发展进程，使其成为产城融合的重要动力。

(二) 动力因素推动产城融合的作用机理

在城市发展过程中，能够有效促进城市功能和产业发展良性互动的各种力量，在工业化、科技、聚集效应、制度等因素组成的综合系统中，其相互作用的机理是：工业化是产城融合的推动力，科技是产城融合的支撑力，聚集效应是产城融合的助推力，制度安排是产城融合的资源配置力。在这四个力的相互作用中，工业化这个推动力是产城融合的基础动力、根本性动力，若这个力不足，产城融合的基础就不牢，支撑力就不够，城市即使发展起来了也可能衰落。很多资源加工型城市到后期资源枯竭，发展难以持续，充分说明了这一点。当工业化这个推动力趋弱的时候，科技就助推城市工业化升级换代，提出与升级换代的工业相匹配的人才、各种资源要素的要求，衍生出新的聚集效应，促进产城融合向深度和广度发展，这时需要制度安排这一资源配置力发挥作用。制度安排科学合理地发挥了资源配置的作用，就使产城融合向深度和广度发展的阻力最小；反之，阻力就加大，产城融合难以和谐、合拍。

工业化的推动作用主要体现在推动产业结构升级上，从而最终体现在促进城市经济发展上，这是从整体上、总量上体现的。科技的支撑作用主要体现在为城市发展、产业升级提供技术支持，从而提高产业发展活力，提升城市效率与城市竞争力上。聚集效应的助推作用对产业发展来讲主要体现在促进要素的合理充分流动，对城市发展的助推作用主要体现在聚集企业、人口，推动城市空间扩张和发展繁荣上。制度安排的资源配置力对城市化的影响体现在结构、形态，以及城市的发展机遇上，比如对城市的功能定位、规模结构的影响。制度安排的资源配置力对产业发展来讲，体现在产业组织、产业政策、产业升级等方面的促进作用上。这些因素的共同作用，推动城市经济的发展和功能完善，形成促进产城融合发展的合力，带动整个城市竞争力和综合实力的提升。工业化、科技、聚集效应、制度安排促进产城融合发展的作用机理见图 3－6。

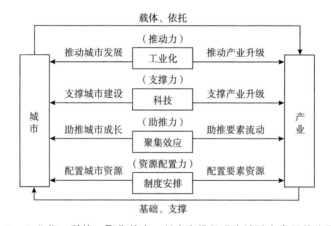

图 3－6　工业化、科技、聚集效应、制度安排促进产城融合发展的作用机理

第四章
常州产城融合发展的现实基础

常州推进产城融合发展之标本意义

江苏省产城融合综合改革试点之所以选择常州，是因常州物华天宝，处于长江三角洲中心地带，是中国现代工商业成长的摇篮；是因常州人杰地灵，处于长江之南太湖之滨，是长江文明和吴文化的发源地之一；更因常州历经多年繁华又深味转型之艰——新常态下，是"温水煮青蛙"般束手就缚，还是"换一种身姿"砥砺前行？这正是中国众多城市未来方向抉择的痛点。

常州与上海、南京两大都市等距相望，与苏州、无锡联袂成片，构成苏锡常都市圈。常州是一座有着3200多年历史的文化古城。春秋末期（前547年），吴王寿梦第四子季札封邑延陵，开始了长达2500多年有准确纪年和确切地名的历史。西汉高祖五年（前202年）改称毗陵。西晋武帝太康二年（281年），改置毗陵郡。自此，常州历朝均为郡、州、路、府治所，曾有过延陵、毗陵、毗坛、晋陵、长春、尝州、武进等名称，隋文帝开皇九年（589年）始有常州之称。常州于1949年设市，现辖溧阳一个县级市和金坛、武进、新北、天宁、钟楼五个行政区，总面积4372.15平方千米，市区面积2837.63平方千米。

常州境内名胜古迹众多，历史文化名人荟萃。风景名胜、历史古迹有圩墩村新石器遗址、春秋淹城遗址、天宁寺、红梅阁、文笔塔、北宋藤花旧馆、苏东坡舣舟亭、太平天国护王府遗址、瞿秋白纪念馆、中华恐龙园、溧阳天目湖旅游度假区、金坛茅山风景区等。历史名人有吴公子季札，《昭明文选》作者萧统，抗倭英雄唐荆川，"南田三绝"恽格（号南田），"常州三杰"瞿秋白、张太雷、恽代英，数学家华罗庚，实业家刘国钧，书画家刘海粟等。主要特产有萝卜干、大麻糕、芝麻糖、溧阳风鹅、野山笋、溧阳水芹、南山板栗、长荡湖螃蟹、常州梳篦、砖刻屏、景泰蓝掐丝工艺画、乱针绣、中国彩绒画、留青竹刻、金坛刻纸。

　　常州是一座根深蒂固的制造业城市。常州城市的发展历史已经证明，制造业是常州市经济的支柱、城市的脊梁。当西方工业文明进入中国之初，这里就涌现了大成、民丰、厚生等一批制造业企业，使常州成为中国民族工业的发祥地之一；当新中国从农业社会进入工业社会之初，这里就涌现了"工业八条龙""小桌子上唱大戏"的制造业发展样板，使常州成为名闻遐迩的中国工业明星城市，并且是最早全面推行厂长责任制改革的城市之一；当改革开放风潮席卷华夏大地之初，这里就涌现了一大批以制造业为主的乡镇工业，使常州成为苏南经济发展模式的一个缩影；当进入新世纪科学发展之初，这里就涌现了科教城、高新技术产业园区等创新发展载体，使常州成为长三角重要的现代制造基地；当全市工业经济总量迈入万亿大关之初，这里正在涌现以智能装备、新材料等为主要优势和特色的十大产业链，使常州朝着制造强市的目标奋力前行。

　　在某种意义上，常州三十余年的工业化演进是一个教科书式的样本，几乎集中体现了改革的所有成效与困境。它走过了产业经济变革的"中国三部曲"：苏南模式激发出了基层集体经济的活力，一大批企业能人的涌现让常州经济迅速完成了工业现代化的第一次惊险飞跃；其后靠成本和规模优势崛起的块状经济遭遇成长瓶颈，随即向外向型经济转型；进入21世纪之后，轻工业资本溢出，向上游的重工业转移，制造业的规模优势逐渐减弱，进入新的调整转型期。常州当下正在进行的产城融合综合改革，是三十余年产业演进的一次合理升级，它是在新的技术背景下发生的，工业智能化技术、材料革命、互联网浪潮及新的资本模式为制造业的迭代提供了新的可能性，就本质而言，这是一次发生在制造业领域内的要素革命。

　　从这个意义上说，常州是一个具有普遍意义的标本。

20世纪90年代以来，常州市紧紧抓住外资涌入的时代机遇发展开放型经济，推进经济开发区、产业园区和城市新城建设，引发了产业规模、城区面积、常住人口的快速增长。常州 2015 年实现地区生产总值 5273.2 亿元，比 2000 年增加了 7.8 倍（可比价增加 5 倍）；城市建成区面积 250.3 平方公里，比 2000 年增加了 2.7 倍；常住人口增至 470.1 万人，城镇化率提高至 70%，产、城、人互促共进，为产城融合综合改革试点工作的开展奠定了坚实的基础。

一　产城融合发展的产业基础

常州是近代中国民族工业的发祥地之一。被誉为"中国实业之父"的常州人盛宣怀倾注毕生精力从事近代工矿交通事业，创造了第一家电信企业等 11 项"中国第一"。清末民初，常州纺织、机械、食品等近代工业得到较快发展，1906 年出现了第一个资本主义手工业工场晋裕布厂；1932 年，著名实业家刘国钧建立了纺织染联营模式，在 20 世纪 30 年代具有首创意义。

（一）新中国成立以来常州产业结构的演变路径

新中国成立以来，常州市产业结构的演变路径可分为以下三个阶段：工业体系的构建及工业基础的奠定阶段（1950～1980）、工业化道路的积极探索阶段（1981～1985）、产业结构的持续调整阶段（1986 年至今）①。

1. 工业体系的构建及工业基础的奠定阶段（1950～1980）

20 世纪 50 年代，经过社会主义改造及建设，常州市建立了一批国营企业，这些企业多分布于机械与纺织工业。此外，电子业、制药业、食品业、运输业等其他产业也出现了一些小企业。同时，在国家投资少、企业规模小的劣势下，常州市积极发挥集体企业作用，探索有效的发展模式，摸索出多形式的"一条龙"协作生产方式，初步构建起了常州工业的基本体系。

---

① 米慧蓉：《常州市产业结构的演变路径及展望》，《商业经济》2014 年第 2 期。

20 世纪 60～70 年代，常州全面推行计划经济，指令性计划对资源配置的作用在常州非常突出，使得第二产业比重畸高，大多数年份都在 70%以上。值得注意的是，由于社队企业的悄悄成长，集体所有制成分的比重自 70 年代初就稳步上升，非公有制成分比重也于 1975 年开始上升，计划经济为常州市留下了比较完整的产业体系、训练有素的产业工人和大批的科学技术人才。社队企业的早期成长，则为 80 年代乡镇企业的崛起积累了经验、人才和资金。

这一时期，常州的工业建设取得了巨大的发展业绩，为日后成长为工业明星城市奠定了基础。据统计，到 1981 年全市工业总产值达 37 亿元，跻身全国 69 个中等城市行列。

2. 工业化道路的积极探索阶段（1981～1985）

改革开放之后，作为苏南模式的主要代表，常州市重点发展集体所有制经济，在地方各级政府的主导和支持下，大力发展地方工业企业、街道企业、乡镇企业，积极探索出一条与众不同的工业化道路，成为闻名全国的工业明星城市。

据 1983 年统计，常州工业已较发达，市区年产值 1000 万元以上的企业有 100 个；10 多家企业的生产规模、生产工艺居于全国领先地位乃至首位；15 个产品国内只有常州独家生产；13 个产品产量排全国第一；出口产品销往 81 个国家。灯芯绒、手扶拖拉机、卡其、花布、化纤、收音机、塑料、玻璃钢、自行车、照相机十条"龙"的企业群奠定常州雄厚的工业基础，形成了以轻纺为主，拥有机械、农机、电子、化工、医药、塑料、服装、建材等多种产业的集群，工业产值一度占工农业总产值的 80% 以上。

这一阶段，常州工业发展"九龙齐舞""小桌子上唱大戏""农字当头滚雪球"，工业化发展走在了全国前列，掀起了全国"中小城市学常州"的热潮。常州在中国城市版图上牢牢占据了一席之地，引起了社会各界的高度关注，得到广泛赞誉。1984 年中宣部组织出版的《新兴城市丛书》高度评价常州的工业化探索道路，确定第一批新兴城市中第一个城市为常州，常州被称为社会主义工业化道路上"第一个崛起的工业新城"。

3. 产业结构的持续调整阶段（1986 年至今）

调整产业结构，是促进经济发展的主要措施，是转变发展方式的主要途径。适宜的、有发展潜力的产业结构是经济快速可持续发展的重要条件。常州在 20 世纪 80 年代崛起成为工业明星城市之后，持续调整产业结构，先后经历以下三个阶段：一是 80 年代重点发展纺工、轻工、电子和加工业阶段；二是 90 年代重点发展机电和提高轻纺阶段；三是 21 世纪重点发展装备制造业和高新技术产业阶段。

（1）重点发展纺、轻、电和加工业阶段（1986～1990）

20 世纪 80 年代中期，经过历史的积累和中华人民共和国成立后 30 多年的建设，常州发展成为一个轻纺工业城市，取得了巨大的成就，但同时也存在重工业比重偏低的问题。因此，80 年代中后期，常州市产业结构调整的主要任务是完善基本结构，合理加大重工业的占比。为此，常州市重点发展轻工、纺工、电子行业和以轻型加工为主的机械制造业，并在为发展轻纺工业提供机械装备、配套原辅材料和满足市场需要的基础上发展重化工业，旨在以轻纺工业为主带动其他行业稳步发展。这一阶段的产业结构调整取得了较好的成效。1990 年，全市轻、重工业比例为 49.8∶50.2，由 80 年代初的"六四开"基本调整到"五五开"，在传统支柱产业纺织工业保持平稳发展的同时，电子、机械、化工等发展成为新的支柱产业，产业结构更为合理。

（2）重点发展机电和提高轻纺阶段（1991～1999）

20 世纪 90 年代，我国形成买方市场，市场需求对产业结构的影响逐渐加大。在这种环境下，依靠技术进步、促进工业经济从粗放式向集约式发展成为产业结构调整的重要目标。围绕这一目标，常州市加大技术改造投入，重点发展机械制造、电子等技术密集型产业和改造提升纺织、轻工等传统产业，加快培育动力工业、输变电设备、汽车（摩托车）工业、工程机械、计算机通信、现代视听设备、纺织服装、基础化工及精细化工、合成新药及生物制造等优势产业。

经过这一阶段的调整，轻、重工业比例从 20 世纪 80 年代的"五五开"发展到"四六开"，达到 38.9∶61.1；全市机械、电子等支柱产业的主导地位得到加强，形成柴油机、装载机、城市客车、变压器、激光影碟机、电线电缆等优势产品，常柴、长龄、长江、新科、上上等品牌成为江苏省重点品牌；传统产业得到提升，纺织服装业在产品、技术、装备和规模上都上了一个台阶，其中，黑牡丹品牌成为江苏省重点品牌。

（3）重点发展装备制造业和高新技术产业阶段（2000～　　）

进入 21 世纪，常州的产业结构调整面临着新的情况与挑战。一方面，长三角成为世界制造业产业转移的重要目标地和世界制造业重要基地；另一方面，买方市场的性质更加深化，众多工业企业面临市场结构性过剩的问题，科技含量低、附加值低的产品不仅没有高利润，而且在一步一步丧失自己的市场。因此，这一阶段，常州产业结构调整的重点是加速高新技术产业化进程，以科技为先导，优化投资结构，快速壮大常州的优势产业装备制造业，培育新的支柱产业。同时，通过改造、调整传统产业，将支柱产业由传统的轻型产业迅速转移到重化工业，实现产业结构的升级。

经过"十五"计划的产业结构调整，常州市主导产业经济地位进一步得到提升，纺织、通用机械、化工及钢铁四个行业的比重超过 10%，电气机械及器材制造、电子、专用设备制造和交通运输设备制造比重超过 5%，产生农业机械制造业和输变电设备制造业，形成农业机械制造业、输变电设备制造业、汽车及配件制造业、新型纺织服装业四大支柱产业，以及电子信息、新型材料、生物医药三大新兴产业。

进入"十一五"后，结合长三角都市圈产业定位与自身实际，常州市提出了做强做优装备制造、电子信息、新能源和环保、新材料、生物医药五大重点产业和努力打造输变电设备、轨道交通设备、工程机械及车辆、新型农业机械、数控机床及基础装备、计算机及通信设备、数字视听及电子元器件、太阳能光伏产品、高分子材料、生物工程及药品十大产品集群的调整目标，调整投入结构。2009 年 3 月，常州市出台《常州市振兴五大产业行动计划》，相关部门研究制定了相关扶持政策，旨在突出"调整、提升、优化"这一主线，倾力发展五大重点产业，不断加大有效投入力度，狠抓产业升级和结构调整，实现五大产业发展新的突破。

（二）当前常州现代产业体系的基本情况

产城融合综合改革必须要有产业发展作为支撑和保障，而合理的产业结构则是产业发展的基础和前提。表 4-1 显示了常州市近 10 年来产业结构变化的情况。

表 4 - 1　近 10 年常州市三次产业 GDP 及结构

年份	GDP（亿元）				GDP 结构（%）		
	第一产业	第二产业	第三产业	合计	第一产业	第二产业	第三产业
2004	54.19	661.86	386.14	1102.19	4.92	60.05	35.03
2005	59.62	799.05	449.51	1308.18	4.56	61.08	34.36
2006	66.07	954.45	564.59	1585.11	4.17	60.21	35.62
2007	74.32	1135.13	704.05	1913.5	3.88	59.32	36.79
2008	84.5	1317.05	864.77	2266.32	3.73	58.11	38.16
2009	91.75	1429.73	998.45	2519.93	3.64	56.74	39.62
2010	99.78	1683.68	1261.43	3044.89	3.28	55.30	41.43
2011	111.78	1950.84	1518.37	3580.99	3.12	54.48	42.40
2012	126.37	2100.76	1742.74	3969.87	3.18	52.92	43.90
2013	130.33	2273.41	2046.26	4450.00	2.93	51.09	45.98
2014	138.46	2408.11	2355.30	4901.87	2.82	49.13	48.05

资料来源：《2015 年常州统计年鉴》。

从表 4 - 1 可以看出，2004 年常州 GDP 为 1102.19 亿元，2014 年的 GDP 为 4901.87 亿元，是 2004 年的 4.45 倍，近 10 年 GDP 增长了 3.45 倍；按可比价格计算，GDP 年均增长率为 13.2%，从三次产业的 GDP 比重结构来看，除个别年份外，常州第一产业和第二产业的比重处于不断下降的态势，分别下降了 2.10 个百分点和 10.92 个百分点；而第三产业的比重一直不断增加，10 年间增加了 13.02 个百分点，2014 年第三产业的比重达到了 48.05%，与第二产业的比重基本接近。2015 年，常州市全年实现地区生产总值 5273.2 亿元，按可比价格计算增长 9.2%，其中第一产业增加值 146.6 亿元，增长 3.2%；第二产业增加值 2516.2 亿元，增长 8.5%；第三产业增加值 2610.4 亿元，增长 10.5%。全市第一、第二、第三产业增加值比例由 2010 年的 3.3∶55.3∶41.4 调整为 2015 年的 2.8∶47.7∶49.5，服务业占比首次超过第二产业，经济发展由第二产业主导逐步转换为第二、第三产业"双轮"同步驱动的新格局。常州产业结构的不断调整和优化，极大地提高了其综合经济实力，有力地促进了地区经济的迅速发展，为实施产城融合和新型城镇化建设提供了强有力的经济保障。

第一产业发展情况：近年来，常州市紧紧围绕发展现代农业的目标，加快转变发展方式，大力推进农业产业化，农业现代化水平位居全省第一方阵。2015 年，全市实现农业总产值 271.8 亿元，是 2010 年的 1.6 倍，年均增长 9.3%。全市粮食播种面积 214.2 万亩，粮食总产量 108.4 万吨，其中水稻单产达到 643.5 公斤/亩，连续 13 年位列全省第一。实施生态立农、科教兴农、机制强农战略，农业公共服务能力达到 82.2%，现代农业设施装备水平达 63.7%，新型农业经营主体规模经营比重达 60.4%，均居全省前列。

第二产业发展情况：近年来，通过加快推进工业传统优势产业改造升级、"十大产业链"建设及创新型企业的培育发展，常州不断促进产业集聚，建成省级特色产业基地 9 个、省级特色产业集群 8 个、省级产业集聚示范区 4 个、省级现代服务业集聚区 10 个；全市工业经济总量于 2013 年跨入产值万亿级行列，2015 年达到 11454.3 亿元，是"十一五"期末的 1.5 倍。转型升级步伐有所加快。传统产业实现改造提升，钢铁、水泥、化工等传统重化行业比重有所下降，全市重工业占比由最高峰（2011 年）的 81.5% 下降到 2015 年的 76.7%。"十大产业链"建设加快推进，产值占规模以上工业产值比重达到 1/3，对规模以上工业增长的贡献度超过 50%；高新技术产业产值占规模以上工业产值比重达到 43.4%，较"十一五"期末提高 11.3 个百分点。经过调整、转型和提升，作为长三角地区重要现代制造业基地的常州产业的发展呈现出以下六个明显特点。

——形成了较大的产业规模。截至 2015 年年底，常州市规模以上工业企业超过 4200 家，其中高新技术企业超过 1200 家，百亿元以上工业企业 17 家；规模以上工业总产值超过 1.12 万亿元，其中"10 大产业链"产值占比超过 1/3；完成高新技术产业产值 5400 亿元，占规模工业总产值的 43.7%。

——建立了结构较为完整的产业体系。智能装备制造和先进碳材料是常州重点发展的主导产业，其中装备制造业占全市制造业的比重超过 40%，智能电网装备、智能轨道交通装备、智能农业装备、智能机器人和智能基础装备等产业成为江苏具有区域标志性的优势特色产业。如以上上电缆、西电常变、博瑞电力、江苏华鹏等为骨干，形成了智能电网装备集群，变压器市场占有率居国内之首；以戚机厂、戚研所、新誉、今创等为骨干，形成了智能轨道交通装备集群，轨道交通牵引系统和内装饰名列全国前茅；以常发、常柴、东风农机、正昌等为骨干，形成了智能农机装备集群，核心动力和整机水平保持全国领先；以恒立油缸、宝菱重工、新瑞重工、金昇埃马克、宝钢轧辊、五洋纺机等为骨干，形成了智能基础装备集群，产品门类和配套能力全国首屈一指；以铭赛、金石、瑞声科技等为骨干，智能机器人产业集群正在强势崛起，世界机器人第一品牌安川机器人在常落户，铭赛机器人是国内最重要的电子电声和制造业自动化解决方案企业，金石机器人是国内规模最大的桁架机器人研发和制造企业，瑞声科技是全国电子元件龙头企业；中简科技、碳元科技等碳纤维新材料企业异军突起，先进碳材料产量居全国第一，石墨烯技术引领前沿。

——掌握了一批国际领先的先进技术。截至 2015 年年底，全市拥有"两站三中心"1052 家，其中企业技术中心 345 家（国家级 9 家、省级 124 家）；工程技术研究中心 582 家（国家级 1 家、省级 282 家）；核心企业年研发投入占销售收入比重超过 3%，五洋纺机高效织造智能化经编生产线、金昇埃马克数控机床、东风农机高性能联合收割机、江苏华鹏智能电力变压器等一批重点技术达到了全国乃至国际先进水平，先后获得国家科技进步奖 19 项。

——培育了一批行业领先的骨干企业。一批行业骨干企业快速崛起，以规模较大、技术先进、市场占有率高在行业内占据优势地位。专业调查显示，常州有 218 个产品以"专、精、特、新"的明显优势成为相关行业的"隐形冠军"。

——打造了一批工业化与信息化深度融合的制造业企业。大力推进信息技术在企业的协同应用和集成创新，一批企业基本实现了研发、设计、生产、销售的全流程信息化应用；一批企业初步形成了智能化、集成化工业软件解决方案；一批企业已开始涉足互联网、云计算和大数据领域，走上了"互联网＋制造业"发展的道路。

——成长了一批优秀质量人才。据统计，全市共有注册质量管理小组 1325 个，其侧重特色各异：有专注改善质量的，有致力降低成本的，有倾心提升效率的，更有持续技术创新突破的，年创造可计算经济效益上亿元。常州还创建了邓建军（黑牡丹股份首席技师）等 3 个国家级技能大师工作室，培训了企业首席质量官 348 名和"卓越绩效自评师"216 名。

第三产业发展情况：近年来，常州积极实施服务业优势企业培育、集聚区提升等重大工程，服务业经济在"十二五"期间超越工业经济，实现新跨越。全市服务业经济总量从 2010 年的 1261.4 亿元提高到 2015 年的 2610.4 亿元，按可比价计算年均增长 11.5%，高于 GDP 增长速度 0.7 个百分点；服务业税收规模从 2010 年的 176 亿元提高到 2015 年的 329.4 亿元，年均增长 13.4%，占全部税收的比重由 38% 提高到 43.6%。消费性服务业稳步增长，2015 年全市实现旅游总收入 731 亿元，天目湖成为国家级旅游度假区，常州成为国家电子商务示范城市、中国"旅游 + 互联网"创新示范城市。

当前，常州市服务业发展还存在五个方面的不足，短板效应比较明显。一是服务业发展空间集聚、集约、集中度不高。现有的服务业集聚区资源整合、产业对接、公共服务等功能较弱，有的集聚区还仅仅停留在同类企业物理空间集中阶段。二是全市服务业中新技术、新业态、新模式涌现不多，品牌和商业模式创新也落后于国内服务业发达城市。三是服务业企业规模普遍偏小，企业抱团合作意识、改革创新意识、品牌塑造意识、现代经营意识有待加强。四是服务业高端人才依然紧缺，尤其是现代物流、电子商务、文化创意、设计服务等领域专业型人才仍然短缺。五是要素制约日益突出，人力成本大幅上升、可供项目落地空间有限等已成为造成常州服务业加快发展出现瓶颈的原因。针对上述不足，常州市重点推进了五大工程建设。

一是实施服务业集聚载体建设工程。分类滚动推进全市 30 个服务业重点集聚区发展。促进服务业集聚区由规模扩张向质量提升转变，争创市星级服务业集聚区和省级生产性服务业集聚示范区。滚动培育 100 家主营业务突出、品牌效应明显、市场竞争力强的服务业优势企业，力争一批企业率先进入省级"生产性服务业百企升级引领工程"领军企业行列。每年实施 100 个市级服务业重点项目（含制造业服务化重点项目）。

二是实施互联网平台经济发展工程。以建设"国家电子商务示范城市""江苏省电子商务示范基地"等为契机，打造一批以网络交易为核心、以供应链管理为支撑、后台大数据分析与品牌建设协同发展的网络平台批发零售企业，积极引导企业全面触网。创新设立市级平台经济集聚区、培育认定一批省市级互联网平台企业，形成平台企业集聚，融资担保、人才培训、物流仓储、孵化培育等配套服务功能较强的全市互联网平台经济生态系统。

三是实施服务业对接融合发展工程。全面实施制造业服务化企业培育计划（2016～2020），创建一批企业创新中心，着力扶持100家制造业服务化重点（示范）企业，鼓励企业加快向扁平化、平台化的创新型组织转型。重点推进服务业集聚区与工业集中区"两区融合"，积极探索"区中园"建设，合理布局生产性服务业集聚中心。

四是实施服务业改革创新试点工程。在服务业集聚区、街道、镇和开发区积极开展综合改革试点工作和服务业示范区创建工作。推进常州创意产业基地等开展市级服务业发展示范区创建工作。支持西太湖科技产业园申报省级服务业综合改革试点、科教城创建省级生产性服务业集聚示范区，争取先试先行政策。重点选择大数据产业、设计产业以及服务业重点产业，进行产业创新试点。

五是实施服务业人才引进培养工程。围绕全市服务业重点发展领域，招引一批现代服务业创新创业人才队伍。建立服务业人才培养基地，加快企业再培训中心建设，启动实施服务业及制造业服务化重点企业经营管理者、研发设计人员和高技能人才中长期培训计划（2016～2020）和产业创新人才培养五年行动计划。

综上所述，经过多年的发展和转型升级，常州产业逐渐变轻、变高、变绿。从产业结构看，2015年，常州市三次产业结构为2.8∶47.7∶49.5，与2000年相比，以重工业为主体的第二产业比重下降8.4个百分点，而能耗小、附加值高、就业吸纳能力强的服务业则上升了9.1个百分点。从工业结构看，2015年，高附加值、高技术含量的机械、电子、生物医药、光伏等产业产值占规模以上工业产值比重为48%，传统产业冶金、建材、化工、纺织等产业产值占规模以上工业产值比重为45%。与2010年相比，前者上升7个百分点，后者下降7个百分点。"十二五"期间重点培育的智能数控和机器人、智能电网、通用航空、碳材料等新兴产业为主体的十大产业链也得到快速发展，2015年十大产业链产值3816.8亿元，占规模以上工业产值比重为33%。"十二五"期间，常州市加强化工企业整治，推进化工园区清洁生产、循环化改造工作，市滨江化工区企业调整优化至70家，园区外化工企业全部关停。加快淘汰落后产能，"十二五"期间，淘汰各类落后产能钢铁406.3万吨、水泥265万吨、化工43.8万吨。而环境友好型"文化创意、物流"等现代服务业和"碳材料、机器人"等新兴产业的快速发展，令常州产业绿意更浓。随着产业逐渐变轻、变高、变绿，常州的综合实力显著增强，产业及城市发展竞争力与日俱增。中国社科院 2015 年 5 月发布的《中国城市竞争力报告》显示，常州在包括香港、澳门、台北在内的全部城市排名中位居第 25 位（处地级市第 7 位）；在有关媒体和研究机构发布的 2014 年中国重点城市发展质量排名中，常州位居第 13 位。

二　产城融合发展的城镇基础

（一）城市空间形态的演变

自唐代设武进建县以来，常州城一直顺应运河沿岸经济发展自然规律，城市沿运河东（偏南）—西（偏北）方向（以下简称为"东西方向"）拓展，城市形态呈现东西向纺锤形格局。近现代以来，京杭运河和沪宁铁路等更使常州成为连接沪宁、辐射苏中苏南的交通枢纽，大大带动了常州沿线经济的发展，城市工商业集中在运河以内区域。

1. 近代民族产业发展推动的城市空间拓展（1910~1940 年代）

自 20 世纪初常州开启近代工业化进程以来，民族工业的兴起对该阶段城市功能结构影响很大，依托大运河及京沪铁路，常州工商业进一步发展，工业企业呈现沿河东西发展的趋势，而商业零售、行政办公等职能则在运河以内区域逐渐形成和发展，由此形成早期城市功能结构布局，产业布局仍然呈现出明显的沿运河和沪宁铁路集聚的特点，常州纺锤形城市形态不断得到了强化和充实（见图 4-1-a）。1949 年常州切块设市为一个东西条块状市域，就是充分考虑到其东西轴向的现实。

2. 计划经济时代工业发展优先推动的城市空间拓展（1950~1970 年代）

计划经济时代，受"先生产，后生活"方针的指导，工业发展成为常州城市建设的首要内容，因此，这一阶段常州城市形态变化主要表现为工业用地的拓展。依托运河和铁路支撑，工业布局沿运河、铁路向东西两侧发展；而城市规模扩大带来对公共服务设施的需求增加，新增公共服务设施主要用城市内部采用"见缝插针"的方式进行建设（见图 4-1-b）。

3. 改革开放初期工业、服务业混合发展推动的城市空间拓展（1980~1990 年代）

改革开放后，城市发展范围进一步扩大，常州城市建成区沿河沿铁路向东西两侧继续延伸。同时，在南北方向上逐渐突破运河、铁路等地理要素的限制，在东西发展为主的基础上向"一城四点"组群式布局转变，其中"一城"即常州旧城及其外围，"四点"分别为东点戚墅堰、南点湖塘、西点新闸和北点龙虎塘。工业区进一步向东西两侧以及南面扩展，依靠便利的铁路、公路、运河等交通条件以及当地原有的工业基础迅速发展，体现出沿东西轴线依托交通走廊发展的模式。传统服务业以及行政办公、医疗、教育等公共服务职能仍然集中在旧城中心区，单核心蔓延式的城市发展特征逐渐清晰（见图 4 - 1 - c）。

4. 产业转移与结构调整推动下的城市空间重构（1990 年代至今）

自 20 世纪 80 年代中后期开始，常州城市发展的空间出现根本性的变化，城市发展空间极大扩张，发展主轴转为南北轴向。《常州城市总体规划（1989—2000）》中提出"一城四翼"战略：控制东西，发展南北、重点向北、沿江开发；20 世纪 90 年代中期加以修整，《常州城市总体规划（1996—2010）》形成新的"一城四翼"战略：完善东西、发展南北、重点向北、开发江边。1992 年，常州政府提出了"重点向北"的"以港兴市、连江通海、三区一线、再造常州"的发展战略，并启动了常州高新技术产业开发区建设。进入 21 世纪以来，常州做出了"一体两翼（拓展南北，提升中心）"的战略构想。2006 年，常州把"一体两翼"的城市格局，调整为"三城联动（中部主城区、新北区北部新城、南部武进新城区），南北一体，东西协调"的规划布局。"十二五"期间，常州城市发展战略转向"三城融合"。可见，1990 年代以后，常州改变了东西向纺锤形空间形态，在城市整体空间形态上由单核发展向主城与南北两翼同时发展转变，初步形成一个中心、两个副中心的多核心发展模式（见图 4 - 1 - d）。

综上所述，常州市中心城区的城市形态经历了"定心纺锤形""轴向扩展""十字形成""十字扩展""多核化过渡"的发展过程（见表 4 - 2），城市空间发展轴向由东西向转为南北向，城市空间结构经历了多番调整与优化，东西两翼被彻底边缘化。经过建设和发展，龙城南北跨度从

2006 年的 30 公里，拓展至 2011 年的 45 公里，建成区面积从 2006 年的 104 平方公里增至 2011 年的 153 平方公里。

表 4 - 2 历次总体规划编制情况

年 份	性 质	规模（人口、城市面积）	结 构
1981 ~ 2000 年	以轻纺、电子为主的中等工业城市	50 万人	一中心四点布局（老城市 + 戚墅堰、新闸、湖塘、龙虎塘）
1989 ~ 2000 年	以轻纺机电为主的中心城市，苏南地区中心城市之一	65 万人，56 平方公里	一城四翼
1996 ~ 2010 年	以高新技术产业为先导的长三角重要经济中心城市之一和历史文化名城	115 万人，108 平方公里	"L" 形、完善东西、发展南北、重点向北、开发江边
2008 ~ 2020 年	长三角地区重要的中心城市之一，先进制造业基地、文化旅游名城	180 万人，216 平方公里	一体、两翼、多组团

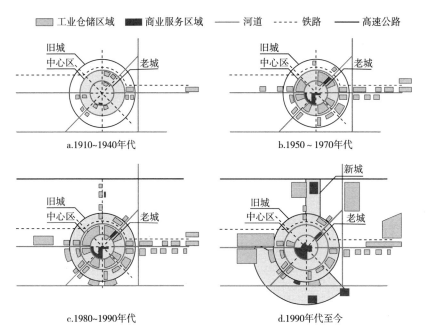

图 4 - 1 常州主城区空间演化拓扑

（二）常州市行政区划的调整及优化

1. 市 - 县（市）并立、城乡分治、同城而治阶段（1949～2001）

解放初期，现常州市区曾分为常州市和武进县，均隶属常州专区，其中常州市由武进县城切块而设，并与武进县同城而治。1952年11月，常州市升为省辖市，武进县划归镇江专区管辖。1983年1月，经国务院批准，江苏省率先在全省范围内全面推行"市领导县"体制，常州市领导武进、金坛、溧阳三县。1993年，武进县驻地由常州市区迁至湖塘镇（由于湖塘镇紧邻常州市区，因此人们习惯上仍然把二者看成"一个城市"），再于1995年撤县设市，由常州市代管，在湖塘镇南部建立了新的政府行政中心和新区，在很大程度上缓解了原有的"市县同城"所带来的城市建设、管理等问题。从常州和武进的政区关系来看，这期间陆续进行了一些行政区划的调整与变动，基本上都是常州市以从武进划入个别乡镇的方式拓展。常州市和武进县（市）的政区关系虽然从大的方面而言，在地管县时期是互不隶属，到了"市管县体制"时期，则变为上下级关系，体现了"城乡合治"，但就常州市区与武进的关系而言，实际上仍然是明显的"城乡分治"，既"同城而治"又"市 - 县（市）并立"。

2. 常武合并、市区扩张阶段（2002～2014）

为了解决常州中心城区的发展空间过于狭小的问题，使常州 - 武进实行城市统一规划、建设与管理，减少由于分治而带来的重复建设、资源浪费等问题，国务院2002年4月批准撤销县级武进市，设立常州市武进区，并对常州市辖区进行了局部调整，形成了武进区、新北区、钟楼区、天宁区和戚墅堰区五区的行政区划格局。武进撤市设区后，使得常州市区面积由280平方千米扩大到1864平方千米，人口也由89.49万人增加到217.14万人，扩大了常州城市框架，拓展了城市空间，适应了常州建设发展大城市的需求。经过本次调整，在一定程度上解决了原常州与武进"市（市区）- 县（市）并立、城乡分治、同城而治"等问题，对城市发展有明显的促进作用。

2002年实施局部区划调整以来，常州综合实力显著增强，城市面貌日新月异，生态环境逐步优化，人民生活不断改善，社会事业全面发展。但随着工业化、城镇化的快速推进，现有行政区划已明显制约着常州在新常态下更好地推进融合发展、加速转型发展，突出表现在三个方面。

一是常州中心城区空间有限，产业集聚效应难以形成。调整前，天宁、钟楼、戚墅堰 3 个中心城区的空间容量较小，制约了产业尤其是工业的发展，且与周边经济强镇难以形成有效互动，产业集聚效应难以显现。同时，城市东西走向分布 4 个区，规划建设难度大，横向经济轴线难以贯通，影响中心城区经济进一步提质发展。

二是金坛地区融入常州主城区存在体制障碍，常州、金坛一体化发展受制约。县级金坛市为茅山革命老区，经济基础相对比较薄弱，无论是"市管县"体制，还是财政"省管县"体制，都无法使金坛地区真正融入常州主城区发展，影响了区域统筹协调发展。

三是市辖区规模差异大，资源要素分布不合理。截至 2014 年，市辖区行政区域面积、人口和地区生产总值最大倍差分别约为 40 倍、13 倍和 17 倍，行政区规模悬殊，影响了空间布局优化、资源要素流动，客观存在行政管理成本偏高、行政管理资源配置不尽合理的问题。常州市原行政区划各区（市）人口、面积如表 4 - 3 所示。

表 4 - 3 常州市原行政区划各区（市）人口、面积（截至 2014 年 12 月 31 日）

区（市）	人口（万人）	面积（平方千米）
天宁区	37.34	65.03
钟楼区	36.07	66.81
戚墅区	7.88	31.68
新北区	48.63	452.60
武进区	104.00	1245.84
金坛市	55.34	975.68

（三）城镇化建设的推进及进展

1. 常州市城镇化水平和质量持续提升

改革开放以来，江苏城镇化的历程大致可分三个阶段：一是 20 世纪 80 年代以苏南乡镇工业驱动的小城镇快速发展阶段；二是 20 世纪 90 年代以来以开发区建设和外向型经济驱动的大中城市加快发展阶段；三是 21 世纪以来城乡统筹发展引领的城乡发展一体化阶段。"十二五"期间江苏提出了城乡发展一体化战略，县市越来越成为城镇化的关键单元，目前江苏城镇化率为65.2%，江苏县市城镇人口占全省城镇化人口的52%，苏南有部分县市城区已经达到大城市规模①。与上述历程相对应，常州市的城镇化进程也呈现突飞猛进的态势，按常住人口统计的市域城镇化率由1979年的17%提高到2014年的68.7%，高出全国平均水平13.9个百分点，比2004年底的城镇化率提高了9.4个百分点，十年间城镇人口增长了115.85万人，进入全域城镇化发展的新阶段。城镇化率的提高，加快了产业发展，改善了就业结构，增加了收入来源，2015年全市居民人均可支配收入35379元，比2000年城镇居民人均可支配收入8540元增加了3倍多，其中城镇居民和农村居民人均可支配收入分别为42710元和21912元，为持续改善民生奠定了坚实的物质基础。近年来，常州城市居民文明程度提高，学校持续开展"八礼四仪"教育，社区常年推进"道德讲堂"教育，市民文明礼让、遵章守纪成风，常州成为全国文明城市。

2. 产城融合的城市发展格局初步形成

2012年，常州建设、农业、生态三类空间的比例分别为25.8%、45.3%、28.9%。改革开放以来常州新增建设用地中，居住用地占25%，工业用地占75%。新增居住用地主要集中在中心城区、县城区及城镇连片建成区，新增建设用地主要集中在开发园区以及城镇，2012年单位工业用地产值31亿元左右。主城区现代服务业、各类开发区（工业园区）先进制造业基地、城镇外围农业生态园区发展格局初步形成。2014年，常州全市城区建成区面积达到253.86平方公里，比2005年的134.83平方公里增加了88.28%；市区常住人口达到393.62万人，其中城镇人口达到279.24万人，城镇化率为70.9%；市区所创造的地区生产总值占全市的比重为86%。中心城市的快速发展，成为带动地区经济增长的主要平台。常州中心城市和城镇化建设进度加快，初步形成了"一中心四片区"产城融合的城市发展格局，"一中心"是指城市中心区，"四片区"是指常金统筹核心片区、西南门户片区、东部片区、沿江片区。"一中心四片区"的城市发展格局有利于在提升常州城市中心区综合服务功能的基础上，推进各片区产城要素的整合与重构，有利于实现空间结构协调、产业活力强劲、城市

---

① 陈小卉等：《县域城镇化的地方实践与创新》，《城市规划》2016年第1期。

品质高端、服务功能完备、市民安居乐业，人、产、城在空间分布上将更加合理均衡。

3. 全市城镇体系和布局日益优化

结合经济社会发展的需要，常州市近年来多次调整市域范围内的城镇空间布局，优化城镇布局，基本形成了由中心城市、中等城市、重点中心镇和一般镇共同构成的城镇体系布局。自 2000 年以来，经过多轮调整，常州市建制镇数量不断减少，由 2000 年的 70 个减少到 2014 年的 37 个，减少了 33 个。随之而来的是，常州镇域经济规模不断发展壮大，2014 年镇域实现地区生产总值达到 3010.59 亿元，是 2006 年的 3.22 倍，年均增长率为 15.7%。目前已形成邹区灯具、横林地板、嘉泽花木园艺、湖塘织造、洛阳电机、湟里机械、礼嘉农机等 20 多个以镇为主的特色产业集群，中心镇专业特色日益显现。同时，以产业转型发展、完善镇村基础设施和提升公共服务能力为重点，常州连续四年按照现代新型小城市的标准全面推进薛埠、儒林、社渚、南渡、横山桥、雪堰、湟里、郑陆、孟河九个重点中心镇建设，以项目为抓手加快促进中心镇的城镇功能和形态率先发展，提高生产生活服务便利化程度。常州全面启动市级重点中心镇扩权强镇工作，制订出台了《关于推进市级中心镇扩权强镇工作的意见》，加大全国小城镇综合改革试点市、镇体制机制创新力度，进一步增强镇级统筹协调、自主决策、公共服务和依法行政的能力。当前，常州市具备创建特色小镇基础的共计 23 个，其中：溧阳市 5 个、金坛区 2 个、武进区 10 个、新北区 4 个、天宁区 1 个、钟楼区 1 个。其包括特色产业镇 16 个、特色历史文化古镇 3 个、特色资源镇 4 个，具体如下。

特色产业镇：西太湖东方碳谷小镇、罗溪航空小镇、科教城创业小镇、武进绿建小镇、嘉泽花木园艺小镇、西夏墅数控刀具小镇、中关村智能电网小镇、横林地板小镇、别桥电梯小镇、邹区灯具小镇、湖塘织造小镇、洛阳电机小镇、湟里机械小镇、礼嘉农机小镇、上兴交通安全小镇、奔牛教育小镇。

特色历史文化古镇：孟河文化旅游小镇、社渚傩文化小镇、焦溪传统文化小镇。

特色资源镇：天目湖休闲度假小镇、薛埠盐湖小镇、儒林亲水小镇、雪堰乡村旅游小镇。

这23个特色小镇在规划布局、特色产业建设、城镇功能等方面已经初具规模，具有进一步培育和打造的潜力与空间。2016年3月，金坛区儒林镇和新北区孟河镇被列入江苏省国家新型城镇化综合试点镇名单。

4. 城市品质和公共服务持续改善

整合空间资源，做大中心城市，积极推进新城新区建设，对老住宅小区、老商业街区以及城郊结合部进行整体功能和环境提升，高效能推进精品城市建设，提升城市现代化综合服务水平，深化城市长效管理，城市品质不断提升，城镇功能逐步增强。强化交通支撑辐射，城乡综合交通运输体系进一步完善，使对内对外连通更加便捷。2005年以来，常州建成城市高架路以及青洋路、中吴大道、飞龙路等一批连接南北、东西的城市通道；西绕城高速公路、龙江路高架南延、青洋路高架北延工程建成通车，城区二纵二横高架路贯通四方，完成晋陵南路、丽华南路等一批城市道路优化提升工程；宁杭、锡宜、宁常、扬溧、常溧等高速公路建成通车；完成金武路改造、延政路西延新建工程等重大基础设施建设；完成常州机场改扩建工程、京杭运河改线工程、录安洲码头一期工程，常州机场开通国际航线；京沪高铁常州北站建成运营，京沪高铁、沪宁城铁、宁杭高铁穿境而过；轨道交通1号线工程开工建设；常州城市内外通达，更加便捷，港口服务能力提升，长江及内河港口吞吐量接近亿吨；"智慧常州"建设促进了城乡信息化水平的不断提升，城乡资源保障、防灾减灾能力进一步提升。围绕格局优化、配套完善、人口集聚、发展集约原则，统筹多元化生产生活服务设施配置，城乡社会事业和公共服务投入力度加大，基本公共服务体系不断改善，城市公交达到A类城市一等水平，建成"15分钟健康服务圈""15分钟就业社保服务圈""10分钟体育健身圈"，使居家养老服务中心实现城乡社区全覆盖。城乡基本社会保障覆盖率达到98%以上，覆盖城乡的终身教育、社会保障、基本医疗卫生、社会养老等基本公共服务体系不断完善，以"一委一居一站一办"为载体的新型社区管理模式得到全面推广。一批城市文化老街、历史名村得到修复、保护，成功创建了国家历史文化名城。公共绿地、生态绿道、森林公园、湖泊湿地逐渐增多，城区绿化覆盖率达43%，成为生态城市。与此同时，常州市城市设施也在不断完善（见表4-4）。

表 4 - 4　近 10 年常州城市设施水平变化情况

主要指标	2005 年	2014 年
自来水普及率（%）	92.7	100.0
每万人拥有公交车辆（标台）	9.0	22.7
燃气普及率（%）	92.0	100.0
人均拥有道路面积（平方米）	17.9	25.5
污水处理率（%）	86.8	95.0
人均公园绿地面积（平方米）	7.1	13.2
建成区绿化覆盖率（%）	38.8	43.0
生活垃圾无害化处理率（%）	92.1	100.0

　　经过多年的建设和区划调整，2015 年常州市城市建成区面积为 250.3 平方公里，是 2000 年的 3.7 倍，15 年间年均增长 9.1%，如今建成区面积已进入全国前 20 位，为产城融合综合改革试点工作的开展奠定了空间基础。

（四）常州推进产城发展的模式

　　产业的快速发展催化了人口城市化，大量农村劳动力进城和大量外来务工人员涌入城市，原来的城市规模已明显不能承载过多的人口，中心城区更是过早地出现了出行难、看病难、上学难等诸多城市病。为缓解城市病，扩城已成必然。城如何扩，人如何向新城区引，常州采取了多种扩城导流模式。

　　——依站而城。高铁站是京沪高铁线上的重要枢纽，常州借助高铁站带来的巨大便利和人气，在其周边布局公共服务设施、培育生活性商圈、建设生活社区，引导城区居民和周边产业区的务工人员流入高铁站新城片区。总投资 2.55 亿元的新龙湖生态公园已经竣工，给周边的商业、服务业等带来发展的利好，也为高铁新城内的居民提供了生活的新方式。

　　——因景而城。当代社会人们的环境意识增强，生活质量要求提高，优美的生态环境成为吸引人居的一大因素。常州依景造城，依托美丽的西太湖，规划建设西太湖新城片区，以美丽生态将市民成功引流，成功将城市南延。另外，通过在新开发片区布局建设大型绿地公园、森林公园等先造景后建生活社区的方式，也成功将市民引流。

案例：西太湖科技新城

常州西太湖科技产业园是经国家发改委批准的位于西太湖（又名滆湖）湖畔的原外向型农业综合开发区，它于 2006 年被更名为"江苏武进经济开发区"。2007 年 8 月的常州市武进城乡总体规划明确指出，武进经济开发区将打造成"常州市西南部的花园式现代化新城区"。苏南现代化建设示范区规划提出，作为苏南区域一体化发展的关键空间节点，应在常州建设西太湖科技城，重点发展先进碳材料、科技金融和高端商务服务，成为产城融合创新示范区。

从 2006 年至今的十余年间，常州西太湖科技产业园完成了收回农副业土地、建设滨湖城、工业园向城市新区转型的巨大变迁。2013 年西太湖生态休闲区正式更名为常州西太湖科技产业园。"十二五"期间，园区确立了"科技驱动、金融创新、开放包容、产城融合"的发展理念，形成了以先进碳材料产业、健康产业、互联网产业、文化旅游产业及中以国际合作为主导的"4＋1"特色发展格局。2015 年以来，西太湖科技产业园区积极贯彻落实中共江苏省委、江苏省人民政府开展产城融合试点工作的决策，不断探索推进"三产融合""三区融合"工作，力求打造出"产·城·人"有机融合的科技新城。

西太湖的建设者们始终坚持把生态环境作为新城建设的"底色"来抓，先后创建全国绿化模范单位、国家生态工业示范园区、滆湖省级湿地公园等，在规划中突出生态治理，相继开展了园区内的湖区清淤、疏浚及退田还湖，果断关停了华夏钢厂等一批高污染、高能耗、低效益企业，淘汰了一批又一批高污染燃料设备，完善了雨污分流等设施，逐步开展生态廊道、景观工程等建设，园区区域水质达到四类水标准，空气质量常年保持一级，绿化覆盖率超过百分之四十。

在密切关注产业"生态"的同时，西太湖园区严格按照设定的"低能耗、低排放、低污染"原则，深化生态工业园区建设，构筑园区内产业之间互动、衔接的循环产业体系，支持企业建立微循环系统，引导企业建立全过程节约、清洁、循环的生产方式，大力支持符合国家产业政策和园区产业规划布局的企业运用高新技术和先进适用技术，以产品升级、节能降耗、环境保护、改善装备、安全生产等为重点，进行升级改造，全面提高园区企业绿化水平。

位于西太湖园区的中以常州创新园目前已集聚 41 家以色列企业，涉及高端医疗、先进农业、机械制造等多个领域，共建成立了 3 只国际化基金，总规模达 16 亿元人民币，总计拥有 31 位以色列籍专家人员。园区先后重点打造了中以知识产权转移平台，成立了"中国以色列常州创新园知识产权合作与保护试验区"，积极引导中以两国企业、高校院所、科研机构、专业组织和知识产权服务机构共同参与推进知识产权交易成果跨国转移承接，加快知识产权成果的转化运用。

2016 年 4 月 26 日，成立中以常州创新园知识产权服务中心，标志着园区内国际知识产权保护和开发工作又迈入了新的发展阶段。中以常州创新园知识产权服务中心总面积 200 平方米，设有知识产权服务大厅、服务机构集中办公区、审判庭、合议庭，集合了知识产权宣传教育、维权援助、代理服务、纠纷案件审判、国际合作平台等多种涉外知识产权服务功能，让服务更加便捷及时。此外，服务中心在全市还率先实现了"商标、专利、版权"的三合一保护。"三合一"管理有利于提高知识产权保护的工作效率，为推动更多以色列项目在园区落户、转化奠定了坚实的基础。

结合西太湖发展现状，以产城融合为基准，以节约集约为原则，以科技创新为驱动，以统筹发展为主导，以生态智慧为特色，努力建设"空间结构协调、产业活力强劲、城市品质高端、服务功能完备、市民安居乐业"的开放包容的国际之城、科技创新的活力之城。

——移校而城。逐校而居是当今人们选点定居的一大现象。常州将市区知名学校常州外国语学校外迁，借名校带来的人气开发新片区，建商圈、布社区，为位于城郊的龙虎塘镇开发注入了强劲动力。

——聚商而城。完善的商业设施便利了人们的生活，高端的生产服务型商务区更是集聚高端人士的地区。常州规划建设的市金融商务区未建先热，商务区周边地块配套开发的居民楼宇热销，已建成的小区楼房入住几近满荷。随着该板块的建设与成熟，人流量大幅增加，区域内的工作人群、看中板块各种资源的购房者等群体的居住需求逐渐扩大。

——置府而城。老城核心区已人满为患，不堪重负。为此，常州将市政府搬迁至新北区，行政中心的迁移带来了新府片区文化、商务等产业迅速集聚，人气也迅速提升，现在新府片区已由十年前的荒僻城郊发展成为市新核心区。

——产城一体。这是最近几年的做法，在规划建设新城片区时，同步规划该片区的产业发展、城市设施、公共设施、生活社区，统筹考虑交通功能、服务功能、商务功能、城市功能。如正建设中的凤凰新城在产业上明确发展生命健康、高端服装、智能装备，在文化、景观上明确建设凤凰驿文化长廊、生态廊道、河溪公园，在公共设施上提出建设图书馆、民俗馆、纪念馆、体验馆、体育馆和社区卫生服务中心、全民健身中心、日间照料中心、社区邻里中心、创客创业中心"5馆5中心"。

扩城运动虽然缓解了部分城市病，但并未从根本上解决问题，反而催生了更多早上出城上班、晚上进城休息的"钟摆族"。随着收入水平提高，居民对自己的工作和生活消费条件要求会更高，产城融合将改变潮汐式交通、钟摆式通勤的不稳定感，享受安居乐业、宜居宜业的人居环境。这是推进产城融合的社会基础。

三 产城融合发展存在的问题

常州产城融合具有一定基础，部分地区已形成产城融合发展初步形态，但总体上看还存在一些必须高度重视并着力解决的矛盾和问题。

（一）产业区与城区过度分离，产城融合缺乏相应的动力机制和保障措施

一是部分区域工业化快于城镇化。开发区和多数城镇发展都是产业先行，但产业规模、效益有待进一步提升，再加上劳动生产率的提高，产业发展创造就业、吸引人口、增加财富的效应有待增强。同时，公共服务配套能力不强。新城、园区生产生活服务配套能力不足，生活及公共服务便利化程度不强，部分开发区与周边城镇建设脱节，还有部分开发区仍维持工业区模式，缺乏基本的居住和服务配套，对产城融合影响较大。二是部分区域城镇化快于工业化。中心城区部分区域、部分新城新区城市开发建

设力度大，居住空间过大，但缺乏产业和人口支撑。特别是近年来，以外来人口增长为主的态势有所减缓，人口增幅下降，高素质劳动人口比例相对偏低，人口集聚能力不足，对产业发展、城镇服务需求等产生影响。

产业区与城区过度分离，主要有以下两个方面的原因。一是规划理念的偏差。实行各功能区的分隔布局，其好处在于分隔布局，一方面有利于相同、相近的用地便于联系和协作；另一方面也可避免功能不同的用地相互干扰以及土地使用的混乱，缓解了工业生产污染带来的城市环境质量下降的问题。但是随着城市产业的退二进三，产业区和其他城市化地区之间的空间关系将从相互干扰，变为相互衔接，产业区的发展也面临空间布局上的转型。在科技迅猛发展的今天，一些高新技术产业、生产性服务业等产业完全可以融合在居住区内，从而使传统居住区中居住与城市其他职能的土地混合利用程度加大，工作与居住环境的联系更为密切。如果还是沿用原来的"功能分区"理论，则必将制约产业的转型升级。在此种理念的支配下，居住基地选址与城镇体系错位，在一定程度上延缓产城融合的进程。二是建设策略的不恰当。首先，部分地区为了获得更多的新增建设用地指标，人为地将产业园区与新城剥离开来建设，将毗邻新城的工业园区单独规划和管理，单独计算用地指标。这样，不仅为未来区域整体协调发展和产城联动留下先天隐患，而且助长了土地的粗放利用。其次，在公共设施的建设过程中，往往存在经济收益较大的商业、商务办公设施建设速度较快，公益性设施建设较为缓慢，以及重"商业"轻"公益"等突出现象。就常州而言，经济开发区的基础设施建设全面落后，特别是优质医疗资源和教育资源。再次，不少购房者仅将郊区新城的置业作为一种保值、增值的手段，导致房屋被大量空置，人气不旺，又在一定程度上加剧了当地公共服务设施滞后的局面，由此形成恶性循环。此外，虽然目前社会各界都高度关注产城融合发展，但由于产城融合涉及多方面的政策，针对目前的产城分离现象，特别还缺乏切实有效的机制、政策和措施，推进产城融合还需要漫长的过程。

（二）城区公共服务业集聚过多，城市各区服务业功能过于类同

虽然全市公共服务供给能力明显提高，但主要集聚在城市，如市区90%以上的大中型零售商业设施集中在城区，75%以上的优质中小学和二三级医院集中在城区。公共资源过度向城区集中引发大量人群争相拥入城区，致使城区拥堵病日益严重。城市各区服务功能基本趋同，金融、商务、生活服务等功能区小而全，近几年以商业广场为代表的城市综合体又在各区遍地开花，小而全的服务模式在满足各片区生活、生产需求的同时，也带来了一定程度的供给过度。

（三）城镇承接城镇化人口能力过低，人的城镇化速度慢于土地城镇化

20 世纪 80 年代"苏南模式"下乡镇企业的大发展吸纳了常州大部分新增的非农就业人口，但伴随着 90 年代以开发区、产业园区为主体的发展转型，乡镇经济渐趋式微，非农就业人口开始向城区集聚，小城镇的城镇化功能减弱，城镇化人口主要向城区集中。近年来，常州市城镇建设用地年均增速是城镇人口年均增速的 2 倍左右，建设用地迅速扩张，却没有很好地带动人口的转移，约40%的人口仍主要集中在老城区和县城区，部分新城、园区、城镇开发强度较高、人口密度较低。2015 年，常州城市建成区面积 2000 年以来年均增长 9.1%，而同期城镇人口从 147.8 万人增长到 329.1 万人，年均增长 5.5%，人的城镇化速度明显慢于土地的城镇化。城镇建设用地开发粗放，2013 年底，全市开发强度已经达到 25.8%，部分城镇甚至超过了 30%，但是由于各类小城镇规模普遍偏小、基础设施偏差、公共服务滞后等原因，产业和人口集聚效应薄弱，制约了农村人口向小城镇的有效转移。常州市 2000、2010、2015 年产城发展情况如表 4 - 5 所示。

表 4 - 5 常州市 2000、2010、2015 年产城发展情况

年 份	地区生产总值（亿元）	产业结构	城市建成区面积（平方公里）	城镇人口（万人）
2000	601	7.5 : 56.1 : 36.4	67.9	147.8
2010	3045	3.3 : 55.3 : 41.4	153.1	293.7
2015	5273	2.8 : 47.7 : 49.5	250.3	329.1

资料来源：《常州统计年鉴》（2001、2011、2016 年）。

（四）部分区域生态承载力影响产城融合发展，部分区域空间配置不均衡影响产城融合发展

粗放的生产生活方式与脆弱的生态环境承载能力不足的矛盾加剧，生

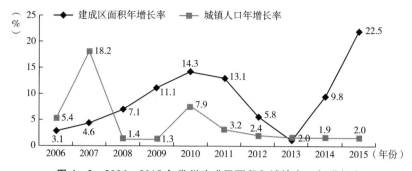

图 4 - 2　2006~2015 年常州建成区面积和城镇人口年增长率
资料来源：根据《常州统计年鉴》2006~2015 年增长率整理而成。

态环境总体上处于高风险阶段，流域性水污染问题、区域性灰霾污染问题尚未根本解决，单位地区生产总值能耗强度较大，节能减排任务繁重。尤其在一些区域，高污染、高排放企业发展影响了周边区域高端产业集聚和城镇建设、人口集聚。一些区域空间资源配置长期得不到优化，未能与周边形成联动、统筹、协调发展态势，既影响产业布局优化和转型升级，也造成城镇功能不能有效提升和公共服务设施建设乏力。

（五）产业和城市的供给特别是高质量高效率的有效供给不足，需要深化供给侧结构性改革

供给侧结构性改革从供给角度出发，通过制度变革、结构优化、要素升级这"三大发动机"，提高资源配置效率，增加有效供给，是适应和引领新常态的重大创新。产城融合综合改革正是通过在体制机制创新、产业转型升级、空间布局调整等关键环节精准发力，进一步优化要素供给、结构供给、制度供给，切实解决当前经济发展质效不高、结构性矛盾明显、资源利用与环境保护压力巨大等一系列深层次矛盾和问题。

综上，对照"创新、协调、绿色、开放、共享"五大新发展理念的要求，目前常州的发展还存在一些不适应、不符合新发展理念的问题和不足，迫切需要通过改革创新，深刻调整、不断改进。特别是在协调发展方面，城乡发展不平衡、工业化与城市化的进程不同步、产城功能不配套等问题，越来越成为制约常州发展的瓶颈。如何在更大范围、更高层次上推动产业与城市的良性互动，如何更好地发挥"人"的核心作用，最终促进人、产、城融合并进，是产城融合综合改革的目标要求。

第五章
常州产城融合综合发展的基本做法

产业是城镇建设的基础，城镇是产业发展的载体。推进产城融合是主动适应经济发展新常态、推动经济结构调整、促进区域协同协调发展的重要举措，是顺应国际国内产业发展和城镇建设的必然选择。推动产城融合有利于协同推进城镇产业发展、人口集聚和功能完善，促进资源优化配置和节约集约利用，有利于探索产业和城镇融合发展的新型城镇化道路，有利于形成功能各异、协调互补的区域发展格局，有利于深化改革开放和体制机制创新，有利于产业和城镇有机融合、产业转型重构和城镇价值再造。产城融合综合改革试点开展以来，常州坚持以人的全面发展为核心，以产城深度融合为导向，以改革创新为动力，将改革试点任务和城市发展方式转变结合起来，统分结合、远近兼顾、点面共推、破立并举，努力探索"以产兴城、以城促产、宜居宜业、融合发展"的转型发展之路，率先形成产、城、人高度融合的发达经济体，率先获得和积累"新型工业化和新型城镇化互动的产城融合发展"的改革经验，力争到2020年基本建成"空间结构协调、产业活力强劲、城市品质高端、服务功能完备、市民安居乐业"的具有时代特征、全国领先的产城融合发展示范区，为全省全国先行探路、积累经验。

一 提升产业层次，增强产城融合新动能

近年来，随着全国经济的持续发展，各地城市异军突起，曾经的标兵常州面临着越来越激烈的竞争，面临着结构偏重、产业老化、资源刚性约束加剧、环境承载能力不足的现实忧患。为此，常州自觉将产城融合放在

多种国家战略叠加的大机遇中谋划，把符合全球创新趋势、附加值水平高、具有较高资源配置能力和较强国际竞争力的"转型升级之产"作为现代产业体系的重心谋划。近年来，先后出台了"三位一体"工业经济转型升级战略、十大战略性新兴产业规划、"双百"传统产业升级计划、"十百千"创新型企业培育计划、现代服务业和金融业三年行动计划等，按照"建链、强链、补链"的要求，聚焦汽车整车、通用航空、轨道交通、智能装备制造、碳材料等十大产业链建设，以重大项目的"撑竿跳"，推动产业优化升级，全市第一、第二、第三产业增加值比例由2010年的3.3：55.3：41.4调整为2016年的2.6：46.5：50.9，第三产业超过第二产业4.4个百分点，经济发展由第二产业主导逐步转换为第二、第三产业"双轮"同步驱动的新格局。

（一）稳步推进现代农业

近年来，常州市紧紧围绕发展现代农业的目标，加快转变发展方式，以农业"七化"发展为重点，率先建立农业现代化体系，形成以生态优美、生物集聚、产业融合、文化传承为主要标志的现代农业新格局，农业现代化工程水平指数位居全省第二，农业现代化建设水平列全省第三，得分为89.1分，比2014年提高5.3分，比全省平均得分高出4.5分。其中，农业产出效益实现程度84.8%、新型农业经营主体实现程度78.2%、现代农业产业体系实现程度84.4%、农业设施装备和技术水平实现程度93.7%、农业生态环境实现程度94.1%、农业支持保障实现程度98.5%。同时，常州被认定为国家现代农业示范区、全国首批农业农村信息化整体推进型示范基地、全国水产养殖综合标准化示范区等，凌家塘农副产品批发市场、夏溪花木市场规模在全国同类市场中分别位居第二和第一，成功举办第八届中国花卉博览会。2016年，常州全市完成农林牧渔业现价总产值284亿元，增长4.5%，实现"六连增"，比"十一五"末增长63%。其中，农业产值152.4亿元，增长3.5%；林业产值2亿元，增长3.7%；牧业产值39.4亿元，增长1.7%；渔业产值73亿元，增长6.9%；农林牧渔服务业产值17.2亿元，增长10.1%。全市新建高标准农田4.3万亩，累计建成139.3万亩，占全市耕地面积比重达61.9%；新增高效设施农业1.5万亩、高效设施渔业1.1万亩，分别累计建成47.5万亩、20.3万亩，占耕地面积、水产养殖面积比重分别超过21%和36%。以优质稻米、花卉苗木、特种水产、精品茶果、规模畜禽和休闲农业为主的六大优势主导产业占农产品生产比重超过80%，农业综合机械化水平达到86.5%，建成市级以上农业产业园区38家，农业适度规模经营面积占耕地比重超过80%。江苏（武进）水稻研究所建设的江苏（武进）现代农业（稻麦）科技综合示范基地、常州市枫华牧业有限公司建设的江苏现代农业（生猪）产业技术体系（武进）推广示范基地、金坛农试站建设的江苏（金坛）现代农业（稻麦）科技综合示范基地、金坛园艺技术指导站建设的江苏现代农业（葡萄）产业技术体系（金坛）推广示范基地、江苏鑫品茶叶有限公司建设的江苏现代农业（茶叶）产业技术体系（金坛）推广示范基地和金坛动物疫病预防控制中心建设的江苏现代农业（生猪）产业技术体系（金坛）推广示范基地6家基地成功入选首批江苏现代农业产业技术体系，江苏（武进）水稻研究所良种繁育创新团队获选首批江苏现代农业产业技术体系，所长徐晓杰被聘为该技术体系岗位专家。

一是推进主体市场化。近年来，常州培育和建设了一支数量充足、结构合理、素质优良的新型职业农民队伍。支持新型职业农民向专业大户、家庭农场转变，领办、创办合作社，支持职业农民与农业企业的生产协作和利益联结，实现"新农民"与"新主体"的融合发展。鼓励各类农业经营主体以市场消费需求为导向，以现代科学技术和管理方式为手段，优化调整农产品种植养殖结构，加快发展农产品精深加工、现代物流业和外向型农业，提高农业综合效益。

二是推进生产规模化。以农业"1185"工程（百万亩水稻、百万亩生态林、八十万亩高效园艺、五十万亩水产）布局为基本导向，进一步推进现代农业产业布局规模化和生产集聚化。在全面开展农村土地承包经营权确权登记颁证的基础上，积极稳妥发展专业大户、家庭农场等多种形式的适度规模经营，鼓励家庭农场组建合作社，扶持农业龙头企业"全产业链"和"全价值链"集成发展，努力构建从生产起点到消费终端的完整产业链条。

三是推进布局园区化。按照镇、涉农街道至少建成一个市级以上农业产业园区的要求，到2020年全市建成80家市级以上农业产业园区，全市农业园区化比重达到50%左右。支持园区开展基础设施建设、完善园区功能配套，增强园区吸纳优质资源、承载重大项目的能力。探索构建"园区主导产业—农产品加工—现代营销—休闲观光—文化创意—生活社区"等融于一体的多功能、复合型、创新性的农业综合体，努力把园区打造成展示国家现代农业示范区建设成果的"核心区"和"展示窗口"。

四是推进发展科技化。进一步完善"以农业企业为主导，科技项目为抓手，产学研相结合"的农业科技创新体系，进一步健全基层农技推广网络，形成农科教大联合、大协作的农业科技创新与成果转化、示范推广的新模式新机制。大力开展高标准农田、高效设施农业建设，推进渔业标准化和畜禽规模化养殖，加快农机装备优化和农机农艺配套融合，持续提升农业物质技术装备水平。实施农业"互联网＋"行动，从物联网智能化生产、电商化经营、农产品质量网格化监管、系统化服务四个方面，推进现代信息科技与农业生产的高度融合，构筑农业新的竞争优势。

五是推进产品品牌化。全面推进农产品标准化生产，加快构建"横向监管到边、纵向监管到底、纵横监管无缝对接"的网格化监管体系，进一步完善农产品质量安全追溯体系建设。鼓励各类经营主体开展"三品一标"认证和名特优农产品创建评选，着力构建以常州农产品整体品牌为龙头、区域公用品牌和企业产品品牌为主体的农产品品牌体系。目前，常州全市认定的无公害以上农产品基地面积占耕地面积比重超过90%，"三品一标"农产品达1203个；拥有焦溪二花脸猪、溧阳白芹、建昌红香芋、天目湖白茶、溧阳鸡5个国家农产品地理标志产品，天目湖白茶、溧阳白芹2个中国农产品区域公用品牌和夏溪花木市场、大娘水饺、玉莲、玉枝、丰登等5个"农字头"中国驰名商标，溧阳市社渚镇被中国渔业协会认定为"中国青虾第一镇"。大力发展电子商务、直销配送、农超对接等新型营销模式，实现线上线下结合，生产、经营、消费无缝链接。大力宣传品牌农产品，扩大品牌农产品美誉度，推动常州农产品走向广阔市场。2016年，淘宝、京东、苏宁"常州馆"和苏宁"溧阳馆"先后开馆运营，农业网络营销额突破22亿元，同比增长45%左右。

六是推进功能多元化。深入开展国家森林城市创建，走出了一条具有"水墨江南、鱼米之乡、平原绿化"特色的森林城市建设之路，构建和完善布局合理、物种多样、水绿相融、景观优美、具有常州特色的现代林业生态系统，建成了1个国家级森林公园，获准新建3个国家级湿地公园，获批 1 个省级湿地公园，授牌建设 10 处市级森林公园、9 处市级湿地公园和 1 处郊野公园，溧阳市获评江苏唯一一个全国森林旅游示范县。目前，常州全市林木覆盖率达到 25.5%，城区绿化覆盖率达到 43.1%。城区人均公园绿地面积达到 13.85 平方米。切实加强农药化肥零增长、畜禽养殖污染减排等农业面源污染综合治理措施，大力发展种养结合、生态平衡的循环农业，持续提升农业废弃物综合利用水平。开发与规范并重，持续支持休闲观光农业发展，促进江南农耕文化与现代农业文明的融合，重点打造"三山四湖一条江"休闲观光农业集聚区，培育现代农业发展新的增长极。2016 年，常州打造了 15 条休闲农业与乡村旅游精品线路，绘制了由 25 个旅游点组成的全市森林旅游地图并免费发放给市民，认定了 13 家市级首批"农耕文化营地教育基地"，创成了 1 个全国休闲农业与乡村旅游示范县（金坛区）、1 个中国美丽休闲乡村（天宁区牟家村）、7 家全国休闲农业和乡村旅游三星级以上企业与 6 个省级休闲农业示范村。

七是推进服务社会化。在全面加强农技推广、动植物疫病防控、质量安全监管等公共服务能力建设的同时，大力培育农业经营性服务组织，推行技物结合、技术承包、全程托管等服务。加快探索政府购买农业公益性服务的途径，引导社会化服务组织在病虫害统防统治、水稻集中育秧、秸秆收储利用、畜禽粪便综合利用等环节发挥作用，提高农业生产的集约化效率。

（二）转型发展工业经济

近年来，常州市大力实施了十大产业链建设、传统优势产业改造提升、创新型企业培育"三位一体"工业转型升级战略，以培育壮大战略性新兴产业来调"高"，以加快发展现代服务业来调"轻"，以改造提升传统产业来调"优"，以增强自主创新能力来调"强"，有力地促进了经济转型和产业升级。规模以上工业总产值跨入万亿级城市行列，2016 年达 1.23万亿元，年均增长 9.7%。2016 年，十大产业链产值达 4213 亿元，增长9.5%，占规模以上工业比重达 34.3%，汽车及零部件、碳材料、通用航空等产业链实现重大突破，重工业比重由 2011 年的 81.5% 降至 2016 年的76.9%，高新技术产业产值占比达 44.5%，涌现出 200 多家国内外行业"隐形冠军"，省级特色产业集群达 9 个，超百亿工业企业（集团）达 17

家，上市企业和新三板挂牌企业目前分别达 39 家、96 家。获批共建"中国制造 2025"苏南城市群试点示范，入选省大中型制造装备升级项目数居全省第一。武进获批国家首批"双创"示范基地，常州科教城获准建设全国首个国家机器人及智能硬件知识产权保护中心，戚研所捧回我国工业最高荣誉"中国工业大奖"，中简科技成为我国高性能碳纤维产业的领军企业。

一是加快集聚"前沿产业"。与 2010 年诺贝尔物理学奖相关、被誉为"神奇材料"的石墨烯以其神奇特性承载着无数产业的想象空间。常州于 2011 年 9 月成立了我国首个致力于石墨烯研究与孵化的机构——江南石墨烯研究院，同期启动常州市石墨烯科技产业园建设。2012 年以来，全球首款石墨烯手机电容触摸屏、全球首款石墨烯重防腐涂料、全球首款石墨烯蛋白质分离试剂、全球最早制备平米级石墨烯透明导电薄膜……常州在石墨烯领域创造了 10 项世界第一。全国首条石墨烯基超级电容器生产线、国内石墨烯行业首家新三板挂牌企业也在常州产生。2014 年，常州获批建立全国第一个国家级石墨烯新材料高新技术产业化基地。习近平总书记一直关注着石墨烯产业的应用，2014 年在江苏视察时，专门听取了常州江南石墨烯研究院的汇报；2015 年访问英国期间，又亲赴曼彻斯特大学石墨烯研究院参观。在石墨烯这个未来产业上，常州已与世界同频共振。

二是加快提升传统优势产业。常州市针对制造业等传统产业竞争优势逐渐丧失、产品质量问题突出等问题，组织实施传统优势产业转型升级"双百"行动计划，即每年组织实施 100 项左右重点技改项目，培育 100 家左右龙头骨干企业，通过技术创新、节能减排等措施全力增强产业核心竞争力，提高传统产业发展层次和产品附加值，着力发展拥有核心技术的高端制造业，重构常州制造业格局，提升产业智慧化、信息化程度。通过提高淘汰标准、强化监督检查、形成倒逼机制等措施，共完成国家和省化解过剩产能和淘汰落后产能项目 66 项，有力助推了产业转型升级。钢铁、水泥、化工等传统重化行业比重有所下降，全市重工业占比由最高峰（2011 年）的 81.5% 下降到 2015 年的 76.7%，传统优势产业发展势头良好，市场竞争力持续增强：戚机厂、今创集团等企业已经拥有了轨道交通制造的技术优势，经开区已经成为轨道交通产业聚集区，今创集团生产的轨道交通客车车辆装备市场占有率达 50%，高精尖技术占产品的 40%，成长为总产值 70 亿元的大型企业集团；纺织服装行业不断应用新面料、新工艺，自主品牌产品市场占有率逐年提高，常州旭荣针织印染有限公司成为阿迪达斯、耐克等 50 多个国内外知名品牌的主要布料供应商，利润率高达 10%。可见，通过科技创新，常州的传统优势拿出了有全球市场竞争力的产品，攀上了价值链的高端。

三是加快培育创新型企业。常州紧紧抓住苏南国家自主创新示范区和国家创新型城市建设的机遇，深入实施"十百千"创新型企业培育计划，在全市重点培育 10 家左右创新型领军企业、100 家左右科技型上市培育企业、1000 家左右高新技术企业，形成以创新型领军企业为龙头、科技型上市培育企业为骨干、高新技术企业为主体的创新型企业集群，促进产业转型升级。编制完成苏南自主创新示范区空间规划，"一核两区多园"的常州苏南国家自主创新示范区建设框架基本形成。获批建设江苏省西太湖高新区、江苏省中关村高新区。"中国以色列常州创新园"建设步伐加快，"常州国家科技领军人才创新驱动中心"成效明显，科教城省科技服务示范区特色鲜明，武进高新区及江南石墨烯研究院被列为科技部科技服务业区域和行业试点。2016 年全年新增省级以上企业研发机构 56 家，累计建成"两站三中心"1249 个，其中省级以上 631 个。新增孵化器、加速器 15 家，累计 123 家；新增孵化、加速面积超 50 万平方米，累计达 850 多万平方米；培育科技企业 6300 多家。积极推进江苏省智能装备产业技术创新中心及 4 家省产业研究院预备研究所建设，其中 2 家正式挂牌，完成 30 家市级重大公共研发机构的建设和提升。2016 年全年完成专利申请 43860 件，其中发明专利申请 15349 件；专利授权 17790 件，其中发明专利授权 2865 件；发明专利申请量、授权量分别增长 25%、30%；万人发明专利拥有量 24 件；全年新增高新技术企业 105 家，累计 1231 家，全社会研发投入占地区生产总值的比重达 2.69%，比 2010 年提升 0.38 个百分点。全年新增产学研合作项目 1066 项。科技进步监测位居全省第 4 名。大力引进科技人才，2016 年年末全市拥有高技能人才 26.7 万人，每万名劳动者中高技能人才 949 人。

四是健全创新平台。常州直面没有大学、科研力量薄弱的现实，学习深圳虚拟大学园做法，把国内科研院所、高校的科研力量引入常州，建设以常州科教城为主体的创新平台，与全市 9 万家民营企业实现对接。5 平方公里的常州科教城，已汇集科技人才 1.6 万余名，入驻科技企业 1000 多家，平均每天新增 2.7 项专利，年产值超 60 亿元。以产学研合作为突破口，常州科教城走出去开展"科技长征"、请进来举办"5·18"展洽会，通过开放加速集聚国内外创新资源，推动本土企业资源与外来创新资源有效"嫁接"。常州大力引进和发展公共创新平台，累计建设江苏中科院智能科学技术应用研究院、北化常州研究院等 20 多家研究机构，江南石墨烯研究院等 4 家研究院入选省产业技术研究院专业研究所之列，中以、中德、中芬等一批国际创新园、国际技术转移中心和国际企业孵化器加快建设，中以常州创新园成为我国唯一一家获得中以两国政府认可的创新园区；制定出台了《常州市关于发展众创空间　推进大众创新创业的实施方案（2015—2020 年）》，全力建设一批以众创空间为代表的新型孵化器、创业孵化链条和众创集聚区，加快形成要素齐全、功能完善、合作开放和专业高效的创新创业服务体系。目前，全市众创空间累计创业面积 3.2 万平方米，引进创业项目及创业企业 430 多个，嘉壹度青年创新工场等 6 家单位被列入省级众创空间。

五是加快互联网经济发展。2015 年，常州市出台了《关于加快互联网经济发展的意见》，意见围绕常州市互联网经济发展已有基础，提出重点发展"互联网 + 工业""互联网 + 农业""互联网 + 商贸""互联网 + 金融""互联网 + 文化""互联网 + 旅游""互联网 + 交通""互联网 + 教育""互联网 + 卫生健康""互联网 + 公共服务"十大重点领域，覆盖了工业、农业、商贸、金融等具体产业，同时涉及文化、旅游、卫生、教育等与百姓生活息息相关的方方面面。

（三）突破发展服务业经济

常州市围绕突破发展生产性服务业、提升发展消费性服务业、培育发展民生性服务业的思路，积极实施服务业优势企业培育、集聚区提升等重大工程，深入推动现代服务业结构优化、业态创新、水平提升，服务业经济在"十二五"期间超越工业经济，实现了历史性新跨越。2016 年常州全市实现服务业增加值 2938.9 亿元，按可比价计算增长 10.1%，高出全市GDP 增速 1.6 个百分点，高出第二产业增加值增速 2.7 个百分点；服务业增加值占全市 GDP 比重首次超过五成，达 50.9%，较 2011 年提升 8.5 个百分点，占比位列江苏省第四，继续发挥着国民经济增长新引擎的作用。常州市服务业在总量攀升的同时，内部结构更趋优化。信息传输、软件技术、商务服务和文化娱乐等新兴服务业快速增长，以互联网、软件、商务和文娱为主的其他营利性服务业实现增加值581.9亿元，比上年增长15.5%，占服务业比重较上年提高1.6个百分点；交通运输、商贸流通等传统服务业发展平稳，交通运输仓储和邮政业、批发和零售业、住宿和餐饮业增加值实现个位数增长，三个行业占服务业增加值比重为38.7%，较上年下降1.9个百分点。2016年常州纳入统计的1279家规模以上服务业企业（不含批发零售业、住宿餐饮业、金融业和房地产开发业企业）中，营业收入超亿元企业达159家，占比达12.4%，其中超10亿元企业7家；超亿元企业实现营业收入530.7亿元，比上年增长12.5%，高出规模以上服务业平均水平3.2个百分点，占全部规模以上服务业营业收入比重为65.3%；吸纳从业人员8.4万人，增长6.3%；应付职工薪酬61.2亿元，增长14.7%。金融、物流、电子商务、旅游、科技服务业等保持较快增长，凌家塘批发市场、夏溪花木市场、邹区灯具城年交易额位居全国前列，"华贸通"、国家智慧旅游公共平台等一批互联网平台相继打造，"互联网＋"电子商务发展迅速，电商服务业业务收入增长超过40%；东方盐湖城、迪诺水镇等一批旅游新项目建成投运，天目湖旅游度假区成为国家级旅游度假区，接待国内外游客、旅游总收入分别达6004.2万人次、833.6亿元，分别增长10.1%、14%。文化创意、旅游休闲等现代服务业呈现出"文化＋创意""文化＋旅游""文化＋科技"等跨界融合现象。

一是加快服务业重点产业发展。重点加快发展金融服务、现代物流、科技服务、软件和信息服务、商务服务、旅游休闲、文化创意、电子商务、健康服务、养老服务10大服务业。

二是注重服务业载体平台建设。推动30个重点服务业集聚区建设，促进集聚区由规模扩张向质量提升转变。大力培育服务业重点企业，全面实施服务业创新百企示范工程建设，引导服务业创新型企业加快发展，重点推进30家服务业优势企业做强做大，常州已有25家服务业重点企业列入江苏省"十百千"计划。随着云计算、大数据、移动互联网、物联网等新技术、新业态的迅速兴起与成熟，因应常州轨道交通工程、中兴能源云计算华东基地、百度大数据产业园以及常州文化广场等一批亿元以上大项目的实施推进，常州在软件和信息技术服务、科技推广和应用服务、专业技术服务、互联网和相关服务等行业领域不断加大投入，2016 年上述四个行业投资增速分别达到 70.6%、57%、36.9% 和 25.7%。"12301"国家智慧旅游公共服务平台投入运行。

三是增强服务业发展活力。出台促进信息消费、推进放心消费等促进现代服务业发展的政策，大力培育信息、文化、旅游等新消费业态。推进物流与金融、信息与旅游、科技与文创产业等服务业融合发展，促进服务业跨界渗透、协同发展。积极推进制造业主辅分离，促进服务业专业化发展。

四是积极落实"互联网 +"战略。常州市不断推进各层次各领域互联网应用，加快生产方式、社会管理和公共服务变革，努力争创全国电子商务示范城市。"互联网 +"助推旅游相关服务企业规模壮大，全市规模以上旅行社及相关服务行业企业全年实现营业收入 13.1 亿元，比上年增长 65.6%，高出规模以上服务业平均增幅 56.3 个百分点；"互联网 +"助推快递业较快发展，全市全年实现快递业务收入 24.5 亿元，增长 41.3%；"互联网 +"助推电子商务平台快速成长，对信息服务业的辐射效应进一步增强。2016 年，全市电子商务交易额达到 2520 亿元，同比增长 48.2%，涌现出了贝尔地板、米素壁纸等众多占据全国电商销量前列的"淘品牌"，形成了常州创意产业基地、武进西太湖电商产业园等一批品牌电商的集聚区，在全省乃至全国产生了一定的影响；全市规模以上软件和信息技术服务业企业全年实现营业收入 20 亿元，同比增长 23%。

（四）显著提升产业发展质态

《苏南现代化建设示范区规划》中明确指出，充分发挥常州在先进碳材料、智能制造领域处于相对高端、产业链较完善、创新链协同较强、资源链相对集聚的基础优势，将智能制造作为前沿布局的主攻方向，推进智能制造成为"常州智造"的脊梁骨，将常州建设成为全国重要的智能装备制造基地、智能装备制造名城和智慧城市。近年来，常州市全面实施"中国制造 2025"常州行动纲要，积极推动制造业企业向高端化、智能化、绿色化、服务化迈进，提升产业发展质态。

一是以项目投入促结构调整。坚持加大有效投入，以重大项目建设为抓手，按照产业链发展的要求，连续开展主题年活动，大力招引投资规模大、产业层次高、经济效益好的大项目、好项目，推动重大项目早投产、早见效，以优质增量促进结构调整，以有效投入提升产业层次。

二是由传统制造向智能制造迈进。以智能制造为主攻方向，深度推进"两化融合"，着力打造全国一流的智能制造名城，实现"常州制造"向"常州智造"跃进。

三是从粗放制造向绿色制造转变。实施绿色制造行动计划，采取有力措施促进工业经济绿色循环低碳发展。大力培育和发展资源节约、节能环保产业，大力推广应用绿色制造技术和装备，推进节能资源综合利用和清洁生产，每年实施 80 个以上节能与循环经济改造项目。如今的常州已经拥有 8 个强基工程，位列全国第一；拥有 12 家省示范智能车间，位列江苏省第二。而世界变压器制造之都、国内重要轨道交通装备基地、国内最大的光伏产业基地、东方碳谷等标签，正逐渐成为常州这座工业名城新的代名词。

（五）企业质量效益明显提高

工业企业是市场的主体，也是工业结构调整的主体。近年来，围绕提升企业质量效益，鼓励企业做强做精主业，常州市实施技术创新，提升产品质量，不断增强企业市场竞争力。

一是鼓励企业创新。实施企业制造装备升级计划，引导企业围绕主业发展，加大科技创新投入，抓住要素价格相对比较低的窗口期加快技术改造。从 2014 年起，连续 3 年每年安排 6 亿元专项资金，对符合条件的企业实施设备购置补助、"机器换人"示范奖励和首台（套）重大装备及关键部件奖励。目前，常州规模以上高新技术企业研发机构建设实现全覆盖，大中型工业企业研发机构建有率达 95% 以上。

二是加快龙头培育。大力推动"个转企、企转规、规转股、股转上"，促进龙头企业做强做大。2016 年，全市共有 14 家工业企业入围"2016 年度全市营业收入超百亿元榜单"，其中超千亿元企业 1 家。这 14 家入围企业分别是：江苏申特钢铁有限公司、江苏金峰水泥集团、江苏上上电缆集团、江苏金昇实业股份有限公司、江苏金坛汽车工业有限公司、中天钢铁集团、亚邦投资控股集团、东方润安集团、常州南海铜业有限公司、瑞声

（中国）投资有限公司、今创集团、江苏江南实业集团、新阳科技集团、常州天合光能有限公司。根据榜单显示，14 家企业的排名情况为，中天钢铁集团以千亿元营收成为常州营收最高的工业企业，第二至第五名分别是：亚邦投资控股集团，营收 473 亿元；新阳科技集团，营收 448 亿元；常州天合光能有限公司，营收 328 亿元；东方润安集团，营收 213 亿元。据企业统计年报，14 家百亿级工业企业 2016 年度实现营业收入 3643 亿元，同比增长 37%。从区域分布来看，武进区有 7 家工业企业跻身百亿级，达到总数的一半；新北有 2 家企业入围，溧阳 3 家，金坛 2 家。从行业分布来看，常州市百亿级工业企业分属领域较宽泛，既有智能装备行业，又有电力电缆、钢铁、光伏及综合业等。全市还有 218 家企业产品以"专、精、特、新"的明显优势成为相关行业的"隐形冠军"。鼓励和支持优质企业兼并重组，盘活存量资产，增强企业实力。近几年，顺风光电成功收购无锡尚德，旷达集团通过收购 6 家光伏电站全面进入新能源领域。

三是实施金融创新。大力推动企业上市，上市企业从 2010 年的 21 家增加到 2017 年 3 月的 46 家，新三板挂牌企业 116 家，在江苏省首创企业转续贷方式，形成了周转融、限额循环贷、宽限期贷款、年审制贷款等模式，有效防范了企业金融风险，助推了工业结构调整。

四是促进品质提升。以创建"全国质量强市示范城市"为契机，强力推动质量强市建设，积极推进商标战略，培育了一批拳头产品和知名品牌。目前全市累计拥有中国名牌 26 个、中国驰名商标 99 件，自主品牌企业增加值占全市地区生产总值比重达 19%，初步形成了具有常州地方特色的高质量、优品质的产业集群。

二 改革行政区划，优化产城融合新空间

（一）实施行政区划调整

经国务院批复、江苏省人民政府通知，2015 年常州进行了新一轮的行政区划调整：撤销常州市武进区和戚墅堰区，设立新的武进区，将戚墅堰经济开发区更名为江苏常州经济开发区；撤销县级金坛市，设立常州市金坛区；将原武进区的奔牛镇划归常州市新北区管辖，将原武进区的郑陆镇

划归常州市天宁区管辖，将原武进区的邹区镇划归常州市钟楼区管辖。此次部分行政区划调整，顺应发展规律，符合常州实际，有效突破了常州中心城区发展空间有限、县区规模差异过大、常金一体化发展受限等问题，优化了生产力布局，打开了城市发展格局，是重塑常州地位形象的重大机遇，是加快区域协调发展的重大变革，是促进民生持续改善的重大举措。其效应主要体现在以下几个方面。

一是有利于增强常州中心城市辐射带动能力，促进常州、金坛一体化发展。将金坛市撤市设区，有利于拓展常州中心城区发展空间，提高城市综合承载能力，进一步增强常州中心城区集聚、辐射和带动能力；有利于消除金坛与常州主城区的政策壁垒，促进常州市区产业、人才、资金、基础设施和公共服务资源等向金坛转移、延伸和覆盖，增强金坛经济社会发展活力；有利于常州加快以城带乡、以工促农步伐，促进金坛社会保障等逐步与常州主城区接轨，推动常州、金坛一体化发展，使金坛人民更好地分享常州中心城区改革发展成果。

二是有利于促进产业集聚集约发展，加快转型升级步伐。将戚墅堰区与武进区合并，并将武进区奔牛镇划归新北区、郑陆镇划归天宁区、邹区镇划归钟楼区，有利于常州市整合资源要素，调优产业布局，加快常州轨道交通、航空产业、现代物流、高端装备制造等优势产业集聚发展和转型升级，进一步做大、做强常州特色产业链，提高经济发展的质量和效益。

三是有利于生产力布局优化，打造新的经济增长板块。常州经开区将以国家级经济开发区为目标，统筹常州东部3个乡镇、3个街道的空间资源、产业资源、人口资源、管理资源，坚持高起点规划、高标准建设、高效能管理、高层次招商、高水平服务，全面促进常州东部板块加速崛起，为全市经济增长做出更大贡献。

四是有利于推进产城融合综合改革和新型城镇化发展，加快打造苏南现代化建设示范区。对部分行政区划实施调整，有利于发挥常州产业基础雄厚、科教资源丰富和长江三角洲地理中心等优势，加快建设空间均衡协调、产业活力强劲、城市品质高端、服务功能完备、市民乐业幸福的产城融合发展示范区，探索"以产兴城、以城促产、宜居宜业、融合发展"的新型城镇化道路，为全省和全国科学发展先行探路、积累经验、提供示范。

经过此次行政区划调整，金坛撤市设区，整体融入城区一体化发展，整合设立常州经开区，在武进形成东、中、西三大园区齐头并进的发展态势，新北、天宁、钟楼在更大发展空间谋篇布局，新的板块格局正在显现协调发展、共同发力的积极效应，为常州推进苏南现代化示范区建设和产城融合综合改革试点工作打下了坚实的基础。

（二）出台主体功能区规划

主体功能区，是根据不同区域的资源环境承载能力、现有开发密度和发展潜力，明确特定区域的核心功能，是统筹谋划人口分布、经济布局、国土利用、环境保护和城镇化格局的重要依据，是国土空间开发保护基础制度。经常州市委全面深化改革领导小组第八次会议、市人民政府常务会议讨论审议，常州市正式印发了《常州市主体功能区实施意见》。该意见共分六个部分，分别是总体要求、功能分区、发展导向、政策保障、绩效评价和推进实施。按照该意见，常州市以乡镇（街道）为空间单元，划分为优化提升区域、适度发展区域、重点拓展区域和限制开发区域，并把重要功能生态区作为禁止开发区域。全市将进一步规范空间开发秩序，提高空间开发效率。全市开发强度控制在 28% 左右，生态空间占比达 20% 以上。单位地区生产总值建设用地占用率下降 30.9%；林木覆盖率达到 25%。

按照主体功能区规划要求，根据不同地区自然资源、产业基础等条件，常州确定了发展重点和方向。

——优化提升区域。主要包括金坛区金城镇，武进区湖塘镇、牛塘镇、南夏墅街道、嘉泽镇、西湖街道、丁堰街道、戚墅堰街道，新北区新桥镇、薛家镇、三井街道、河海街道、龙虎塘街道，天宁区（除郑陆镇），钟楼区（除邹区镇）。面积 667 平方公里，占常州市土地面积的 15%。重点发展现代服务业、高新技术产业和先进制造业，推动产业结构向高端、高效、高附加值转变，提高经济开发密度和产业效率。空间开发"控制增量、盘活存量、集约高效"，率先形成集约高效型经济发展方式。进一步提升产城融合发展水平，完善城市（镇）服务功能，提升综合承载力，增强人口集聚功能，提升人口整体素质，成为全市经济最发达、人口最密集、功能最完善的区域。

——适度发展区域。主要包括溧阳市埭头镇，武进区洛阳镇、湟里镇、前黄镇、礼嘉镇、横山桥镇、横林镇、遥观镇、潞城街道，新北区春江镇、罗溪镇、孟河镇、奔牛镇、西夏墅镇，天宁区郑陆镇，钟楼区邹区镇。面积 1074 平方公里，占常州市土地面积的 25%。因地制宜发展资源环境可承载的先进制造业，提升制造业集聚化、特色化、高端化发展水平，实施点状集聚开发。根据城镇的不同特色，鼓励发展生态旅游、现代物流、商贸等现代服务业和特色优势农业。合理控制开发强度和规模，加强生态环境保护和修复，提升城镇综合服务设施和水平，提高就近吸纳周边农村人口的能力，推进产城融合发展取得突破。

——重点拓展区域。主要包括溧阳市溧城镇、南渡镇、竹箦镇、别桥镇、上兴镇，金坛区东城街道、西城街道、儒林镇、朱林镇、直溪镇、尧塘街道。面积 1291 平方公里，占常州市土地面积的 30%。积极发展先进制造业和生产性服务业，加强特色产业基地和产业集群建设，引导重大制造业项目向重点拓展区域布局，加速壮大经济规模，加快推进转型升级。积极完善基础设施和公共服务，增强城镇服务功能，推动产城融合发展，创造更多就业岗位，消除农民进城制度障碍，增强较大规模吸纳外来人口和农业转移人口的能力。

——限制开发区域。主要包括溧阳市上黄镇、社渚镇、天目湖镇、戴埠镇，金坛区薛埠镇、指前镇，武进区雪堰镇，以及太湖、滆湖、长荡湖、钱资湖等大水面。面积 1340 平方公里，占常州市土地面积的 30%。限制大规模的工业化、城镇化开发，适度扩大农业生产空间，现有工业集中区不再扩大规模，推进工业集中区的整合撤并和搬迁，鼓励发展生态旅游业、健康养老业；控制新增建设空间，适度保障镇区和现代农业、生态旅游、健康养老等产业用地，适度增加生态空间。按照自觉、自愿、平稳的原则，引导人口向优化提升、适度发展、重点拓展等区域转移，积极推进新型农村社区建设，有序减少农村生活空间。

——禁止开发区域。具有重要生态服务和农业生产功能，需要特殊保护的区域，主要包括依法设立的自然文化资源保护区域、省级自然保护区、饮用水水源地保护区、渔业资源保护区、重要水源涵养区等，点状分布于优化发展区域、适度发展区域、重点拓展区域和限制开发区域内的地区。集中体现为生态红线一级管控区域，面积 70.43 平方公里。根据国家法律法规规定和相关规划实施强制性保护，严格控制人为因素对自然生态的干扰，严禁不符合主体功能定位的开发活动。

三 完善基础设施，强化产城融合新支撑

按照产城融合综合改革提出的"以城促产、宜居宜业"的要求，围绕使城市载体更好地服务于产业发展和人民生产生活这一目标，常州将城市作为产业发展和人民安居乐业的重要载体，从完善综合交通运输体系、提升信息基础设施水平、加强能源基础设施建设、加强环境基础设施建设、加强防洪基础设施建设等方面，持续加大城乡基础设施重点项目建设力度，以基础设施互联互通为融合发展提供承载平台。2014～2016年，常州公共基础设施投资分别达到389.59亿元、582.83亿元和637.4亿元，城市功能品质不断提升，先后获得"中国投资环境百佳城市""国家园林城市""中国人居环境奖"等荣誉。

（一）推进交通基础设施建设

近年来，常州以构筑城市骨架、完善交通路网、提高服务水平为目标，通过实施"提升中心、拓展南北"的空间发展战略，推进江苏交通运输现代化试点项目——交通运输引领产城融合发展，建成"两纵""三横"的市区快速交通网络和环城高架道路，同时加快建设7条贯通南北的城市主通道，形成了"南北一体、三城并举（武进区、中心城区和新北区）"的交通道路体系，综合交通体系不断完善。

"十二五"期间，常州全市新增高速公路86.5公里，新建、改建国省干线公路116公里、农村公路765公里，改造农危桥411座，全市公路总里程达8906公里，每百平方公里公路密度达203.7公里，较"十一五"末均增加7%，公路密度位居江苏省第二，其中一级公路里程较"十一五"末增加15%；全市高铁里程达129公里，较"十一五"末增加193.2%，常州境内已拥有京沪高铁、沪宁城际铁路、京沪铁路（客货混合）、宁杭高铁（宁杭客运专线）、新长铁路（货运铁路），共计4条东西走向、1条南北走向的铁路资源；全市整治三级航道122公里，新建、改建大中型桥梁47座，首个交通船闸建成投用，围绕常州市区的"口字形"三级航道

网基本形成；长江港新增 4 个万吨级码头，建成首个 10 万吨级深水泊位，集疏运体系进一步完善；先后建成公路客运东站、京沪高铁客运北站，市区"一主四辅"的公路客运站场体系基本形成。常州机场新航站楼建成投用并实现口岸开放，航线通达 10 个国际（地区）城市，与国内主要枢纽机场连通率达 63%，与直辖市和省会城市连通率达 52%。

"十二五"期间，西绕城高速公路、泰州长江大桥连接线、京沪高铁、宁杭高铁、机场高架、青龙互通等一批战略带动作用强、社会服务面大、群众受惠程度高的重点工程建成投用，城市高速公路环和三级航道网全面形成，交通西进快马加鞭，铁路发展迈入新时代，机场发展走向国际化，常州港建成一港三区，城乡客运一体化和城市公交发展全国领先。在此基础上，又建成龙城大道隧道、青洋路高架北延工程、晋陵南路、中吴大道、大明路、玉龙路等城市骨干道路，实现了高架环线快速路的闭合连通，进一步加密了城市路网。随着轨道交通 1 号线的开工建设，通过全面实施桃园路、新堂北路、红梅南路、丽华路、同济桥配套道路疏解工程，常州城市道路交通环境得到根本改善，城市建设完成了由"筑形态"向"优品质"的转变，对提高城市现代化水平、增强城市核心竞争力、增进民生幸福感产生了重大而深远的影响。

综合交通体系持续健全。《常州城市总体规划（2011—2020）》中要求，到 2020 年，全面提高常州城镇交通发展质量。1 小时交通圈覆盖长三角北翼主要城市，2 小时交通圈覆盖长三角南翼的杭州、湖州、宁波等城市；市区主要节点 15 分钟内驶入高速公路，市区城镇 30 分钟内到达中心城区。因此，近年来，常州一直在加强铁路、公路、航道和机场的建设，建立健全、高效、畅通、便捷、安全的现代化综合运输体系，构建由铁路、公路、水运和航空组成的常州市域综合交通体系。

——铁路建设明显提速。常州以现有的"一纵四横"铁路网为基础，即东西走向的京沪高铁、沪宁城际铁路、京沪铁路（客货混合）、宁杭高铁（宁杭客运专线）4 条铁路，南北纵向的新长铁路（货运铁路），向着"四纵五横"快速铁路网进发，"四纵"分别为连淮扬镇铁路南延段、常泰铁路、盐泰锡常宜铁路和新长铁路，"五横"分别为京沪高铁、沪宁城际、京沪铁路、沿江城际和宁杭高铁，最终将形成"一主五辅"的铁路客运枢纽新格局，"一主"即常州客运中心，"五辅"即已经启用的常州北站和即将建设的经开区、金坛、前黄，以及溧阳等新的铁路客运综合枢纽站。"四纵五横"快速铁路网建成后，常州不仅东西数条铁路可紧密联系沪宁，助推金坛东扩南移城市发展，南北可形成沟通苏北、苏南，乃至皖南地区的快速客运通道，由此奠定常州在江苏中轴发展的城市首位度，巩固常州在江苏区域交通大枢纽的地位，从而为全市经济社会发展提供支撑力。

——公路路网建设持续加速。在高速公路网方面，常州将形成"三纵四横一环"的高速公路网络，"三纵"指扬溧高速公路、常溧高速公路、常泰高速公路，"四横"指沪蓉高速公路、常合高速公路、沪宜高速公路、长深高速公路，"一环"指由沪蓉、常合和常泰三条高速公路共同构建成常州主城区外围的高速公路环。在干线公路网方面，常州将建成以镇广公路、常溧线、沿江公路、宁杭公路等为骨架的"五纵七横一通道"的干线公路网络。同时着力推进国道、省道快速化改进，建成122省道常州东段、宁杭高速公路溧阳西互通至360省道连接线，加快推进104国道溧阳城区改线段、265省道金坛段、340省道常州东段、233国道常州段、263省道常州段、312国道和长虹西路快速化工程等国省干线公路，完成市区高速公路互通绿化提升工程。

——航空新布局即将构成。作为苏南第二大机场的常州国际机场目前可满足飞达全国各主要城市和日、韩、新加坡等国及我国港、澳、台地区包机飞行的需求。2016年，常州国际机场改善配套服务设施和功能，加长跑道，提高飞行区指标等级和服务水平，增加航线、航班。2017年，常州国际机场将建设第二条跑道和T2航站楼，计划于2018年建成。此外，常州将新增溧阳天目湖通用机场、武进前黄通用机场、常州航空产业园通用机场。2020年，常州将初步建成通用机场布局网络、航空应急救援网络，实现20分钟航程覆盖全市域，与地方航空产业发展深度融合。至2035年，建成"一个基地、六个小型、若干个起降点"的通用体系。

——水运主航道网络初步成形。经过建设，形成以长江、京杭大运河等国家水运主航道为骨架，常州港为主枢纽的"三纵两横一港"水运主航道网络，实现内河航道网络化："三纵"指锡溧漕河、德胜河接常宜运河、丹金溧漕河；"两横"指京杭大运河、芜太运河；"一港"指常州港。

公交惠民力度不断加大。深入实施公交优先战略，西林、淹城、永宁等一批公交枢纽和首末站建成投用，快速公交一号线实现延伸，市区公交站点 300 米和 500 米覆盖率在全国 319 个主要城市中均位居第四；2015 年末全市共有运营车辆 3135 辆、公共交通运营线路 306 条，市区公交车辆、运营线路较"十一五"末分别增加 7.15%、11.40%；2015 年全市公共交通客运量达到 32719 万人次，城市居民公共交通出行分担率达到 28.9%，较"十一五"末提高 3.1 个百分点，社会满意度较"十一五"末提高 6 个百分点。2016 年末常州全市共有公交线路 324 条，公交营运车辆 3106 辆，营运出租汽车 3680 辆。城市居民公共交通出行分担率为 29.4%。空调车实现全覆盖，定制公交、微循环公交顺利开通，持续提升公交均等化、品质化服务水平。常州市分别获"全国优先发展城市公共交通示范城市""交通畅通工程 A 类一等管理水平"等称号。

特色：常州快速公交

作为全国第三个、江苏省内首条快速公交线路，2008 年，常州快速公交一号线开通以来，凭借着运能大、效能高、服务优质等特点，已成为常州市民出行首选的交通方式。同时，常州首创的中央侧式站台和线路组合运营的"常州模式"，也成为其他城市快速公交建设过程中借鉴的对象。在线路设置上，根据城市的总体规划和客流聚集区，常州确立了 BRT 贯穿城市、成为南北主轴线的思想，使线路走向与城市重点发展方向一致，随后建设的二号线衔接了中心城区与东西两翼，覆盖了沿途的商业区、医院、学校、公园等，同时 BRT 一、二号线还配以几条支线辅助，并实现主支线同向同站免费换乘，最终形成 BRT 线路"十字形"与"井字形"相结合的网络状格局，实现了快速公交线网对城市行政中心、重点学校、卫生服务中心、商业中心、城市公园、旅游景点等客流集聚点的有效覆盖。BRT 一号线呈南北走向，北起京沪高速铁路常州北站，南至武进公交中心站，共有 31 个站点，可与 B10、B11、B12、B13、B15、B16、B19 等快速公交支线换乘；BRT 二号线呈东西走向，从西林公园公交枢纽始发，至戚区公交中心站，全长 21.5 公里，设有 23 对中间站，可与 B22、B23 等快速公交支线换乘。由此，常州 BRT 既有封闭式线路主线运营效率高的特点，又兼具开放式系统的运营灵活性，保障了系统的运营效果。

目前，常州 BRT 形成 2 条主线、3 条区间线、6 条支线和 2 条环线构成的"十字加环"快速客运走廊，将常州市 5 个区连接起来，虽然快速公交线路的配车只占全部公交车辆总数的 13.85%，但每天运送乘客 30 万人次，占全市公交日客运量的近 30%。截至 2016 年 4 月份，常州快速公交系统客运量已达 8.07 亿人次，运营里程达 1.59 亿公里，相当于绕地球 3967 圈。年均节约燃料 856 万升，相当于减少碳排放 6137 吨。

运输服务能力大幅提升。常州机场旅客吞吐量年均增长率达 22.4%，在全国和省内机场中名列前茅。全市长途客运班线公司化经营率、中高级客车比例分别达 85%、93.5%，较"十一五"末分别提高 9%、0.5%，超长途接驳运输、客运快线、城际客运公交化改造、旅游专线、企业定制等多元化、个性化运输方式稳步发展，公路客运"四进工程"成效显著，镇村公交开通率达 100%，毗邻公交不断发展。市区新增出租车 500 辆。完善自行车行车道和行人步行网络，为步行者和骑车人的绿色安全出行提供方便。提升无障碍交通设施网络，让老年人和残疾人出行更加安全便捷。

（二）加强信息基础设施建设

信息基础设施是信息化发展的重要基础和支撑，其建设和利用水平已成为衡量一个地区经济社会发展水平、综合竞争力及现代化程度的重要指标之一。2011 年，常州被列为国家第二批三网融合试点城市；2012 年，常州市被工信部、住建部认定为国家"智慧城市"试点。近年来，常州市立足自身产业基础和优势，围绕"智能制造名城"打造有特色的智慧城市，取得了一定成果：2014 年，常州市地区信息化发展水平总指数中基础设施指数为 95.03，位居江苏省第四；到 2015 年底，常州全市城乡宽带接入能力、智能终端普及率及三网融合业务发展水平大幅提升，信息基础设施总体达到国家一类地区水平；实现城市、乡镇光纤到户，农村光缆覆盖到自然村，全市城镇楼宇光纤通达率达 100%，城镇家庭宽带接入能力达到 100Mbps，数字电视双向改造覆盖到 98% 以上；城区中的热点地区以及高速公路、航道沿线、农村乡镇实现无线宽带全覆盖，到 2015 年底，WALN（无线局域网）接入 AP（无线交换机）数达到近 30000 个，其中向公众免费开放的 WiFi 热点达到 1200

多个，AP 数超过 13200 个，全市无线综合覆盖率达到 98%。"十二五"末常州市信息基础设施建设水平如表 5－1 所示。

表 5－1 "十二五"末常州市信息基础设施建设水平

指　　标	到达数
总出口：带宽（Gbps）	1600
基础信息管道集约化建设（孔公里）	3561
FTTH（光纤到户）覆盖家庭（万户）	319
宽带接入能力（Mbps）	100
通信基站物理站址（个）	6100
WALN（无线局域网）接入 AP（无线交换机）数（个）	29910

从表 5－2 可以看出，"十二五"末，常州全市移动电话用户 655.5 万户，按常住人口普及率为 132%，其中 4G 用户 222 万户；互联网用户数达到 771.9 万户，其中固定宽带用户 176.3 万户，全市普及率达到 88%；移动互联网用户数 595.6 万户，达到移动电话用户数的 90%；全市数字电视用户近 112 万，通信运营商提供的互联网电视用户近 60 万。年销售亿元以上的电子信息企业超过 130 家，其中上市公司 12 家。由于交通、通信技术的广泛运用，人们的出行和交往更为便利，这为部分新型产业集聚创造了条件。在互联网冲击之下，出现了大量的新型业态。2015 年，常州电子商务交易额 1700 亿元，电商服务业企业超 200 家，12301 国家智慧旅游公共服务平台、易呼通、华贸通等互联网平台企业相继建成运营；全市拥有市

表 5－2 "十二五"期间常州市互联网及智能终端普及水平

单位：万户

指　　标	2011	2012	2013	2014	2015
移动电话用户	471.15	520	523	688	655.5
固定电话用户	158.65	162	160.8	145	128.4
互联网用户	406.23	483	514.68	716	771.9
固定宽带用户	93.86	101	107.76	160	176.3
移动互联网用户	312.37	382	406.92	552	595.6
数字电视用户				112.49	111.68
高清电视用户				24.16	35.72

级以上众创空间 69 家，创业面积达 7.28 万平方米，集聚创业项目及企业超过 540 个。这些新型业态均可以在人口密集的地区大量分布，并吸引大量相关人才集聚，从而为产城融合发展提供了产业技术基础。

延伸阅读：常州信息服务平台的构建

常州已经建成了完备的市、辖市（区）、街道（乡镇）三级电子政务信息公开网络体系，建成包括市政务服务办公室及行政服务中心、电子政务中心、政府公共资源交易中心和市民服务中心的"一办四中心"新型政务服务管理机制，升级了"三合一"阳光政务平台功能，将劳动就业、社会保险、社会福利等与群众生产生活密切相关的权利和服务事项全部交由镇级行政服务中心集中办理。建成"城乡社区综合管理和服务信息化平台"，纵向覆盖市、辖市（区）、乡镇（街道）和 1004 个村（社区）四级，横向与民政、计生、综治、残联等19 个部门的业务系统进行对接，城乡社区综合信息服务平台实现100% 电子台账，帮助提高社区服务效能，减轻社工负担。2014 年在民政部社区建设调研工作中获得好评。

构建了全面感知、泛在互联、快速响应、智能协同的立体化城市管理体系；建设了应急地理信息平台、视频监控系统综合应用平台，将公安、消防、综治、城管等部门应急力量连接起来，实现安全事件处置和应急管理智能化。

实现了出行诱导、远程指挥、拥堵分流、交通管制、快速处理事故、联动打击犯罪等交通管理智能化，"常州·行" APP、"掌上公交" APP、"掌上龙城通" APP、96196 热线等交通服务应用为市民出行提供便捷服务。

建成以居民健康档案和电子病历为核心的信息系统，实现近百家医疗机构患者就诊信息共享。引导医疗机构开通官方微信服务号、"医讯通" APP、"掌上常中医"等服务，受到广大市民欢迎。

智能家居、社区医疗、物业管理、家政护理等业务通过数字电视网络和智能机顶盒实现办理，服务覆盖 50 多个社区和 20 万户家庭；开展虚拟养老"一键通"工程，已为 2 万个老年人安装智能拨号设备。

游客通过智慧旅游公共服务平台了解旅游资源、景点活动等方面消息，享受在线咨询、私人定制、快捷支付、无障碍通行等服务。

建设"掌上价格通"物价公共服务平台，实现"菜场、超市、药店、停车场、教育、公共事业、新商品房、二手房"八大类价格信息实时汇集。

建成数据中心污染源档案系统，实现污染源档案全生命周期管理、动态更新与共享；建成全市污染源综合监控统一平台，实现针对水、气、土壤等因素的 24 小时联网自动化监测；建成环境风险信息预警平台，初步实现环境质量监测信息、环境信访信息、环境现场执法信息和环境风险源信息四色预警，基本形成"一数据中心、三体系、四应用"的整体格局。

建成"常州市教育信息化公共服务平台"，为全市中小学生个人学籍档案和教师个人成长档案提供服务；数字化教学、在线教育快速发展，研发基础教育"教学新视野"师生服务平台，开设 102 门职业教育课程，免费部署至每一个学校，建成网上自主学习平台《青果在线》。

（三）提升公共基础设施水平

近年来，通过建立水污染事件应急处置联动机制和强化应急物资储备等有效措施，常州应对水污染事件的处置能力已经全面形成，于 2015 年建成投运了德胜河应急取水工程，确保在长江水源受到污染的情况下，市民生活用水不受影响。常州连续推进实施了江边污水处理厂三期工程、戚墅堰污水处理厂三期扩建工程和雨水设施能力提升一期工程等重点项目，新建和改扩建污水管道 124 公里，累计处理污水 5.03 亿吨，污泥焚烧 37.22 万吨，中水供应总量超过 6490 万吨，污水处理常规指标达到了相应的排放标准，进厂污水处理率和出水水质达标率达 100%，所有出水全部达到或者优于国家一级 A 排放标准。城区自来水普及率、供气气化率均达 100%。生活垃圾、生活污水处理能力不断增强，全市污水处理率和生活垃圾无害化处理率分别达到 98.5% 和 100%。同时，通过二次供水建设工程，常州在全国率先实现了新建居民住宅二次供水设施由供水部门统一设计、统一建设、统一运行管理。到目前为止，常州市区居民住宅的二次供水设施已全部由常州通用自来水有限公司负责建设、运行、管理和维护，总量达470个小区，其中新建386个，改造接收84个，解决了原来物业公司管理中存在的二次供水水质差、水压不稳、渗漏严重、收费混乱、设施缺乏专业管理和维护等矛盾，受益人口99万人，真正实现了二次供水专业化、规范化管理的目标。在此基础上，常州还有序推进了东经120景观塔、龙城大道地道、晋陵南路和横塘河湿地公园等一大批重点照明工程，并通过各类技术手段有效提高城市照明设施智能化管理水平，良好保持城市照明设施完好率。目前，市区共有近40万盏照明设施，城市照明功能完善，城市道路装灯率始终保持100%，城市照明智能化管理工作处于全国领先水平。

（四）加强能源基础设施建设

近两年来，常州市创新推出众筹模式建设电动汽车充电桩，目前已建各类充电桩2015个，并初步建成全市统一的充电设施运营监控平台。按照《常州市区充电设施布局规划》，到2020年全市将建成公交专用充电站10座、社会公共充电站12座和一批公共充电桩群及专用充电桩群，建成充电桩两万个以上。

四　拓展公共服务，满足产城融合新需求

"人们来到城市，是为了生活；人们居住在城市，是为了生活得更好。"2000多年来，亚里士多德的这句论述，被全世界奉为城市发展之圭臬。近年来，按照习近平总书记提出的努力让人民群众有更好的教育、更稳定的工作、更满意的收入、更可靠的社会保障、更高水平的医疗卫生服务、更舒适的居住条件、更优美的环境"七个更"的要求，常州始终坚持民生优先，以"三优三安两提升"（优质教育、优质医疗、优质养老，安心食品药品、安心饮用水、安心社会治安，提升生态绿城建设水平、提升大气环境质量）等民生实事为重点，持续实施民生幸福工程，将75%以上的财政总支出投向民生类支出，不断健全终身教育、就业服务、社会保障、基本医疗卫生、住房保障、养老服务"六大公共服务体系"，满足群众在产城融合发展中的各类需求，让人民生活得更加美好，切实增强人民

群众的获得感和幸福感。常州持续实施居民收入倍增计划，2016 年城乡居民人均可支配收入分别达 46058 元和 23780 元，分别是 2011 年的 1.57 倍和 1.64 倍。

（一）推进公共服务均衡化

大力推进优质教育、优质医疗和优质养老等均衡布局、均等发展，促进公共资源向基层延伸、向农村覆盖、向弱势群体倾斜，逐步缩小城乡之间、区域之间、群体之间的公共服务差距，努力使公共服务的阳光照到每一个角落。

全市义务教育惠及面扩大，推动优质资源均衡配置，五年新建和改扩建中小学、幼儿园 140 所，所有辖市、区均成为全国义务教育发展基本均衡县（市、区），基础教育质量位居全省前列。2016 年末常州全市拥有各级各类学校 696 所，在校学生 81.3 万人，教职工 5.8 万人，九年义务教育巩固率 100%，高中阶段毛入学率 100%。2015 年全市教育现代化建设综合得分为 88.1 分。目前，义务教育阶段在常州的流动人员随迁子女 90.22% 已在公办学校就读，公办学校义务教育阶段吸纳 13.6 万名"新市民"子女就读，吸纳率达到 87%。建立覆盖所有学段的帮困助学体系，"十二五"期间发放各类减免、助学金总计 96378.44 万元，确保没有一个学生因贫困而失学。同时，实行残疾学生从学前到大学全过程免费教育。开展常州市义务教育"新优质学校"创建工作，6 所学校通过首批"新优质学校"评估；全面完成"江苏省高水平现代化职业学校"建设，年末全市共有 8 所省高水平现代化职业学校，数量位居全省前列；重点实施"省级高水平示范性实训基地"建设，已投入使用 10 个，并通过省级验收。在常高校稳步发展，职业教育加快发展，科教城获批国家高职教育综合改革试验区。

全市卫生资源总量持续增加、医疗机构布局得到优化。常州一院综合病房大楼、常州二院阳湖院区、常州四院新北院区和常州七院新建门急诊病房综合楼先后投入使用，市妇保院、市一院钟楼院区开工建设，市三院临床公卫中心和市中医院急诊病房综合楼相继立项建设。2016 年末常州全市共有各级各类医疗卫生机构 1267 个，拥有总床位 25085 张，拥有三级医院 10 家，城市东南西北中均有三级医院分布。28 家社区卫生服务中心、

120 家服务站和 58 家乡镇卫生院、465 家村卫生室筑牢基层医疗卫生服务网。卫生技术人员 3.1 万人，其中执业（助理）医师 12297 人、注册护士 13394 人，全市每千人拥有执业（助理）医师 2.61 人，均高于全省平均水平。深化公立医院综合改革，以三级医院为主体的区域性医联体实现主城区全覆盖，分级诊疗、家庭医生签约服务加快推进。公共卫生服务效能得到大力提升，人均基本公共卫生服务经费标准提高至 60 元，居民电子健康档案合格率 94.7%。基本建成覆盖城乡的医疗服务体系和 15 分钟健康服务圈，城乡居民健康状况总体得到有效改善。深化智慧健康建设，成为首批健康医疗大数据中心与产业园建设国家试点城市。全市社会养老服务体系基本建立，全市社区居家养老服务中心（站）实现城乡全覆盖，医养融合向纵深发展，2016 年末全市拥有各类养老机构 102 个，养老机构床位数 22009 张，每千名老人拥有养老床位数 48 张。连续两届获得全国慈善最高荣誉——慈善"七星级"城市称号。

延伸阅读：常州分级诊疗制度的探索

分级诊疗制度：建立分级诊疗制度，是合理配置医疗资源、促进基本医疗卫生服务均等化的重要举措，是深化医药卫生体制改革、建立中国特色基本医疗卫生制度的重要内容，对于促进医药卫生事业长远健康发展、提高人民健康水平、保障和改善民生具有重要意义。《国务院办公厅关于推进分级诊疗制度建设的指导意见》明确了分级诊疗制度建设的目标任务，即到 2017 年，分级诊疗政策体系逐步完善，医疗卫生机构分工协作机制基本形成，优质医疗资源有序有效下沉，以全科医生为重点的基层医疗卫生人才队伍建设得到加强，医疗资源利用效率和整体效益进一步提高，基层医疗卫生机构诊疗量占总诊疗量比例明显提升，就医秩序更加合理规范；到 2020 年，分级诊疗服务能力全面提升，保障机制逐步健全，布局合理、规模适当、层级优化、职责明晰、功能完善、富有效率的医疗服务体系基本构建，基层首诊、双向转诊、急慢分治、上下联动的分级诊疗模式逐步形成，基本建立符合国情的分级诊疗制度。

——基层首诊。坚持群众自愿、政策引导，鼓励并逐步规范常见病、多发病患者首先到基层医疗卫生机构就诊，对于超出基层医疗卫生机构功能定位和服务能力的疾病，由基层医疗卫生机构为患者提供转诊服务。

——双向转诊。坚持科学就医、方便群众、提高效率，完善双向转诊程序，建立健全转诊指导目录，重点畅通慢性期、恢复期患者向下转诊渠道，逐步实现不同级别、不同类别医疗机构之间的有序转诊。

——急慢分治。明确和落实各级各类医疗机构急慢病诊疗服务功能，完善治疗—康复—长期护理服务链，为患者提供科学、适宜、连续性的诊疗服务。急危重症患者可以直接到二级以上医院就诊。

——上下联动。引导不同级别、不同类别医疗机构建立目标明确、权责清晰的分工协作机制，以促进优质医疗资源下沉为重点，推动医疗资源合理配置和纵向流动。

近年来，常州市以健康管理和慢病诊疗为重点，扩大基层首诊试点，逐步推进各级各类医疗机构回归功能定位，推动分级诊疗制度框架逐步形成。常州各地积极开展家庭医生团队、专业公卫机构、三级综合医院"三位一体"的慢病管理模式，开展以老年人和高血压、糖尿病等慢性病患者为重点人群的家庭医生签约服务，探索特色服务包的家庭医生有偿签约服务，目前签约户数达 26 万户，服务对象 67 万余人；实施"签约医生服务联盟"，积极探索赋予签约医生更多可调配的卫生资源。探索建立区域型、共建专科型、对口支援型等不同类型的医联体。目前，常州市 16 家二级以上公立医院已与该市所有 86 家社区卫生服务中心和乡镇卫生院、6 家妇幼保健机构全部建立医联体，并建成 21 个区域化的影像诊断、心电诊断、临床检验、病理诊断、消毒供应中心，实现优质资源共享。在农村全面推行县乡村一体化改革，推动重心下移、资源下沉。开展群众满意乡镇卫生院创建，创建 3 家省示范乡镇卫生院和 18 家左右省示范村卫生室，重点推进 11 个重点建设和培育的乡镇卫生院特色科室建设，鼓励各地探索建立社区医疗卫生中心，发挥上引下联纽带作用，不断提升基层医疗服务能力。

富都社区卫生服务站自 2014 年起践行河海街道社区卫生服务中心提出的社区"健康管家"做法，派专业护士到社区专门窗口，为居民免费提供健康咨询和建立电子档案，为慢性病患者、老年人提供免费体检、随访检测、健康指导，为重性精神障碍患者提供免费服药、住院补助等服务，为家庭医生签约工作打下良好基础。截至 2016 年 8 月，卫生服务站已开展家庭医生签约服务 1335 余人，孕产妇、慢性病人群、肿瘤患者等重点人群签约率超 70%。

三井街道社区卫生服务中心于 2015 年起开始探索"基层首诊、双向转诊、急慢分治、上下联动"的分级诊疗模式，与市四院建成区域医联体，开通双向转诊通道，同时由四院委派专家到中心挂职，帮助建立和完善相关医疗护理管理制度，提升中心医务人员业务水平。中心还新开设肿瘤内科病区，由四院医疗护理团队开展全部诊疗活动，X 线、CT 影像则通过已经建立的区域影像会诊平台上传四院进行会诊，进一步方便了肿瘤患者。肿瘤内科病区试运行的 10 天中，已经有 22 名患者到该病区接受治疗。

在今后的改革发展中，常州市将继续推进分级诊疗和家庭医生签约服务，加快人口健康信息化建设，方便双向转诊，特别是要赋予家庭医生团队一定比例的专家预约号、预留床位等资源，方便签约居民优先就诊和住院；加强家庭医生签约服务实效，加强二、三级医院与基层机构的对接，在疾病诊断、专业治疗、特殊病种指导等方面发挥主力军作用，并引导居民在与家庭医生团队签约的同时，自愿选择一所二级医院、一所三级医院，建立"1 + 1 + 1"的组合签约服务模式。

以创建国家级公共体育服务体系示范区为抓手，坚持"城乡一体、普惠均等"的原则，建设和完善了市、辖市（区）、镇（街道）、行政村（社区）、自然村（居民小区）五级公共体育设施网络，"10 分钟体育健身圈"全面建成，2016 年末全市拥有体育场地 12837 个，其中体育场 27 个、体育馆 30 个。全市公共体育设施面积 147.9 万平方米，其中年内新增 35.6 万平方米，全市人均公共体育设施面积达 2.04 平方米，面积居江苏全省前列；体育民生实事扎实推进，全市建设包括笼式足球场、灯光篮球场、拼装式游泳池等全民健身示范工程 25 个，新设和更新 288 个健身点、2494 件健身器材；全面推进公共体育设施向社会免费开放或低收费开放，在全市设立 100 个科学健身指导示范点，提高全市公共体育服务水平；常州市和下辖一市五区全部被命名为首批"江苏省公共体育服务体系示范区"。

延伸阅读：区域公共体育服务体系建设的常州实践及其镜鉴①

习近平总书记强调指出，没有全民健康，就没有全面小康。实现伟大的中国梦，最终要落实到老百姓的幸福生活上来；实现人民生活幸福，最终要落实到人民健康上来；而体育就是事关人民健康、事涉人民幸福的事业。《"健康中国 2030"规划纲要》明确了健康中国建设的目标任务、战略要求和实施路径，《全民健身计划（2016—2020 年)》将实施全民健身计划上升为国家的重要发展战略，把"全民健身"作为"健康中国建设的有力支撑和全面建成小康社会的国家名片"，确立了体育在健康中国建设中的地位和作用，全民健身与全民健康深度融合被提升到一个新的历史高度。在建设"健康中国"的大格局中，如何提升公共体育服务的能力与水平，使体育与健康深度融合？面对日益多元的市民健身需求，如何建设一个设施完备、科学有效、精准服务的公共体育服务体系，让市民共享运动快乐和健康福利，是公共体育服务体系建设的重中之重。自 2013 年 12 月国家体育总局与江苏省人民政府共同在常州市武进区签订《建设公共体育服务体系示范区合作协议》以来，常州以服务人民健康为己任，立足市情构建了"设施更普及、组织更健全、活动更丰富、服务更优质、群众更满意"的公共体育服务体系，率先在全域建成了江苏省首批公共体育服务体系示范区，全市所有城市社区、行政村和较大的自然村全部建成"10 分钟体育健身圈"，人均公共体育设施面积达 2.8 平方米，经常参加体育锻炼人数比例达 39% 以上，较好地发挥了典型示范、影响和带动作用，为其他地区公共体育服务体系建设提供了经验借鉴和引领示范。

牢固树立"体育即民生"理念，推进公共体育服务体系的共建共享

近年来，常州深入学习贯彻习近平总书记关于"大健康"这一民

① 赵慧娣：《共建共享公共体育服务体系》，《中国社会科学报》2017 年 3 月 8 日第 7 版。

生事业发展的重大理论创新，牢固树立"体育即民生"的理念，把公共体育服务作为保障和改善民生的重要抓手，全面提升公共体育服务水平，让人民群众从体育运动中增强获得感和幸福感，分享体育事业改革发展的成果，获得更高的生活质量、更长的寿命。常州连续9年把公共体育服务体系建设列入年度重点工作，连续5年把"体育惠民工程"纳入为民办实事项目。全市每5年、辖市（区）每4年、镇（街道）每2年，组织一次综合性运动会或全民健身运动会；按照"一区一特色、一区一品牌"的要求，各辖市（区）均建有传统品牌特色全民健身活动；针对不同区域、不同人群的需求，因地制宜地组织小型多样的健身活动，组织开展各类人群、各具特色的全民健身活动；建成了以市级测定中心为龙头、辖市（区）级测定站为主体、镇（街道）测定点为基础、流动测定车为补充，市区联动、城乡一体的体质测定与运动健身指导平台，为市民开具运动处方，提供科学健身依据，不断提升体质测试服务水平。

持续完善公共体育服务体系，推动公共体育服务的均等化

常州坚持"城乡一体、普惠均等"的原则，建设市、辖市（区）、镇（街道）、行政村（社区）、自然村（居民小区）五级公共体育设施网络。城市社区全部建成高水平"10分钟体育健身圈"，市民步行10分钟左右就能享受全民健身服务；建立了"县县有中心、镇镇有场馆、村村有广场、队队有设施"的农村体育设施四级网络，自然村体育设施实现全覆盖，逐步实现城乡公共体育设施均等化，提升了体育基础设施建设的大众性、适应性、可用性。常州体育系统所属的23个体育场馆全部免费或低收费向市民开放，符合开放条件的学校体育设施都向社会开放。在此基础上，常州更致力于公共体育设施的结构均衡，大力建设满足中老年人健身需求的健身广场、健身路径等设施，积极引导建设11人制标准足球场、7人制足球场、笼式足球场、拼装式游泳池、室内篮球馆、网球场等中小型体育场地设施，切实满足广大青少年体育健身需求。

不断深化供给侧结构性改革，提高体育公共服务的能力

不断强化政府购买公共体育服务，采取强化政府扶持、加强技术指导、开展第三方评估、给予资金资助等方式，以此推动社会团体、

体育协会积极举办群众性体育活动和赛事。常州在全国率先出台了《关于购买公共体育服务的实施办法》，建立完善了政府财政向社会力量购买公共体育服务的相关制度。近年来，常州市政府共投入资金近2000万元，吸引支持超过60家社会组织、企业参与和承办各类赛事和健身活动。2014、2015年共对外发布49个项目，近60家企业和体育组织参与竞标，49个项目全部按期完成，现场观摩和参与的群众近20万人，共吸引社会资金超过200万元。2016年，26家企业和社会组织承接全民健身赛事活动31项和服务类项目1项，总计获得政府财政支持270万元。坚持"全民健身全民办""谁投资、谁受益"的思路，鼓励社会力量采取捐助、赞助、合作、股份制等多种形式，参与兴建和管理体育设施。常州聘请第三方专业团队，对项目开展情况进行考核评估，保障政府购买项目顺利实施。建立"体校主导、一校多点、教体融合、产业支撑"的青少年校外体育技能培训平台，将优质培训教学师资均衡配置到基层体育场馆中心。探索推进教体融合之路，提出"名校办名队"的目标口号，形成"一校一品"的教体结合新格局。充分拓展"互联网＋体育"模式，引导、服务、规范各类全民健身网络平台健康发展，发挥网络在体育文化传播、体育健身科普、健身场馆推广等方面的综合全面、快捷便捷的服务优势。常州建立了全民健身类手机APP——"常享动"智慧体育服务云平台，实现了手机端预订健身场地、预约健身教练、发起健身活动、获取健身数据等诸多功能，有效解决了市民健身需求和场地供应信息不对称的"痛点"问题，为常州市民提供了个性化的健身健康管理服务，提升了市民的健身体验，并将适时增加体质健康管理、科学健身指导等新功能，实现市民的个性化健身健康和康复指导。常州推出了覆盖全市的具备智能搜索功能的全民健身数字地图，在公园、广场、绿地和有条件的地区试点推进体育设施二维码服务，提高了公共体育服务的便捷化程度。

深入推进放管服改革，健全公共体育服务治理体系

近年来，常州加快政府职能转变，协同推进简政放权、放管结合、优化服务，加快构建事中事后监管体系。常州切实优化了体育行政机构设置和职能配置，进一步确定体育行政部门权力边界，梳理修

订行政权力清单，完善公共服务事项清单，科学界定市县职责和任务分工，重点梳理县域公共体育服务清单，提升县域体育的服务能力。强化政府在规划政策制定、资源整合分配、工作督察评估、统筹协调推进等方面的职责，先后出台了《常州市公共体育服务体系建设三年行动计划（2014—2016年）》和《常州市公共体育服务体系建设规划(2015—2020)》，做细顶层设计；常州及各辖市（区）将公共体育服务纳入经济社会发展规划、政府工作报告、财政预算和民生实事工程，制定工作规划，市政府每年向各辖市区下发公共体育服务体系建设目标任务书，实行目标考核；市全民健身工作指导委员会41个成员单位各司其职、协同配合，共同推动全民健身工作顺利开展。充分发挥市场在体育资源配置中的决定性作用，成立了市体育产业集团公司，"围绕体育做产业，依托产业办实事"，建立了体育场馆投、建、管一体化运营机制，形成了投入产出自我平衡的发展模式；设立了市级体育产业发展引导资金，鼓励引导民营资本参与，实现公共体育产品和服务供给的多元化。有效激发社会组织活力，按照去行政化、实体化的总体要求，积极稳妥地推进体育社会组织改革发展，切实加强和优化社会体育组织的孵化机制，采取引导扶持和购买服务的方式，支持社会体育组织实体化、专业化、规范化发展，提高体育社会组织承接全民健身服务的能力和质量。目前，全市在民政部门登记（备案）的镇（街道）以上体育社团超过600家，建成了层次分明、门类齐全、覆盖城乡、充满活力的体育社团发展体系，每万人拥有体育社会组织1.2个；鼓励运动员、教练员、体育教师、体育科研人员参与公共体育服务，建立完善的公共体育服务队伍，全市每万人拥有社会体育指导员超过32名。优化政府购买服务实施方式和绩效考核办法，支持社会组织、企业参与和承办各类赛事和健身活动，推进社会体育指导员培训等服务类职能向社会组织转移。

　　站在新的历史起点上，政府主导得到保障，各级主管部门如何进一步解放思想、创新发展？政事分开、制度构建、资源配置等方面如何进一步取得突破？如何实现从单一化供给向多方位服务转变？如何进一步理清政府、市场和社会组织之间的关系，构建一个符合现代社会发展的群众体育现代治理体系？这些既是我国公共体育服务体系建设必须要做出的时代应答，也是常州下一步探索的主攻方向。

（二）推进基本保障全覆盖

立足"全覆盖、保基本、多层次、可持续、一体化"，构建更加全面公平的城乡基本保障体系，完善社会救助和社会福利政策，着力做好引进人才、外来务工人员家庭社会保障工作，实现"人人有保障、年年有增长、城乡都一样"。

常州市坚持与辖市区联动，自2016年1月1日起市区正式开始了城乡居民医保的并轨运行，市本级、新北区和武进区城乡居民基本医保率先实现"同城、同标、同待遇"，在全省率先建立全市统一的城乡居民基本医疗保险制度，扩大大病保险覆盖范围，新政策覆盖了武进区、新北区、天宁区、钟楼区近110万参保居民，其中包括了16万原新农合参保人员、33万参保城镇居民医保人员。同时，常州在大病保险制度顶层设计上按照保障对象、筹资要求、保障范围、补偿水平、承办模式和保险年度"六统一"，实现城乡不同人群之间大病保险政策相对统一、待遇公平一致。

常州积极推进就业创业，2012年以来累计新增城镇就业64.5万人，援助困难群体就业5.4万人，城镇登记失业率控制在4%以内，制订实施龙城青年大学生创业行动计划，成为全国创业先进市。2016年全年城镇新增就业13.4万人，失业人员实现再就业5.1万人，扶持创业1.5万人，援助困难群体再就业1.1万人，年内新安置残疾人就业522人，年末城镇登记失业率为1.85%。

建立更加公平、更可持续的社会保障制度，全市社会保障制度基本实现城乡一体化，实际保障水平进一步提高。2016年末常州全市企业职工养老保险参保人数137.9万，比上年增长3.1%；城镇职工基本医疗保险参保人数193.0万，增长2.5%；城镇失业保险参保人数111.6万，增长2.7%。养老、医疗、失业三大保险综合覆盖率达98%。企业退休人员月均养老金2143元，比上年提高4.1%。

社会福利事业不断完善。常州全面实现了低保、孤儿、优抚等困难群众和特殊群体供养保障标准的城市并轨，全面实施了尊老金、养老服务补贴、困境儿童分类救助、免费婚姻登记、惠民殡葬等适度普惠型社会福利制度。最低生活保障水平不断提升，四城区城乡低保标准提高到 730 元/月，金坛区、溧阳市城乡低保标准均为 670 元/月。2016 年全市 19584 户、32229 人纳入低保范围，其中城镇低保对象 6738 户、10679 人，农村低保对象 12846 户、21550 人，累计发放保障金 1.9 亿元。全年医疗直接救助 27.4 万人次，医疗直接救助金额 6189.8 万元。

常州市不断创新住房保障方式，扩大保障范围，构建多层次住房保障体系，在全国率先走出了一条具有常州特色的保障性住房建设新路，成为全省住房保障体系建设示范市，在全省率先实现中低收入家庭保障全覆盖，将市区人均可支配收入低于全市平均水平的住房困难家庭全部纳入保障范围，分别通过公共租赁住房、经济适用住房予以保障，做到"有一户保一户"。其中，对于公共租赁住房家庭，政府主要提供实物房源，保障家庭每月只需支付每平方米 1~3.5 元租金；对于经济适用住房家庭，政府给予 10 万元货币补贴。同时，建储并举多渠道筹集保障房，累计筹集房源近 1 万套。2016 年全年常州新开工保障房 27440 套，基本建成 27476 套；全年新增公共租赁住房家庭 1151 户，其中实物配租家庭 829 户，租金补贴家庭 322 户；中低收入公共租赁住房申请家庭及经济适用住房申请家庭的人均月可支配收入门槛放宽到 3560 元（含）以下。积极推进危旧房、城中村、低洼地"三改工程"，让全体市民在经济和社会两个维度上都有获得感。着力抓好棚改工作，"房票"模式作为推动棚户区改造的创新做法在全国得到推介。

延伸阅读：住房保障的常州新探索

公租房共有产权：从 2012 年起，常州通过建储并举、双管齐下筹集公共租赁住房房源，实现了市区中低收入住房困难家庭从申请受理到实现保障 3 个月内完成的目标。2013 年，常州出台了《创建住房保障体系建设示范市实施方案》，从保障对象扩面、保障房准入退出机制等七大方面进行了部署，准入门槛逐年降低，构建了面广量大的保障房体系，让城市低收入人群低成本实现"安居梦"。2015 年下半年，政府集中建设房源陆续交付，为提高公共租赁住房分配入住率，盘活政府积淀资产，激励中低收入家庭从租赁政府的房屋到与政府共有，最后拥有全部产权，实现从"有房住"到"有住房"的住房梦。常州自 2015 年 9 月起开始探索公共租赁住房共有产权模式。共有产权公租房是常州推出的又一创新保障方式，即政府和保障对象共同拥有房屋产权，满足部分保障家庭渴望拥有自己住房的需求。共有产权房是住房和城乡建设部倡导的保障房发展方向之一，旨在通过共有产权方式，使部分群众通过自己支付一部分钱解决住房问题；同时规范现有经适房和商品房制度，以遏制购置型保障房领域的牟利空间。此次常州试水公租房共有产权，经过江苏省住建厅批准，将为省内其他地区积累经验。2015 年 11 月 19 日，常州试点放开金润家园保障性住房小区的部分房源，由已经入住或取得了公共租赁住房入住权的家庭，自愿申购公租房不低于 50% 的产权，与政府共有房屋产权，并可持续认购剩余产权。2016 年 8 月 8 日，常州市首批金润家园共有产权房不动产权证书成功办理，标志着常州共有产权公共租赁住房的试点工作取得了新的进展。

"房票"抵用房款：2015 年，常州在获得国家开发银行棚户区改造贷款授信以后，全面启动了全市范围内的棚户区改造工作。立足当时商品房市场成交量低迷的客观现实，借助推进棚户区改造项目的大好时机，常州市天宁区采用"房票"抵用房款的方式，破解目前商品房市场面临的成交量低迷局面，同时也提供给老百姓自由选择购买自己满意房源的空间。"房票"面值按照合法拆迁面积的 75%，乘以被征收房屋基准价，"房票"可认购辖区范围内房地产开发企业投资新建并已取得预售售证的商品房，一张房票可认购一套或多套房屋。"房票"还有使用期限，必须在发放之日起 90 日内用完，使用"房票"购房的市民可以享受最多 15% 的奖励。天宁区房屋征收市场化安置房票制度，用一张简单的"房票"，在保障房和商品房之间打通了一条轨道，借助市场力量，引导了资源配置和供需流动，为集约利用市区有限土地资源，打通安置房与商品房的通道，合理有效地消化市场上的商品房存量，起到了积极的作用。

（三）推进社会治理现代化

近年来，常州以项目化为抓手，着力推进创新社会治理重点项目工程建设，5 年来共实施推进 119 个项目，以奖代补经费达到 2300 多万元，推动全市社会治理能力和水平实现整体跃升。常州先后被评为"全国社会治安综合治理优秀市""全国首批法治城市"，并获得全国综治和平安建设最高奖项"长安杯"。社会组织发展水平居全省第一方阵，率先建立现代社会组织发展中心，组织实施"三社联动"品牌项目，社区自治水平稳步提高，减负增效成效明显，"政社互动"覆盖所有镇、街道。顺应产城结构变化新趋势，突出新城新区、城乡社区的社会治理创新，发挥政府主导作用，鼓励社会各方参与，完善外来人员、流动人口和特殊人群的服务管理，实现政府治理、社会调节、居民自治良性互动，推动产城融合走向新的高度。

一是建设治安防控体系。常州持续加大对各类违法犯罪的防范打击力度，组织开展打防管控"百日会战""重点地区挂牌整治""定点清除"等专项活动，以专业化手段打击职业化犯罪，2016 年 1～10 月，全市违法犯罪总警情、刑事案件、侵财警情同比分别下降 8.4%、18.7%、18.4%；刑事、"八类"、"两抢"案件破案率同比分别上升 8.2%、18.7%、28%，全市现行命案全破。重组城市巡防体制，新建和调整一批治安卡口、中心巡逻警务站，落实"常态、加强、战时"三级巡防勤务，开展"闪亮警灯　共建平安"行动，街头路面见警率明显提高；推进升级版技防城建设，落实年度技防城建设资金 1.6 亿元，构建"控点、封城、成圈、锁城"的技防监控网络体系，实现跨地区、跨层级、跨部门联网调度和共享应用。

二是创新社区多元共治。探索警社联动工作模式，积极开展社区多元共治改革。天宁分局作为全市试点，围绕社区服务群众、矛盾化解、人口管理等方面存在的问题，选取了牟家村委、青竹苑、红梅西村、北直街、新丰街 5 个社区开展一线试点，汇编下发《天宁区加强警社联动、促进社区（村）多元共治试点工作实施方案》等 10 项配套工作制度，推动警务室与社区合署办公，挂牌"社区多元共治中心"，在社区服务窗口增设公安席位，由社区民警（辅警）与社工实行 A、B 角换岗服务，探索实施双向考核机制，对社工、社区民警（辅警）入户走访、纠纷调处、治安巡逻、提供线索、信息采集、宣传报道 6 方面捆绑考评，研发"社区多元共治平台"，导入实有人口、就业保障、婚姻健康等社会信息 7.5 万余条，有效打破部门信息壁垒，实现社区人口网络"一查清"，联合化解矛盾纠纷130起，矛盾分流率达30.5%。

三是压降侵财案件。组建合成防范中心，通过建立防范机制、搭建防范平台、整合防范力量、落实防范保障等一系列实措，组织开展全市公安机关侵财类案件防范会战，研判出占全市发案总量26.1%的270个重点部位，并通过实地检查、动态研判、严格考核、定期通报等举措全力压降侵财警情，截至2016年10月底，全市侵财类警情40543起，同比下降18.4%，其中，街面、单位、社区警情同比分别下降23.3%、22.9%、20.4%，270个重点部位中有215个部位警情得到有效遏制和压降。

第六章
常州产城融合发展的初步成效

产业和城市"双转型、双升级"中，常州正为江苏省乃至全国探路——以地级市为单位，整体推进产城融合综合改革试点，在人口集聚、投融资、土地配置、空间管理、市场运作等方面加强探索。经过一年多的实践探索，常州产城融合综合改革取得了一定的成效，部分地区、板块已经初具融合发展形态，为全市进一步推进新型城镇化建设积累了宝贵经验。

一 凸显以人为本，加快推进了市民化进程

(一) 加大了人才引进和培育力度

无论是产业发展还是城市建设都离不开各类人才，因此常州产城融合综合改革把人才的引进和培育放在突出位置，针对高层次人才和普通务工人员两类市民，从引进和培育两个方面加快推进市民化进程。

针对高层次人才，常州大力实施"千名海外人才集聚工程"和"龙城英才计划"，以事业发展吸引高端人才在常州落户。至 2015 年末，全市累计引进领军人才创新创业团队 1800 多个，其中国家"千人计划"专家 400 多名、领军型创新创业人才超过 1400 名，创办了 1200 多家高科技企业，直接带动引进 3000 多项专利成果来常转化及产业化。截至目前，常州技能人才总量达 77 万人，其中高级工以上高技能人才 23 万人，每万名劳动者中高技能人才 826 人，连续两年位居江苏全省第一。2016 年 8 月，常州出台《关于支持企业加强人才队伍建设的若干意见》，从引进人才、培养人

才、人才载体建设和人才服务四个方面推出 15 项措施，鼓励企业引才用才。在该意见中，常州首次将对企业引进优秀高技能人才给予资助列入政策资助范围，对企业引进中华技能大奖获得者、世界技能大赛金牌获得者，全国技术能手、国家级技能大师工作室领办人、世界技能大赛银牌获得者，以及高级技师等各类高技能人才给予资助；在支持企业引进人才方面，突出"高精尖缺"人才，鼓励企业引进紧缺高层次人才、高技能人才和高层次外国专家，常州对企业引进的"高精尖缺"人才给予 3 万 ~ 30 万元的资助和补助。

针对普通务工人员，常州以农业转移人口市民化为重点，通过深化户籍制度改革、完善农业人口就业创业服务、建立外来务工人员社会保障一体化机制等措施，推进农业转移人口在常州的落户。一是义务教育公平化。支持将农业转移人口随迁子女的义务教育纳入公共财政保障范围，足额、同标准安排各学段生均定额公用经费，学前教育 400 元/人年、小学 700 元/人年、初中 1040 元/人年、高中 1000 元/人年、中职 1000 元/人年，保障农业转移人口子女平等享有受教育权利。逐步完善中等职业教育免学杂费和普惠性学前教育的政策，全市公办、民办中职学校一、二、三年级在校学生每人每年减免学费 2200 元。二是基本医疗均等化。对农业转移人口，基本公共卫生按常住人口安排资金，计生流动人口实现均等化服务，常住人口在居住地能够享受和户籍人口一样的基本公共卫生服务；市区人均基本公共卫生标准调整到 74 元/人，其中市区财政（城区）按照 65 元标准安排、江苏省再补助 9 元，让常住人口能够享受包括健康教育、预防接种、儿童健康管理等在内的 12 大类 45 项服务。三是社会保障并轨化。抓紧做好将农业转移人口纳入城镇社会保障体系和城乡社会保障制度衔接等工作。四是就业补贴长效化。适应产业结构调整和就业能力转换的需求，逐步建立政府购买培训成果、城乡统一的长效补贴机制，实现培训补贴政策均等化，切实提高培训与就业的对接，促进劳动者更高质量的就业。对市区范围内城镇登记失业人员和农村转移就业劳动者（含外来人员），凡取得人力资源和社会保障部门颁发的相关证书，可按规定享受每人 300 ~ 1200 元不等的培训补贴。

（二）深化了户籍制度改革

建立健全实有人口登记制度，加强和完善人口统计调查制度；以人口基础信息为基准，加强部门协作，整合共享和综合利用人口信息资源，实现全市户籍人口和流动人口的劳动就业、教育、收入、社保、房产、信用、卫生计生、税务、婚姻、民族等人口信息互联共享。在此基础上，常州市进一步放宽准入条件、健全保障体系，推行居住证与基本公共服务待遇挂钩政策。

2003 年，常州市改革户籍登记制度，在全市范围内取消农业户口、非农业户口，建立城乡统一的户籍登记制度；取消"农转非"制度，建立户口迁移条件准入制，确立了以合法固定住所或稳定职业为户口准入基本条件的户口准入制度。

出于有利于吸纳年轻人、有利于吸纳有劳动技能的人、有利于吸纳有投资能力的人，从而优化人口结构、推进城乡一体、保障群众权益的目的，常州市于 2014 年 7 月正式实施《常州市户籍准入和迁移管理规定》，进一步发挥户籍政策在优化城镇化人口结构、调配资源中的作用。

2014 年 9 月，根据国务院、省政府关于实施流动人口居住证制度的有关精神，继苏州市试点后，常州市在江苏省率先全面实施居住证制度，专门制定下发《关于实施流动人口居住证制度的通知》，对所有外来人口以居住地登记为准，统一实行居住证管理制度；加快居住证发放，进一步完善以稳定就业或可靠收入来源、合法固定住所为基本条件的居住证发放制度；推行居住证与基本公共服务待遇挂钩，把本地人口和外来人口统一纳入人口服务管理范畴，明确居住证持有人在常州可以享受 9 类 14 项公共服务，涉及子女入学、机动车牌照、驾驶证、护照申领、机动车异地检验、计划生育服务、职业技能培训、公共租赁住房申请等。

专栏：常州市居住证可享 9 类 14 项公共服务之清单

（一）依法参加社会保险并享受相关待遇。

（二）在本市居住满 1 年，子女符合本市相关入学条件的，可在本市入学接受义务教育。

（三）申领机动车驾驶证，办理机动车注册登记、二手车交易手续和异地检验机动车。

（四）在居住地就近申领普通护照。

（五）符合户籍准入政策条件的，可以申请登记为户籍人口。

（六）享有计划生育、优生优育、生殖健康等服务：

1. 免费享受国家规定基本项目的计划生育技术服务；

2. 免费获取避孕节育报告单；

3. 符合计划生育政策并在常州居住满 1 年，免费享受孕前优生筛查；

4. 晚婚晚育或在现居住地施行计划生育手术的，享受休假及相关待遇；

5. 在本市居住满 1 年且持有《独生子女父母光荣证》的，其未婚的独生子女当年死亡、严重伤残或身患重大疾病以及当年计划生育节育手术引起并发症的，可享受《常州市人口和计划生育公益金管理办法》中的规定补助。

（七）按照国家、省、市有关规定，享有建立居民健康档案、健康教育、预防接种、儿童保健、孕产妇保健等基本公共卫生服务。

（八）参加职业技能培训。

（九）按照《常州市市区公共租赁租房管理办法》申请承租政府投资的公共租赁住房。

2016 年初，常州研究编制《全市农业转移人口及其他常住人口落户城镇行动计划及工作方案》，围绕产城融合改革，就明确落户条件、建立健全农业转移人口落户机制等方面明确工作目标和责任主体。

2016 年 3 月，根据江苏省人民政府通知要求，常州研究制定了《关于进一步推进户籍制度改革的意见》。该意见在调整户口迁移政策、创新人口服务管理以及保障农业转移人口和其他常住人口合法权益等方面进一步放宽准入条件，全面放开建制镇落户限制，重点解决进城时间长、就业能力强、可以适应城镇产业转型升级和市场竞争环境的人员落户问题，不断提高大中专、技职校毕业生、技术工人、留学回国人员等各类优秀、紧缺人才，及其符合随迁条件的配偶和未婚子女常住人口的城镇落户率，切实保障农业转移人口和其他常住人口合法权益。此次户籍制度改革主要有以下三个特点。

一是购房投靠户口准入条件合理、调控明显。综合考虑城市承载力，以人均居住面积为标准，常州市提高了购房和投靠准入门槛，以 50 平方米为最低标准，将市区户口准入的人均居住面积规定为不小于 25 平方米。全面放开建制镇和小城市落户限制，对金坛、溧阳准入的住房面积不作限制，促进县城镇发展。

二是大市范围内户口迁移手续简单、流程快捷。在常州全市实行以合法稳定住所为基本条件的户口登记迁移制度，明确 6 类户口可以在城市和农村之间互相迁移；将市内户口迁移审批权下发给派出所，市内户口迁移审批时间由 15 个工作日压缩到 5 个工作日；统一市内户口迁移政策和证明材料，取消户口准迁证和户口迁移证，实现大市范围居民户口"一站式"迁移。同时明确，户口迁移后涉及社会保障、土地承包、宅基地、计划生育等事宜，由本市相关部门按规定办理，逐步剥离依附在户籍上的不均等待遇。

三是农业转移人口待遇有提升、权益有保障。根据江苏省公安厅的部署和要求，常州立足自身实际，提出了稳步推进农村土地确权登记颁证、农村社区股份合作制改革，建立农村产权流转交易市场，保障农业转移人口随迁子女平等接受教育，加强农业转移人口就业、医疗、计生、养老、住房保障等配套措施，全方位解决进城落户人口的后顾之忧，真正提升人民群众获得感。

自户籍制度改革以来，常州全市共办理居住证 184.3 万张，落户城镇的农业转移人口共 18.6 万人，户籍人口城镇化率达到 74.5%。截至 2015 年底，常州市常住人口 470.14 万人，较 2014 年常住人口 469.64 万人增加 0.1%，其中农村人口的比重逐年下降，人口向城镇转移的趋势日益明显。2015 年末，常州市常住人口中城镇人口 329.1 万人，较 2014 年增加 6.46 万人；农村人口 141.04 万人，较 2014 年减少 5.96 万人；城镇人口占常住人口的比重较 2014 年提高 1.3 个百分点。2016 年末，常州市常住人口 470.8 万人，比上年末增长 0.1%，其中城镇人口 334.3 万人。截至目前，常州市户籍人口城镇化率为 74.5%，高于江苏省户籍人口平均城镇化率 12.4 个百分点（江苏省户籍人口平均城镇化率 62.1%、苏州户籍人口城镇化率 79%、无锡户籍人口城镇化率 73%），已经逼近了《常州市新型城镇化与城乡发展一体化规划（2016—2020）》提出的到 2020 年常住人口城镇化率达到 75% 的目标。

(三) 建立健全了农业转移人口市民化推进机制

一是建立健全了人口就地市民化分类推进机制。按照先存量、后增量，先本地、后外地，先市内、后市外，先失地农业人口、后其他农业人口，先进城务工人员及子女、后投靠亲友的顺序，分门别类推进未转移群体转为城镇居民。在全面推进常住人口基本公共服务均等化的同时，积极稳妥地推进异地务工人员本地长成子女市民化；对不愿意放弃农村各项权益的本地进城农村居民和异地转入的常住人口，按常住人口管理并让其平等享有城镇居民基本公共服务。充分尊重有意愿在城镇落户的进城务工人员及家庭的选择权，建立健全公开透明的市民化工作运行机制。

二是建立健全了农业转移人口落户机制。完善以合法稳定职业、合法稳定住所为基本条件的户籍准入制度，溧阳、金坛全面放开城镇落户限制，鼓励农业转移人口到城区和镇区落户。全面实施外来人口居住证制度，推行居住证与基本公共服务待遇挂钩，在中心城区建立以居住证为基础，以就业年限、居住年限和城镇社会保险参加年限为基准的积分制落户政策。

三是建立健全了转移人口市民化成本分担机制。政府主要承担基础设施、义务教育、就业服务、基本养老、基本医疗卫生、保障性住房等方面的公共成本；企业主要落实务工人员与城镇职工同工同酬，依法足额缴纳社会保险费用，并承担提高职工技能水平的培训费用；务工人员依法参加城镇社会保障，积极参加职业教育和技能培训等，并按照规定承担相关费用；积极发挥社会组织、慈善福利机构在推进农民工市民化进程中的积极作用。

二 统筹建设管理，有效提升了城镇功能

(一) 优化了融合发展之空间布局

实施部分行政区划调整，金坛撤市设区，整合设立常州经开区，新北、天宁、钟楼发展空间扩大，全市生产力布局进一步优化。大力推进国家创新型城市和苏南国家自主创新示范区建设，常州科教城连续位列中国

最佳创业园区前列，武进高新区升级为国家级高新区，西太湖科技产业园、江苏中关村科技产业园获批筹建省级高新区，常州科技街启动建设，"一核两区多园"的区域创新格局基本形成。中以常州创新园共建计划正式发布，苏澳合作园区落地常州，中德创新园入选"中欧城镇化伙伴关系示范区"，西太湖科技产业园获批设立"海峡两岸（常州）健康产业合作区"，苏皖合作示范区纳入苏皖两省战略合作协议。

持续推进新型城镇化，城市建设实现由"筑形态"向"优品质"转变，新城新区功能日益完善，新龙国际商务城、钟楼新城、凤凰新城等城市新板块形态初显。城乡一体发展取得积极进展，持续推进"四个西进"（产业西进、科技西进、项目西进和基础设施西进）和区县挂钩合作，建成常溧高速公路、常金快速通道等一批重大基础设施，122省道常州东段等道路建成通车，340省道常州东段、地铁1号线一期等在建工程进展顺利，中心镇实力进一步增强。完成常州市空间发展战略规划编制，成功申报省海绵城市建设试点城市。2016年6月，常州市和武进区成为江苏省海绵城市建设试点城市，常州市城建学校入围海绵城市建设示范项目。在试点工作中，常州以总面积为9.63平方公里的金融商务区和新龙国际商务城两个试点区作为全市海绵城市建设示范区，通过海绵城市建设全面统筹水环境、水安全、水生态和水资源，争取在减少区域产流量，缓解城市内涝的基础上，进一步在源头上削减雨季入河污染总量，有效改善城区水环境，尽快还市民"清水鱼嬉蛙鸣月，河岸柳绿花映红"的江南水乡美景。到2020年，全市城市建成区20%以上的面积达到海绵城市建设目标要求，全部建成区70%以上的雨水得到有效控制，面源污染得到有效削减，全市海绵城市建设走在全国前列。城市防洪包围圈基本形成，新孟河、新沟河延伸拓浚等一批重点水利工程进展顺利。

土地节约集约利用水平显著提升，成为全国国土资源节约集约模范市。近年来，常州以国土资源节约集约模范县（市）创建活动为抓手，在节约集约用地模式创新、技术创新、制度创新和管理创新"四个创新"上下功夫，积极探索实践以"规划刚性化、保障差别化、管地精细化、城乡一体化、保护生态化"为主要内容的"五化"节地新路径，实现了经济社会发展与节约集约用地良性互动，土地利用多项核心指标位于全省乃至全国前列。2016年6月，常州被国土资源部授予"国土资源节约集约模范市"荣誉称号。

(二) 明确了不同层级之发展定位

将中心城区建设成面向国际的现代化城区。保护老城区历史文脉，优化城市景观，提升城市环境。合理控制居住人口和土地开发强度，有序推进城市中心区工业企业搬迁和转型升级，加快老城区旧城改造，推动高端服务业集聚。提升道路、公交、市政等基础设施建设水平，完善教育、医疗、文化、体育、养老以及社区服务等基本公共服务。老城区以外地区结合特色资源，形成多个各具特色、功能完备、产城一体的现代化产城融合发展片区。东部地区强化资源整合，以国家级经济开发区为目标，打造全市体制机制创新先行区、高新技术产业集聚区、生态文明示范区、产城融合样板区。滨江地区重点发展临港产业、港口物流、新材料、生物医药、光伏新能源、文化创意、旅游休闲等产业，完善商贸、教育、医疗、生态等综合配套功能。西部地区依托常州机场，大力发展航空产业、现代物流、商务办公、生活服务、装备制造等产业，提升水、陆、空综合交运能力，打造苏南区域物流枢纽。南部地区以科技园引领高新科技产业发展，依托现代科教城，发展现代制造业和高技术产业。西太湖地区重点发展创智创意产业、高新技术产业、生产性服务业、旅游休闲产业，建设西太湖科技产业园，打造国家级产城融合创新发展示范区。

做大做强金坛、溧阳两个副城区。金坛将被打造为长三角具有山水特色的生态旅游城市，苏南丘陵地区新兴产业基地和滨湖宜居城市。全面融入常州整体发展格局，实现与常州城区在居住、交通、产业、生态、机制等方面的全面对接和融合。重点推进滨湖新城和经济开发区建设，逐步完善金坛老城区整体品质和服务层次，重点发展高新技术产业、先进制造业、休闲旅游等产业。溧阳将被打造为区域次中心城市、苏浙皖交界区域一体化的枢纽城市、宁湖杭发展带的重要节点城市，连接南京、杭州两大都市腹地的重要纽带，长三角生态休闲旅游城市。统筹老城区、燕山新区、天目湖、江苏中关村科技产业园（经济开发区）、南部新城等板块建设，以新型工业化为导向，重点培育先进装备制造、软件与电子信息、通用航空等新兴产业，打造苏浙皖交界地带的物流枢纽。

提升中心镇职能，推进小城镇特色化发展。做大做强中心镇，辐射带动周边乡村地区，引导产业与人口集聚。完善中心镇与城区的快速公共交通连接，提高生产生活服务便利化程度。按照小城市标准配置文教体卫等公共服务设施和基础设施，依托片区级体育中心、文化中心、二级医院建设，打造片区综合公共服务集聚区。在资金、技术、人才、政策、基础设施建设等方面向中心镇倾斜，坚持放管结合、权责一致，通过委托、交办、机构延伸等方式和途径，赋予中心镇部分县级经济社会管理权限，建立严格的管理制度和责任机制。因地制宜、突出特色、创新机制，推动小城镇发展与城镇能级相结合、与资源特色相结合、与服务"三农"相结合，发展具有特色优势的休闲旅游、商贸物流、信息产业、先进制造、民俗文化传承、科技教育等魅力小镇，带动农业现代化和农民就近城镇化，形成具有常州本土特色的、融产业、文化、旅游以及社区功能于一体的多功能集聚平台。出台扶持政策，制定出台加快特色镇规划建设的实施意见，明确税收支持、土地要素保障、重点项目支持、科技创新支持等扶持政策，同步出台特色镇创建导则。强化城镇特色风貌，引导社渚、薛埠、儒林、雪堰、孟河、湟里等中心镇，邹区、嘉泽、指前、竹箦、上兴、天目湖等一般镇依托各自资源特色化发展。常州小城镇特色化发展导向如表 6 – 1 所示。

表 6 – 1　常州小城镇特色化发展导向

乡镇名称	发展导向
孟河镇	以培育新生中小城市为发展定位，充分发挥历史文化、现代农业产业园、小黄山等资源优势，建设好中国历史文化名镇、中国汽摩配名镇，把城镇建设与产业发展、城镇建设与城乡一体化有机结合，为全国、全省新型城镇化建设提供试点示范
郑陆镇	常州市区东北部绿肺，融农业观光、商贸旅游、现代物流、产业集聚于一体的"千年圣贤地、都市花园"
雪堰镇	常州市东南部连接锡宜的门户枢纽，常州市区南部的中心镇，以绿色产业为先导、以吴地文化为内涵、以湖滨休闲为特色的生态型旅游城镇，对接无锡市、宜兴市
湟里镇	常州市西南片区中心，常金一体化发展的重要节点，未来以现代工贸为主导、生态休闲为特色的现代化小城市，同时与儒林镇互补发展
儒林镇	新型城镇化试点镇。长三角滨湖旅游休闲度假名镇、江苏省生态文明践行示范镇。重点发展滨湖旅游，与湟里镇互补发展，同时是环长荡湖旅游区的服务中心

续表

乡镇名称	发展导向
薛埠镇	金坛副中心，全国著名的养生休闲度假胜地。辐射直溪镇、朱林镇，与沿茅山地区一体化发展
南渡镇	溧阳市域副中心城镇、水乡宜居新镇，交通节点、商贸中心、新材料、工业基地
社渚镇	以新型建材及轻纺工业为特色的苏皖交界地区交通节点和商贸中心城镇
邹区镇	以全国灯具市场为特色的综合性物流基地，常州市农副产品集散中心，重要的现代化工贸城镇
嘉泽镇	武进区西太湖西部集花木生产、休闲养生、市场物流、科研创意等综合功能于一体的中国花木名镇
横山桥镇	山水特色的新市镇，长三角具有影响力的宜居、宜业、宜游全国重点镇
指前镇	精致滨湖小镇、绿色宜居新镇、滨湖生态综合型城镇、长荡湖西岸旅游服务中心
竹箦镇	苏南地区生态文化特色名镇，溧阳北部集旅游休闲、科技产业于一体的新型田园城镇
上兴镇	区域门户枢纽，旅游型和工商型新兴城镇。重点打造门户重镇、工业强镇、旅游新镇
天目湖镇	溧阳市南部以旅游资源保护和开发为核心的旅游型城镇

延伸阅读：推进新型城镇化试点乡镇建设

金坛区儒林镇、新北区孟河镇是江苏省国家新型城镇化试点乡镇。江苏省国家新型城镇化综合试点镇的主要任务包括建立农业转移人口市民化成本分担机制、构建多元化可持续的城镇化投资融资机制、健全城镇住房保障机制、创新城市群区域协调发展机制、健全完善城乡发展一体化体制机制、创新城乡社会治理、强化生态文明制度建设、建立健全新型城镇化标准体系、培育新生中小城市、建设新型城市等14个方面。

作为金坛区的经济重镇，儒林在镇域面积、人口规模、经济发展等方面，都具备了向新型城镇化迈步的条件。该镇紧紧抓住被确立为全国重点镇、全省首批国家新型城镇化综合试点镇和常州市中心镇的战略机遇，大力实施"工业强镇、旅游兴镇、农业稳镇"三大战略，全力打造"一镇、一园、一区"三大空间板块，加快把儒林建设成为新兴工业大镇、休闲旅游名镇、特色农业强镇、产镇融合先进镇、民生幸福和谐镇。其产镇融合的路径为：用三年时间（2014～2016年）初步融合，集中精力推进产业园区、长荡湖旅游度假区和城乡基础设施建设。用四年时间（2017～2020年）中度融合，加快发展滨湖新镇和儒林镇区的旅游产业服务基地。用十年时间（2021～2030年）高度融合，全面推进长荡湖旅游区和儒林镇"区镇合一"，从而把儒林镇建设成以长荡湖旅游休闲度假为品牌特色、经济发展繁荣、基础设施和公共服务设施完善、生活环境优美的国家重点镇。

新北区孟河镇是中国历史文化名镇、全国重点镇、国家级生态镇、江苏省中心镇，是全国汽车配件产业之乡。作为常州产城融合综合改革试点重要组成部分，孟河镇主要围绕新型设市模式、多元化可持续城镇化投融资机制、产城融合、创业创新环境建设、公共服务提供机制等方面，推进新型城镇化综合试点。

持续推进乡村发展，合理优化镇村布局。完善镇村布局规划，分类引导村庄建设，合理确定村庄布点和建设规模，发展规划重点村，保护特色村，根据村镇人口结构现状和变化趋势，因地制宜布局建设基础设施和公共服务网络，形成适度集聚、生产便捷、生活舒适的村庄分布格局。充分尊重农民意愿，明确村庄撤并、迁移标准，加强空心村整治和闲置土地利用，促进土地资源集约利用。

培育乡村特色。以树立主题、打造品牌、发展特色为目标，以中心镇为乡村发展核心，形成多个特色乡村发展片区，培养特色品牌，彰显片区特色，逐步形成区镇联动合一的发展模式。加大村庄自然与文化资源保护，维护农村居住、生产、生态、文化等功能，依托区位条件、自然文化资源，培育一批以特色农业、休闲旅游、商贸流通为主的新型村庄，完善基础设施建设，改造村庄生活环境，促进农业、旅游业、文化产业融合发展。建设美丽乡村连接绿道，串联美丽乡村节点和旅游景点，体现独特乡土风韵。近年来，常州大力推进村域道路、供水、供气、电力、通信、信息化、污水管网等基础设施建设，自来水入户率达到100%，生活污水得到有效处理，供电、通信、有线电视等设施建设到位，村内主要道路设置路灯照明，有线电视入户率95%以上，光纤进村到户。

（三）提升了城市治理水平

借鉴世博理念，常州努力践行"城管，让生活更美好"，不断提升市民幸福指数，创出多个"民生常州样本"。

市容环境整治创成为人居范例。常州连续5年开展以"九整治""三规范""一提升""三创建"为主要内容的市容环境综合整治行动，对约450公里130条主要道路两侧进行重点整治，并组建"市民百人找差团"，对市容环境进行监督；在主城区实施网格化管理，实行全天候保洁制度，基本实现主次干道"路畅、街美、景优"，城市长效综合管理拓展至所有乡镇，成为首批"江苏省优秀管理城市"，并获得住建部2014年"中国人居环境范例奖"。武进区还荣获联合国人居环境特别荣誉奖，成为中国首个联合国"人居实验城市"。全市村庄环境整治达标工程全面完成，建成8个省级美丽乡村示范村。

交通畅通工程成为全国样本。创新城市交通综合管理，从科学规划道路建设、提升公共交通能力、净化道路交通环境、深化文明交通志愿服务4个方面入手，打造"民生交通"品牌，赢得"不堵城市"美誉，受到公安部好评；借鉴国内外城市快速公交建设经验，独创富有常州特色的"专线通行、全程一票、站内转乘、市民优惠"BRT新模式，成为中国土木工程"詹天佑奖"的唯一公共交通类获奖项目。强化企业质量诚信体系建设，以地理信息技术为基础，率先建成农产品质量安全监管信息可追溯平台，在全省推广；率先试点"汽车4S店服务质量信用评价"，引领全省行业规范经营；以高危企业为重点，率先在食品企业和电梯维保行业试行"黑名单"制度，得到上级主管部门肯定；工业企业质量信用评价工作从严把关，累计认定江苏省工业企业质量信用AAA级企业8家、AA级38家、A级1038家，列全省第一。电梯安全监管开辟整合新路。常州市质监局积极回应市民群众对公共安全问题的热点关切，把电梯应急救援系统建设列为"政府为民办实事工程"。基于"互联网思维、大数据应用、物联网技术"，整合监察检验、维保使用、应急救援3个系统，在全国首创"三位一体"电梯监管模式；其中，以119为标志的"统一呼号、三级响应、多方联动、资源共享"的电梯应急救援模式，实现了相关主体有序参与、故障电梯准确定位、及时有效调度救援，被权威质量专家称为积极探索社会共治、推进信任传递、值得研究推广的质量管理"微创新"，已被全国 10 多个省区的城市复制推广，被国务院应急管理办公室和中国信息协会评为"2015 中国应急管理信息化管理创新奖"。信息化监管解决气瓶"老大难"问题。常州探索了一套信息化气瓶安全监管方式，以"二维码 + 条码"为气瓶身份辨识码，在气瓶制造、充装、检验等环节安装，记录气瓶全信息，使气瓶使用登记、信息查询、连锁管理、"红绿灯"提示、分类分级考评全程透明，实现了气瓶监管的全过程、多方位可追溯。截至目前，全市已累计完成安装和信息录入二维码液化石油气瓶 27 万余只。该做法获得了国家质检总局的肯定，常州因此召开了全国气瓶监管改革现场会，这一做法还被作为基层探索经验吸收进国务院办公厅《关于加快推进重要产品追溯体系建设的意见》中。2016 年 9 月起，常州在全省又率先集中销毁过期报废气瓶 4 万余只，有效规范气瓶充装市场，提高信息化监管精准度。

（四）实施了城市升级行动计划

在高水平全面建成小康社会过程中，常州启动城市升级行动计划，旨在通过精心规划、精细建设、精准保护和精致绿化，着力打造"精美"常州。

精心规划布局，展现协调之美。常州抓住长三角区域一体化发展机遇，强化空间发展战略规划，加强与周边城市对接互动、分工协作，推动苏锡常都市圈建设和锡常泰跨江融合发展；积极推动全域规划、多规合一，统筹谋划人口、经济、国土开发、生态安全格局，加快形成梯次衔接、功能配套的网络化、组团式城乡区域发展体系。

精细建设管理，彰显品质之美。结合轨道交通走向布局，稳步推进城市有机更新，加强社区生活服务圈建设，让居民工作、就学、就医等与居住地尽可能近，出行尽可能短，生活尽可能便利。同时，加强城市设计，打造一批富有细腻个性的休闲空间、体现人文关怀的公共设施，形成一批独具魅力的"城市客厅"。统筹布局市政公用设施，规划建设地下综合管廊示范段，推进海绵城市建设，努力建成会"呼吸"的城市。

精准施策保护，涵养生态之美。全面推行循环经济、清洁生产，加快淘汰落后产能，健全节能降耗长效机制，以武进绿建区、低碳示范区等平台为依托，加快构建绿色产业链和资源循环利用链。实施碧水蓝天净土工程，着力解决以保护农产品质量和人居环境安全为出发点的土壤污染突出问题。实施最严格的生态环境保护制度，建立健全生态文明综合评价指标体系，对各类环境违法行为"零容忍"，真正使生态文明价值观念渗透到经济社会发展全过程。

精致打造花园城市，培育特色之美。围绕沿河"十里花廊"、道路"一街一景"、公园"一园一品"的目标，大面积增加花品花量和色叶树种，全面塑造特色花草植被景观，并坚持市域统筹、城乡联动，努力将常州建设成为碧水环绕、绿树掩映、四季花香、生态宜居的花园城市。

三 坚持改革创新，全面推动了体制机制创新

（一）深化经济体制改革，优化营商环境

完善顶层设计。搭建经济体制改革"四梁八柱"总体架构，确立"5416"政府职能转变基本格局，扎实推进供给侧结构性改革、投融资体制改革、商事制度改革，优化市场环境，激发创业热情，全市个私企业户数突破36万户，注册资本超过4800亿元，分别是2010年的1.6倍、2.9倍，民营经济增加值占比达67.2%，13家企业入围中国民营企业500强。

延伸阅读：常州"5416"政府职能转变基本格局

常州明确以5张清单、4条主线、1大平台、6项改革为主要内容的政府职能转变基本框架，推进简政放权，转变监管方式，坚持依法行政，强化监督制约，进一步激发市场、社会创造力，切实提高政府管理科学化水平。

5张清单：

行政审批事项目录清单

政府行政权力清单

政府核准的投资项目目录清单

政府部门专项资金管理清单

行政事业性收费目录清单

4条主线：

以服务企业为主线，优化注册登记服务

以项目建设为主线，优化项目审批服务

以规范市场为主线，优化审批中介服务

以便民利民为主线，优化民生领域服务

1 大平台：

完善政务服务体系，打造阳光便捷的政务服务平台

6 项改革：

市县政府机构改革

事业单位分类改革

社会组织改革

市级中心镇扩权强镇改革

监管方式改革

综合行政执法体制改革

试点相对集中行政许可权改革。相对集中行政许可权改革是以组建行政审批局为突破口，将分散在各部门的审批权限集中起来，实现"一枚公章管审批"，建立审批、监管、服务分离联动的权力运行体系，提高行政效能。自 2015 年 11 月起，以常州高新区（新北区）和武进高新区、常州经济开发区等开发区为试点，探索实施相对集中行政许可权。2016 年 3 月 23 日召开的常州市政府常务会议审议了《常州市相对集中行政许可权改革试点方案》，在全市范围内分步骤推行相对集中行政许可权，调整归并政府部门行政管理职权，着力解决多头许可、重复报件以及程序冗长、效率低下等问题。

推进综合行政执法体制改革。从 2002 年起，常州市陆续在城市管理、文化市场两大领域开展了综合执法改革试点。2015 年 3 月，常州市被中央编办列为国家综合行政执法体制改革试点城市。2015 年 6 月，常州市在江苏省率先出台了《关于开展综合行政执法体制改革试点工作的实施意见》。该意见紧紧围绕打造简约高效的现代政府治理体系这一总体目标，积极推进综合行政执法体制改革。一是构建 1 个执法体系。进一步厘清市和辖市（区）不同层级政府及其部门的执法监管职责，减少执法层级，落实执法

责任，构建职责明晰的执法职责体系。二是坚持 2 大改革取向。下大力横向整合部门内部相同或相近执法职能，归并执法队伍；纵向合理配置执法力量，优化执法层级，推进执法重心和力量同步下移。三是推进 4 种类型试点。重点推进城乡建设、市场监管、农林渔业、交通运输领域部门内部综合执法；继续推进园林、规划、公安交通部分或全部行政处罚权集中到城市管理领域综合执法；优化配置公共卫生、安全生产、城市管理、资源环境、劳动保障领域执法层级；探索推进开发园区、经济发达镇、市级中心镇综合执法。四是创新 5 项保障机制。着重建立责任追究、协作联动、社会参与、信息共享和绩效考核等机制。

近年来，常州市采用点面结合、分步实施的方法，从"转职能、优机构、提效能"入手，在市场监管、城乡建设、农林渔业、交通运输、城市管理、文化市场、公共卫生、劳动保障、安全生产和环境保护 10 大领域推进综合执法改革，充分运用"互联网＋"技术创新执法手段，着力构建简约高效、权责明晰、运转协调、执法有力的行政执法体制，取得了一定成效。例如，深化综合执法体制改革以来，常州市文化行政综合执法支队以强化职能、部门联动、集中整治为抓手，在理念、装备、队伍、管理等各个方面推进专业化、规范化、信息化建设，逐步推动市场监管工作从无序走向规范、从零散走向系统、从局部走向综合，先后获得全国文化市场综合执法先进单位、全国"扫黄打非"工作先进集体、全国文化体制改革先进单位等各类省级以上荣誉 58 项，被文化部、省文化厅誉为综合执法"常州模式"。同时，加大技术创新力度，提高行政执法的精准度。通过全国文化市场技术监管服务平台与"文网卫士"网吧监管平台的"双随机"抽查功能，随机抽取执法人员与检查场所，指挥调度平台随即形成任务派发给执法人员，他们携带移动执法装备快速反应，第一时间赶赴现场，实施执法检查，随时调取场所信息，固定证据，并依法依规及时查处。综合监管软件与技术平台以及现场执法人员形成的"三点一线"新型稽查方式与原先极具随意性的市场巡查和行政处罚相比，不仅缩短了执法办案的周期，而且规范了执法办案的流程，更对违法违规经营业主起到了震慑作用，彻底改变了以往"取证难、执法慢、不透明"的传统监管方式，真正实现了点面结合、实时监控、快速反应、精准打击。

深化建设项目审批制度改革。近年来，常州市紧紧围绕建设项目审批效能提升，坚持先试点探索再全面推开，在审批各重点环节的流程优化再造方面形成了"五联合、一简化"联审联办机制（联合评估、联合踏勘、联合审图、联合测绘、联合验收和区域评估），并在市和辖市（区）全面推行。

专栏：常州市建设项目审批全面推行"五联合、一简化"

近年来，常州市紧紧围绕建设项目审批效能提升，坚持先试点探索再全面推开，在审批各重点环节的流程优化再造方面形成了"五联合、一简化"联审联办机制（联合评估、联合踏勘、联合审图、联合测绘、联合验收和区域评估），并在市和辖市（区）全面推行，实现了"一个窗口管评估、一辆车子管踏勘、一个中心管审图、一次测量多处用、一次上门全验收"，有效解决建设项目审批手续繁、时间长、效率低等问题，降低企业制度性交易成本，为创业创新营造良好环境。

联合评估——一个窗口管评估，中介服务自己选

为提高行政审批效率，优化涉审中介服务，2015 年，常州市出台《建设项目"多评合一"工作方案（试行）》，对全市企业投资建设项目开展"多评合一"工作，将审批涉及的评估、评审由分散、串联方式转化成集中、并联方式运行，实行"一窗受理、一网运行、并联办理、限时办结"。进一步优化整合评估、评审、审批工作流程，推行"三并联"（并联评估、并联评审、并联审批）服务新模式，大力提升建设项目审批服务效率。目前，纳入"多评合一"的中介评估业务包括节能评估、环境影响评价、安全评价、职业病危害预评价和水土保持方案等，提供评估服务的中介机构均被纳入"涉及建设项目中介服务机构信息平台"，企业能够在中介网上超市"货比三家、择优选用"。

联合踏勘——一辆车子管踏勘，联审联办提效率

投资建设项目涉及的审批部门较多，且审批过程中多个环节需要现场勘查、严格把关，企业不可避免地要应对多头踏勘、重复踏勘等问题，如在申请踏勘时需要向多个部门提交多份申请，在迎接踏勘时要多次"迎来送往"，企业往往要付出大量的时间、精力和成本。早

在 2001 年 11 月，常州市政府就出台了《行政审批服务中心重大事项联合审批暂行办法》（常政发〔2001〕168 号），并针对企业申请较多、需多部门现场勘查的事项，进一步印发了《关于道路占用、挖掘等九个联办（联审）事项管理的暂行办法》（常行审〔2001〕5 号），变多头踏勘、重复踏勘为集体现场踏勘，部门由"坐等审批"转为"上门服务"。联办（联审）项目受件后 3 日内由牵头部门提出申请，市政管办协调签发《联办项目集体踏勘通知书》，由牵头部门派车组织集中踏勘。到现场后，各部门听取投资建设单位项目情况介绍，实地踏勘现场情况，并提出后期办理和审批指导意见。联合踏勘实施以来，市级年均办件量近 80 件，受到项目单位的一致好评。

联合审图——一个中心管审图，推进全程数字化

针对施工图审查时间长、效率低的问题，2014 年起，常州市专门出台《建设工程施工图设计联合审查实施意见（试行）》，建立市政务服务中心施工图联合审查分中心，将分散在市城建局、经信委、卫计委、安监局、民防局、气象局、消防支队 7 个部门的审图职能进行整合，通过"一门受理、并联审查、一次告知、限时办结、统一收费"，审图时限从原来的 42 个工作日缩短到 7 个工作日。开发、运行施工图联合审查信息管理平台，将各项施工图审查的法律依据、审查内容、报审资料、承诺时限和收费进行网上公示，并实现图纸审查意见网上即时下载。同步建立健全会审机制，避免项目单位因部门审查要求、标准不一带来的"多头改、协调难、跑断腿"现象。施工图联合审查分中心成立以来，总办件量已达 4114 件。目前，常州市正在建设集设计文件规范性审查、业务质量管控为一体的软件系统平台，这一平台正式上线运行后，施工图审查将进一步实现网上报件、网上审核及修改等全程数字化，预计每年可为企业节约图纸相关费用 5000 万元以上。

联合测绘——一次测量多处用，数据共享减负担

2016 年以来，国家和省对降低企业制度性交易成本的改革要求不断提高，常州市在前期大量调研论证的基础上，于 2016 年 7 月出台了《常州市建设项目竣工验收阶段"三测合一"工作方案（试行）》（常审改办〔2016〕5 号），对建设项目竣工验收阶段的 3 项测绘服务

（规划核实竣工测量、土地勘测、房屋面积测绘）实行联合办理。由市测绘院、市基础地理勘测中心、市房产测绘中心在市政务服务中心设置联合办理窗口，实行"一次受理、一次收费、一次测量、分编报告"的工作方式，将测绘结果分别提供给规划、国土部门和不动产交易机构作为规划竣工核实、用地复核验收和不动产交易的依据，并根据测绘工作量的减少合理降低测绘收费。实行"三测合一"以后，不仅测绘数据实现了共享，而且政府和企业的成本负担都降低了，企业真正享受到了实惠。

联合验收——一次上门全验收，流程简化零收费

为更好服务重点项目建设，促进项目早竣工、早投产和早受益，常州市金坛区于2009年率先开展了重点工业建设项目竣工联合验收服务试点，将原先竣工验收要"进多个门、走多道程序、分部门验收"改为由区政务服务中心牵头，多个部门一次性集中上门验收，变串联验收为并联验收。前期准备、确定时间、召集人员、安排车辆和准备表格等工作均由区政务服务中心负责，整个验收过程公开、公平、公正，并实行零收费，节省了企业接待费用和时间，进一步减轻了企业负担。7年来，金坛区政务服务中心共对400多个重点工业建设项目实施了竣工联合验收，平均验收时间由原先的12个工作日缩短到现在的3个工作日，最短仅需半天，验收一次性通过率从最初的不足70%提升到了近90%，为企业发展赢得了宝贵时间，得到社会各界的广泛好评。在积累了试点经验后，市审改办于2015年2月印发《重点建设项目竣工验收阶段并联服务实施细则（试行）》将联合竣工验收工作在全市进行了推广。

区域评估——一个区域做评估，项目入驻全简化

2015年7月，常州市出台了《关于开展省级以上开发区建设项目审批区域评估评审试点通知》《常州市简化开发园区内建设项目环境影响评价工作的实施意见（试行）》，以试点开发区为单位，提前完成建设项目审批所需的规划环境影响评价、压覆重要矿藏资源评估、地质灾害危险性评估、水土保持方案及交通影响评价等，形成整体性、区域化的评审结果，使进入该区域的单体项目，简化或不再单独进行相关评审评估。溧阳市江苏中关村科技产业园作为开展区域评价评估

试点之一，选取涉评项目较多的"苏高新地块"开展了该项工作，溧阳市政管办等还会同江苏中关村科技产业园管委会和相关审批部门，制定了具体操作流程和实施细则，为工作顺利开展提供了有力保障。2016 年 7 月 21 日，市审改办、市政管办召集所有辖市（区）对应部门，将溧阳中关村经验进行了全面推广。

常州近年来统筹推进行政审批制度改革在全国全省有特色、有影响，得到了中央、省委主要领导肯定，为常州经济社会发展提供了动力。但是，一些深层次的"难点""痛点"，诸如企业建设投资审批手续繁杂、中介服务不规范、监管缺失缺位等问题依然存在。常州把这些问题作为切入口，从三个方面进一步深化行政审批制度改革，释放更多的改革红利，营造更好的营商环境。一是坚持以简为要。深入推进简政放权，破除束缚企业发展的各种条条框框，激发市场活力。同时，要进一步清理涉企收费项目，加快规范中介机构管理，有效降低涉审中介收费，减轻企业负担。二是坚持以管为效。切实转变理念，把工作重点从事前审批转到事中、事后监管上来，按照"谁主管，谁监管"的要求，落实监管责任，完善监管方式，提升政府管理效能，展现政府管理水平。学习借鉴外地先进经验，厘清各部门审批、监管、执法和服务责任，细化监管制度，统一规范标准，强化信用监管，特别是对于事关人民生命财产安全的环保、安监等领域，要实施"零容忍"。三是坚持以民为先。把企业和群众满意不满意、高兴不高兴、受益不受益，作为检验简政放权改革成效的根本标准，不断提升群众办事的便利化和满意度。加快实施"互联网＋政务服务"，提升政务服务的智能化水平。稳妥推进相对集中行政许可权试点，优化政府管理服务体系。积极推行"代办制"，当好"店小二"。

加快商事制度改革。从 2014 年起，常州市实行企业注册认缴登记制，大幅减少前置审批事项，简化住所登记手续，大大降低了准入门槛，催生了市场主体的快速增长。商事制度改革三年来，全市新增注册资本 5000 万元以下的小微企业有 4.36 万户。2016 年，全市实有私营企业 13.3 万户，个体工商户 28.18 万户。

从 2015 年 10 月 1 日起，常州全面实施"三证合一、一照一码"登记模式，市民在新办企业、农业专业合作社等组织机构时，不再需要分头前往工商、税务、质监等部门办理业务，审批时间比以往缩短了 2/3。"三证合一、一照一码"登记，将工商营业执照注册号、组织机构代码、税务登记号统一为 18 位的社会信用代码，企业从此将拥有全国唯一的"身份证号"，企业办事只要携带营业执照，各相关部门都将予以认可。"三证合一、一照一码"登记制度实施以来，企业登记时间已从一个月缩短到 3 至 5 天，企业双创活力大大激发。截至 2016 年 9 月底，常州市共发放"三证合一、一照一码"营业执照 9.69 万户。在全面实施"三证合一"登记制度改革的同时，常州在江苏省率先推行营业执照、组织机构代码证、税务登记证和刻章许可证登记"五证合一"模式，即在营业执照、组织机构代码证和税务登记证"三证合一、一照一码"的基础上，新增社会保险登记证和统计登记证，为实现"一证一号"或"一企一码"奠定坚实基础，真正使商事登记证号成为商事主体唯一代码标识。2016 年 10 月 8 日上午，常州市颁发了首批"五证合一"营业执照。

根据《江苏省保留工商登记前置审批事项目录》和《江苏省工商登记前置改后置审批事项目录》，常州深入推进"先照后证"改革。修改完善进一步放宽住所（经营场所）登记条件的实施意见，常州在工业园区、省级以上开发区、各类孵化机构、众创空间等实行住所信息登记备案制度。进一步推进工商登记注册便利化，积极探索企业名称网上登记和企业简易注销登记程序。全面实行全程电子化登记模式，通过电子营业执照实现网上受理、网上核准、网上发照。继续推进企业信用信息公示系统建设和应用。完善小微企业扶持政策，降低创业门槛，拓宽融资渠道，强化帮扶措施，帮助小微企业创业创新，促进具有一定规模的个体工商户转为企业。为切实加强"先照后证"改革后的事中事后监管，依托"三合一"阳光政务平台，常州开发并启用了"证照衔接"功能模块，实现市级工商登记部门和行政许可部门对市场主体证照办理信息的精准告知及回告，并同步推进市和辖市（区）平台对接，加快形成覆盖全市、上下贯通、实时共享的"证照衔接"信息系统。

当前，常州正继续以商事制度改革为主线，坚持在依法行政的基础上，积极营造宽松平等、便捷高效的市场准入环境，不断促进登记注册的便利化，激发创业活力。一是继续推进"多证合一、一照一码"改革。进一步拓展"多证合一"及个体工商户"两证整合"登记制度的应用范围，实现"多证合一、一照一码"在各类市场主体的全面应用。二是积极实施企业名称登记改革。实施"网上名称登记"，推行"外网申报、内网核准"的名称核准模式，全面开放企业名称库。整合名称预核业务，再造名称核准流程，减少企业申请次数，提高名称登记便利化。三是实施简易注销登记改革。贯彻实施有关企业简易注销的登记规定，做好宣传和指导工作，让企业享受改革红利，进一步简化企业注销程序，缩短退出周期，降低退出成本。四是推行登记信用承诺制度。在住所、名称、经营范围、企业简易注销等改革中，落实市场准入的主体责任，进一步简化登记手续，提高注册登记效率，有效降低制度性交易成本，激发市场投资新动力和活力。五是推广外资登记备案"一表制"登记模式。在常州高新区试点基础上，在其他外资登记授权局逐步实施，建立与商务部门的有效衔接机制。六是全面推进"全程电子化登记"。继续拓宽全程电子化登记主体和类型，实现 EID 卡、银行 U 盾等方式的公民网络身份认证方式，解决外籍人士在全程电子化登记过程中存在的申请人身份认证问题，实现外商投资企业全程电子化登记；积极争取电子档案的合法化；积极推行统一标准规范的电子营业执照；继续推行网上登记，确保公司设立网上登记率达 90% 以上。七是探索实施"证照联办"登记模式。按照"一窗受理、内部流转、并联审批、证照统发、全程监察"的要求，依托政务服务中心"综合窗口"，利用信息系统，实现工商登记与前置许可、前改后许可"线下线上"的"证照联办"。

（二）推进财政管理体制改革，创新财税金融服务机制

改革财政管理体制。一是坚持厉行勤俭节约，努力降低行政成本。严格控制一般性支出，细化"三公经费"预算管理。健全公务支出管理制度体系，加强公务支出的督察问责，深化公务用车制度改革，全面实行公务卡制度，不新建政府性楼堂馆所，严格加强机构编制管理，推进厉行节约工作长效化、常态化、制度化。二是推进中期规划管理，提高预算管理科学性。推进中期财政规划和部门滚动规划管理，强化规划对年度预算的约束，增强预算的前瞻性和可持续性。健全项目支出预算管理，对性质相同、用途相近的项目进行整合，对支出事项已经结束或完成的项目进行清

理，控制和减少项目数量。选择市级重点支出项目，试编三年中期规划。清理规范重点支出同财政支出增幅或生产总值挂钩事项，据实安排重点支出，原则上不再采取先确定支出总额再安排具体项目的办法。三是强化全口径预算管理，提高预算完整性。将部门各项收入按规定全部列入部门预算，统筹安排用于各项支出。厘清公共财政预算、政府性基金预算和国有资本经营预算的功能定位，明确收支范围，加强统筹协调，避免资金安排交叉重复。对相关支出，首先通过政府性基金预算和国有资本经营预算安排，如有不足且必须安排，再通过公共预算安排。加强市级部门除财政拨款以外的事业收入、经营收入等其他资金的管理。四是完善预算分配机制，提高预算安排规范性。优化基本支出与项目支出保障结构，加强定额标准体系建设，进一步完善行政单位公用经费定额标准。细化部门预算编制，推进预算编制与预算执行、结转结余资金管理和部门决算的有效结合，切实提高年初预算到位率。五是提升预算绩效管理质量，提高财政资金使用效益。财政预算安排 500 万元及以上的专项资金，全面纳入预算绩效管理范围，并将采取不同的绩效管理模式开展专项资金预算绩效管理工作。强化绩效目标、跟踪、评价管理，提升财政专项资金使用绩效。以前一年度专项资金绩效评价结果作为预算安排和完善预算管理的重要依据，并逐步推进绩效评价结果向社会公开。六是严格预算执行管理，强化预算约束性。严格执行市人大审议通过的预算，减少和规范预算调整事项。加强预算执行动态监控，严格执行财政国库管理制度规定。加强政府采购管理，对于财政性资金安排的货物、工程和服务在政府采购目录及标准范围内都应编制政府采购预算。七是加强资产配置预算管理，推进资产管理与预算管理有机结合。健全以配置流程和配置标准为核心的行政事业资产配置管理体系。加强行政事业单位资产配置预算管理，从严控制新增资产数量和经费。规范行政事业单位国有资产有偿使用及处置行为，行政事业单位国有资产处置收入及国有资产出租出借收入严格按相关规定执行。八是全面推进预决算信息公开，提高预算透明度。除涉密部门外，市级部门（含下属单位）全面实行部门预决算、"三公经费"预决算信息公开。

创新金融服务机制。2016 年，常州市出台《关于创新重点领域投融资机制鼓励社会投资的实施意见》，进一步鼓励和支持社会资本特别是民间资本投资公共服务、资源环境、生态建设、基础设施、社会事业等重点领域。如在市政设施领域，常州加快市政公用基础设施运营模式改革，引导社会资本积极参与市政公用基础设施建设运营，积极推进县域基础设施投融资改革，促进常州市产城融合示范区加快建设。再如，农行常州分行落实国家新型城镇化战略，充分发挥当地主流银行的"供血"作用，已投放棚户区改造贷款 39.98 亿元，成为常州棚改融资的主力银行。该行先后支持了青果巷、武进高新区、金坛中塘城中村等 6 个棚户区改造项目，拉动项目总投资 100 多亿元，新建新型居民集中住房区 7 个，改善住房涉及居民 3 万户。此外，作为江苏省首批 PPP（政府与社会资本合作）试点项目——常州市天宁区老年服务中心建设获得了农行常州分行 5000 万元贷款支持。该项目总投资达 5.7 亿元，其中农行为其授信 2 亿元。

案例：常州市西太湖科技产业园创新金融服务的探索

自 2013 年起，常州西太湖科技产业园不断探索"政府引导、市场运作、企业参与"的金融服务实体经济和创新创业，旨在通过金融创想让更多金融活水流向实体经济，积极发挥金融助推作用，加快企业资产证券化进程，带动区域经济社会保持健康向上的发展态势。

一是创新科技金融模式，服务成长型中小企业。成立了成长型中小企业风险补偿资金金融超市，进一步发挥科技金融支持战略性新兴产业发展的重要作用。

二是规范产业基金运作，促进实体经济发展。制定了新兴产业发展基金方案和运营规则。围绕园区"4＋1"特色产业，参与组建基金11 只，总规模达到了 20 亿元。共同发起成立了国内第一只中以基金，基金总规模 100 亿元。该基金将依托平安集团强大的海外投资能力和国内的产业化能力，重点布局生命科学、通信、IT、企业软件服务、农业科技、清洁技术及其他高增长行业。同时，不断深化创投集聚区建设，加速金融资源集聚。截至目前，已集聚创投和创投管理企业 70余家。

三是鼓励企业参与上市，主动参与市场竞争。园区出台了大力支持和推动园区企业走上上市之路的相关政策。2015 年 3 月，腾龙成为了首家在园区实现 IPO 的企业。第六元素、二维碳素、嗨购、山由帝奥先后登陆新三板。此外，已累计 14 家企业挂牌场外市场，11 家企业列入常州市、武进区上市后备企业库，近 20 家列入园区培养数据库。

（三）探索农村集体土地使用制度改革，开展各类农村产权抵押融资试点

土地制度改革。在土地制度改革上，加快土地承包经营权流转管理改革试点，初步探索建立以农民利益为依归的宅基地制度改革路径。

土地确权登记改革。金坛区土地确权成为全国农村土地改革的样板；开展土地确权登记颁证，就是将土地承包关系用法律凭证的形式固定下来，这样农民既可以利用承包地从事农业生产，也可以利用土地承包经营权进行抵押融资，从根本上维护好农民的切身利益。自 2014 年被确定为江苏省"农村土地承包经营权确权登记颁证"试点单位以来，金坛区本着"确实权、颁铁证"原则，严格执行政策，依法操作，严明纪律，强力推进，至目前签字率达 96% 以上，做到了承包地确权到户、承包地四至边界测绘登记到户、承包合同签订到户，整个确权登记颁证工作快速有序推进。农业部组织全国培训班学员在此现场观摩后，给出的评价是："工作做到如此精细，令人震撼；金坛做法可复制、可推广。"目前全市 38 个镇和涉农街道 514 个行政村 16267 个村民小组已全面开展确权登记颁证，涉及应确权面积 130 万亩，占二轮承包面积 80%，已有 355 个村完成权属调查。

农村宅基地制度改革试点。武进区作为全国第 15 个、江苏省唯一的农村宅基地制度改革试点地区，自 2015 年 3 月试点工作开展以来，设计推出了如《农村宅基地有偿使用和有偿退出指导意见（试行）》等 8 项宅基地管理新制度；编制形成了《武进区镇村布局规划》等一批镇村规划新成果；基本建成了"户有所居"保障数据库、农村产权交易系统、农村不动产统一登记信息管理系统、宅基地动态监测监管平台四大综合管理新平台；有效探索了宅基地有偿使用 36 宗、自愿有偿退出 3 宗、农房抵押贷款 3 笔等一批权能实现新途径。改革试点工作启动以来，武进严格按照中央精神和要求，以形成江苏特色、武进特点的宅基地管理制度体系为改革目

标，先后完成了改革班子组建、改革路径设计和试点镇村选定，推进了基础平台建设、制度创新设计和重点任务探索，改革试点各项工作已由试点镇村模拟推演、先行先试阶段向全区面上广泛实践、不断深化探索纵深推进。同时及时将综合改革试点中被证明有效的好经验、好做法上升为制度性安排，形成制度机制成果，反过来促进产城融合在制度化的轨道上运行，形成上下配套、相互衔接的制度体系，杜绝各项制度各说各话、相互打架、彼此掣肘、互为梗阻，确保形成可复制、可推广、可检验的制度成果，为全省、全国先行探路、积累经验。但农村宅基地制度改革还存在有偿使用执行难、自愿有偿退出难、农房抵押处置难等难点。

专栏：武进区农村土地制度改革试点工作有序开展

（1）建立健全了分区域、多样化的"户有所居"保障体系。围绕土地节约集约利用和满足农民住房多元化需求，武进区进一步优化了具有武进特色的城乡规划体系，通过划定城区及各镇区建设边界，科学界定了"三区三类"范围。以规划为引领，完善推行了城区以货币化补偿为主，镇区以公寓房分配为主、货币化补偿为辅，乡村地区以"一户一宅"宅基地分配为主、公寓房和货币化为辅的保障方式，构建了区域差别化、形式多样化的农民住房保障制度体系，推动了全区"户有所居"向"户有宜居"的更高目标迈进。

（2）完善优化了高效率、精细化的农村宅基地管理体系。全面推行农村宅基地审批新政，明确了"区总控、镇审批、村分配"的三级职责，确定了村庄用地"总控"标准、农民建房"双控"标准。通过建立一站式受理、一本证许可、一张图管理的"三合一"模式，简化农房审批流程。建立"户有所居"保障数据库、农村不动产统一登记信息管理、农村产权交易、宅基地动态监测监管四大信息系统，形成了"全覆盖、全类型、全过程"的农村宅基地综合管理信息平台，进一步提升了农村宅基地信息化管理水平。试点以来，武进区共受理审批民房269宗，占地面积31794平方米。

（3）创新制定了分层级、差别化的宅基地有偿使用制度。针对因历史原因形成超标准占用、一户多宅、非本集体经济组织成员继承宅基地等情况，以分区、分类、分级的方式，武进区出台了宅基地有偿使用收费指导标准，湟里镇西墅村等由村集体经济组织主导，通过村民自治，进行了宅基地有偿使用费收取的探索实践。研究出台了农房抵押贷款试点暂行办法，建立了风险补偿机制，武进区政府投入640万元设立了风险补偿基金，江南银行等8家商业银行参与农房抵押贷款试点工作，自武进区在全国率先推出农房抵押业务以来，已累计办理农房抵押贷款8笔，金额208万元。

（4）探索形成了多渠道、市场化的宅基地权能实现途径。以建立不动产统一登记机构为契机，出台农村宅基地、农房统一登记操作办法（试行），进一步规范农民住房确权颁证工作。按照"依法自愿、合理补偿"的原则，武进区制定了有偿退出的补偿标准和收回程序，建立了政府回购机制，通过产权转让、权益转化、土地整治、转换入市四种方式，积极尝试推进有偿退出，显化宅基地财产权。依托全省统一的网络交易系统，建立了覆盖区镇的农村产权交易平台，将农民住房交易、农村宅基地使用权流转和农村集体建设用地指标交易等纳入平台，在全区范围内开展交易。

（5）全力打造了可复制、可推广的试点实践样本。按照"由点到面、逐步推开"的思路，2015年首批确定了3个模拟推演村、3个试点村和1个试点镇进行推进。2016年，武进区以改革示范村创建为抓手，通过自下而上申请，在全区11个镇、3个开发区遴选了23个创建村，进一步试验政策制度的推广性、保障标准的可行性、四大平台的实用性、宅基地权能实现的合理性，全方位、多类型打造改革样本，有效带动全区农村宅基地改革试点工作。

作为全国农房抵押贷款试点县（市、区），常州市武进区在全国率先推出农房抵押贷款、土地承包经营权抵押贷款，并入选全国土地经营权入股试点地区。

农房抵押贷款。在调查研究并充分论证的基础上，武进区出台了《农民住房财产权抵押贷款试点办法》，将政府、银行、农民三者统筹考虑，建立起一套较为完善的制度体系。截至目前，已办理该类贷款29笔，贷款金额达2252.7万元，解决了一部分农户的资金需求。

全面建立了区、镇两级的农村产权交易平台，出现风险后，银行可申请将抵押的农民住房财产权进入平台进行流转交易；农房所在的镇、村集体经济组织建立回购机制、统一处置。

在严格管控风险的基础上，引入风险共担机制，建立"两权"抵押贷款风险补偿基金，用于缓释银行推出该项业务带来的风险。

江南农村商业银行及时推出了"江南家园安居贷"和"江南家园经营贷"金融产品，为急需客户解了燃眉之急。

2015年12月28日上午，武进区嘉泽镇满墩村农民吕伟斌，用自家的农房（宅基地）不动产权作抵押，在全国第一个申请办理了农房（宅基地）抵押登记，取得了全国第一份农房（宅基地）抵押不动产登记证明，获得江南农村商业银行50万元贷款，用于花卉苗木的产业结构调整。

土地承包经营权抵押贷款。武进是全省农村改革试验田，自2012年以来，开展了农村土地改革等7项试点。2014年，武进又成为第二批全国农村改革试验区，承担土地承包经营权流转国家改革试点任务，率先在省内尝试农村土地承包经营权抵押贷款。

为此，武进区出台了《常州市武进区农村土地承包经营权流转管理改革试验实施方案》（武办发〔2015〕31号）。然而，实际操作中，作为抵押物的土地承包经营权弱、价值难以认定、不易处置变现，银行出于控制贷款风险考虑，对放贷心存顾虑，试点遭遇瓶颈。如何实现突破？武进区创新推出农村土地承包经营权抵押贷款风险共担机制。一方面，由区财政投入500万元成立风险补偿资金，一旦贷款主体无能力还款，由试点银行和风险补偿资金按比例承担。另一方面，将"贷款＋保险"模式引入土地流转贷款中，鼓励银行向保险公司投保来减少信贷风险。此外，区里建立农村产权交易所，土地流转成为交易项目。如果出现贷款人跑路的情况，银行可申请将抵押的土地经营权再次挂牌公开流转。

2014年，武进区有5家银行为农户提供农村土地承包经营权抵押贷款21笔，总金额2110万元。截至目前，已办理土地承包经营权抵押贷款32笔，贷款金额2532万元。

2015年7月18日，国家农业部产业政策与法规司司长张天佐专程来武进调研时指出，"武进建立起政府、银行、保险机构共担的农地抵押贷款模式，设立退出机制，一举'激活'了农村土地承包经营权"。他认为，"武进模式"破解了农民缺钱不敢贷、银行有钱不敢放的难题，推动了全国农村土地改革破冰。

2015 年 8 月 24 日，国务院发布《关于开展农村承包土地的经营权和农民住房财产权抵押贷款试点的指导意见》。其中，武进创新推出的土地贷款政府、银行、保险机构风险共担模式，被正式写入该意见。

四　突出示范亮点，成功入选国家级产城融合示范区

常州武进区按照江苏省总体方案和常州市实施意见部署，积极推进产城融合改革进程，努力打造全国领先的产城融合示范区。产城融合示范区是指按照产业与城市融合发展的理念，依托现有产业园区，在促进产业集聚发展的同时，加快产业园区从单一的生产型园区经济向综合型城市经济转型，成为产业发展基础较好、城市服务功能完善、边界相对明晰的城市综合功能区。产城融合示范区建设是实施国家区域发展总体战略、主体功能区战略和新型城市化战略的重要举措。按照国家总体要求，到 2020 年，国家产城融合示范区经济社会发展水平要显著提升，经济增长速度快于所在地区总体水平，常住人口城镇化率明显快于所在地区平均水平，现代产业体系加快形成，城镇综合服务功能不断完善，生态环境进一步优化，居民生活质量明显提高，将示范区建设成为经济社会全面发展、产业和城市深度融合、城乡环境优美、居民生活更加殷实安康的新型城区。

2015 年 8 月，编制了武进产城融合示范区建设总体方案，明确了增强经济发展活力、提升开发支撑能力、提升宜居宜业水平、促进绿色低碳循环发展等四大重点任务，并从户籍管理制度、土地管理制度、城镇化投融资机制、社会保障机制、社区管理机制、生态保护机制六个方面加强体制机制保障。2016 年 7 月，按照分层分类推进的思路，在辖区内选定了西太湖科技产业园、武进国家高新区、雪堰镇、轨道交通产业园、常州科教城等重点地区开展市级产城融合试点，并编制了试点方案，深入推进各项重点任务，综合改革试点取得良好成效。2016 年 10 月，常州武进区成功入选国家级产城融合示范区，重点围绕产城融合综合推进及人口管理、土地管理等专项制度进行改革探索。按照产城融合发展的总体要求，武进区将围绕增强经济发展活力、提升开发支撑能力、提升宜居宜业水平、促进绿色低碳循环发展四项重点任务，绘就发展新图景。

产城融合，关键在于优化布局结构，推进互通互融。定位为城区副中心的武进国家高新区，全力推进"一城、一市、一区"建设。"一城"，即聚焦科教城创新资源，将毗邻科教城东部片区的区域规划为创新发展重点区域，与常州科教城在科技创新方面进行深度融合；"一市"，即增强南夏墅城市功能，不断完善南夏墅城市副中心的居住功能和商务功能，最大限度地实现人口、产业、空间的深度融合；"一区"，即提升北区城市品质，补齐公共基础设施短板，优化城市功能，在做强传统商贸服务业的同时，大力发展培训、教育等现代人力资源产业。

作为列入国家战略规划的重要板块，西太湖科技产业园在产城融合发展的过程中，按照"完善城市功能、促进人气集聚"的要求，优化生产生活配套设施，建设产城人有机融合、宜居宜业的综合性滨湖新城。通过石墨烯、医疗健康、互联网、影视文化等产业的打造，提升竞争力和知名度。优化功能分区，有序推进北、中、南三个片区建设。北部片区（长虹路以北）以制造产业为保障，以生态农业为特色，驱动集镇更新和完善服务配套，全面打造精致的现代化小城镇；中部片区（延政西路与长虹路之间）以新兴产业、研发产业等为基础，以先进碳材料、医疗器械和互联网为载体，借鉴以色列创新模式，统筹布局研发、生产、生活、服务等功能，全面打造科技驱动的先行区；南部片区（延政西路以南）通过布局高端研发产业、服务业、"2.5产业"和生态旅游文化产业，促进房地产及配套产业的发展，全力打造宜居宜业的示范区。同时，全面实施"四规合一"，推进道路交通、绿地系统、给排水、环卫等专项规划融合，形成定位清晰、功能互补的规划体系，加快基础设施建设，形成功能互补、布局合理、各具特色的良好商业服务环境。

第七章
常州产城融合发展的特色亮点

一 坚持立足全局，明晰产城融合发展定位

如前所述，从空间范围来看，可以从全国、都市圈或城市体系、单体城市内部三个层次来理解和把握产城融合的内涵。正是基于这样的认识，常州注重从外部的视角来定位城市的方位，来推进产城融合的发展，较好地克服了产城融合发展的地域局限。

（一）在国家和江苏新型城镇化格局中明确自身空间定位

国家新型城镇化规划提出的"两横三纵"和江苏省新型城镇化规划提出的"两横两纵"的城镇化发展格局，明确了常州在全国和江苏省城镇化格局中的空间定位。苏南现代化建设示范区、苏南自主创新示范区建设的推进，长江经济带和"一带一路"战略的提出及实施，为常州融入全国和江苏省发展格局提供了新的发展契机，为常州准确界定城市定位和推进产城融合发展提供了坚实的基础。

《国家新型城镇化规划（2014—2020 年）》提出了"两横三纵"的城镇化发展格局，即以陆桥通道、沿长江通道为两条横轴，以沿海、京哈京广、包昆通道为三条纵轴，以主要的城市群地区为支撑，以轴线上其他城市化地区和城市为重要组成的"两横三纵"城市化战略格局。为主动适应把握引领经济发展新常态、科学谋划中国经济新棋局，党中央、国务院作出了长江经济带发展的重大决策部署。《长江经济带发展规划纲要》确立了"一轴、两翼、三极、多点"的发展新格局："一轴"是以长江黄金水道为依托，发挥上海、武汉、重庆的核心作用，构建沿江绿色发展轴，推

动经济由沿海溯江而上梯度发展;"两翼"分别指沪瑞和沪蓉南北两大运输通道,通过促进交通的互联互通,增强南北两侧腹地重要节点城市人口和产业集聚能力;"三极"指的是长江三角洲、长江中游和成渝三个城市群,充分发挥中心城市的辐射作用,打造长江经济带的三大增长极;"多点"是指发挥三大城市群以外地级城市的支撑作用,加强与中心城市的经济联系与互动,带动地区经济发展。

在国家新型城镇化和长江经济带的发展格局中,常州处在沿海通道纵轴和沿长江通道横轴之交汇处的长江三角洲地区。该区域的功能定位是:长江流域对外开放的门户,我国参与经济全球化的主体区域,有全球影响力的先进制造业基地和现代服务业基地,世界级大城市群,全国科技创新与技术研发基地,全国经济发展的重要引擎,辐射带动长江流域发展的龙头,我国人口集聚最多、创新能力最强、综合实力最强的三大区域之一。该规划提出:优化提升沪宁(上海、南京)、沪杭(上海、杭州)发展带的整体水平,建设沪宁高新技术产业带;培育形成沿江、沿海、杭湖宁(杭州、湖州、南京)、杭绍甬舟(杭州、绍兴、宁波、舟山)发展带,积极发展高新技术产业和现代服务业,加强港口和产业的分工协作,控制城镇蔓延扩张;调整太湖周边地区产业布局,建设技术研发和旅游休闲基地;增强常州、南通、扬州、镇江、泰州、湖州、嘉兴、绍兴、台州、舟山等节点城市的集聚能力,加强城市功能互补,提高整体竞争力;加强沿江、太湖、杭州湾等地区污染治理,严格控制长江口、杭州湾陆源污染物排江排海和太湖地区污染物入湖,加强海洋、河口和山体生态修复,构建以长江、钱塘江、太湖、京杭大运河、宜溧山区、天目山 – 四明山以及沿海生态廊道为主体的生态格局。

由江苏、浙江、上海、安徽四省市 26 个城市组成的新长三角城市群阵列,着力于打造改革新高地,推进金融、土地、产权交易等要素市场一体化建设,开展教育、医疗、社保等公共服务合作。《长江三角洲城市群发展规划》提出,在长三角城市群中构建"一核五圈四带"的网络化空间格局。"一核"指上海;"四带"为沿海发展带、沿江城市带、沪宁合杭甬发展带、沪杭金发展带;"五圈"为南京都市圈、杭州都市圈、合肥都市圈、苏锡常都市圈、宁波都市圈。2016 年 12 月 9 日,长江三角洲地区主要领导座谈会在杭州市召开,会上三省一市共同签署了《沪苏浙皖关于共同推进长三角区域协同创新网络建设合作框架协议》。该协议提出：以上海建设具有全球影响力的科技创新中心为契机，率先构建我国区域协同创新共同体，努力打造国际性重大科学发现和原创技术发明的重要策源地、新经济新产业的重要集聚区域，努力建成具有全球影响力的科技创新高地和创新网络枢纽。

《江苏省新型城镇化与城乡发展一体化规划（2014—2020 年)》提出了"两横两纵"的城镇化发展格局，即以沿江、沿东陇海线为横轴，沿海、沿大运河为纵轴，轴线上区域性中心城市为支撑，大中小城市和小城镇协调发展的城镇化空间布局和城镇体系。中国共产党江苏省第十三次代表大会提出，要顺应以城市群为主体形态推进城市化的大趋势，发挥南京特大城市带动作用，推动宁镇扬一体化发展，促进大中小城市和小城镇协调发展。以长江两岸高铁环线和过江通道为纽带，推进沿江城市集群发展、融合发展。为此，省委书记李强同志在江苏省推动长江经济带发展工作座谈会上指出，要在城市融合发展上求突破。通过打造扬子江城市群，让资源要素自由流动、城市之间公共服务有序衔接、沿江两岸城镇体系协调起来，促进沿江地区发展能级的整体提升，使之成为未来江苏发展主要的增长极，并深化与长三角城市群、长江中游城市群以及成渝城市群的联系合作。可见，江苏进一步深化和细化了《长江三角洲城市群发展规划》，立足江苏实际，谋划把禀赋较好、潜力较大的长江沿江城市作为一个大板块，打造扬子江城市群，促进沿江地区发展能级的整体提升，使之成为未来江苏几个城市协同发展最主要的增长极。扬子江城市群，包括了江苏沿江的南京、镇江、常州、无锡、苏州、扬州、泰州和南通 8 座城市，这 8 座城市无论是经济总量还是人口密度、城镇密度、进出口经济规模等方面，都在江苏这个板块上占据着举足轻重的地位，也是江苏的发展重心所在，是整个江苏发展的"发动机"。综上所述，在江苏的发展格局中，常州处在沿江横轴和沿大运河纵轴的交汇处。

（二）在融入城市群协同发展中谋划发展思路

在城市群网络发展趋势下，每个城市都是网络的节点，而常州潜在的网络节点效应非常明显。常州既是长三角城市群和"苏锡常"都市圈、"锡常泰"经济圈的重要网络节点城市，也是沿江经济带、沪宁高速公路（铁路）经济带、沿太湖经济带的交汇处，还处于宁杭经济带和沪宁经济带的交集处，具有成为地理中心城市的可能和潜质。带动江苏中轴崛起，是江苏新型城镇化的使命，也是强化常州枢纽地位、提升区域中心性的重要支撑。为此，常州着力从以下两个方面发力建设国家通道战略枢纽。

一是搭建江浙中轴。在东西轴上继续保持与上海、南京同城化发展趋势的同时，在区域轴带中多向互联的基础上加强南北向新兴通道（京沪—常宜—京杭）建设，加快推进"宜兴至长兴高速公路江苏段、苏锡常南部高速公路常州至无锡段、常州至宜兴等高速公路"等工程建设，突破南北发展"瓶颈"，北联泰州实现跨江发展，南向皖南、浙北，实现跨省发展，使之成为常州带动江苏中轴崛起的重要通道，成为贯穿江浙两省的交通大通道，使常州重回"十字交汇"的黄金区位，进一步平衡和支撑区划后的市区空间结构，带动常州西部地区发展。建立基础设施共建共享机制，积极推进城市轨道交通系统建设，继续建设沿江城市群城际轨道交通网，优化公路交通网络建设，加快同城化客运公交和换乘枢纽建设，提升区域枢纽功能，强化枢纽地位，通过整合常州内外交通资源，加强机场、高铁站、港口等节点功能，提高枢纽辐射力和竞争力。

二是强化区域合作。全面对接上海，主动承接上海自贸区产业辐射。借鉴上海自贸区运营管理经验，加大城市金融制度、贸易服务、外商投资和税收政策等改革创新。落实江苏省"两纵两横"城镇轴，加强中轴沿线城市交流合作；探索区域利益共享机制，形成优势互补、分工合作的区域创新发展新格局。深化城市群产业分工合作，探索合作共建园区的利益分享机制，推进产业联动发展和转型升级。建立公共服务互惠机制，推进城市群公益性文化体育、重大科研设施、环境监测网络、水源地保护等方面的相互开放和共建共享。建设苏浙皖合作示范区，引领长三角中部崛起。近年来，江苏省溧阳市与安徽省郎溪县、广德县提出建设苏皖合作示范区的构想。目前，溧阳已与安徽郎溪、广德等县达成共识，旨在通过资源共享、产业协作、生态同护、交通互联等合作方式，打造苏皖两省边界区域合作平台，加快推进长三角一体化进程。全国人大代表胡明在2017年全国两会期间提出"十三五"期间支持建设苏皖合作示范区的建议，得到了多名代表的联名附议并共同提出。

（三）在全域范围内统筹推进产城融合综合改革试点工作

常州市的产城融合综合改革，与其他城市和地区探索的产城融合发展的显著区别就是在改革层面上不局限于新城或者单一工业园区，而是涵盖了县（市）、乡镇、开发区等多种层级。近年来，常州积极实施产城融合综合改革，19 个市级试点改革区域有序开展。

加强区域统筹。在市级层面注重整体统筹，不断优化全市的功能布局和产业布局的同时，着力促进市区、开发区、城镇、乡村之间的功能互补和融合，在合理分工、片区协同的基础上，实现市域总平衡、板块有特色、发展可持续。常州将产城融合的发展思路和主线全面贯彻到《常州市空间发展战略规划》和各区发展战略规划编制工作中，从源头上将产城融合作为城市发展目标的支撑，同时融入各项城乡规划编制与审批中，致力于将产城融合全面贯穿城市规划与建设工作全过程。如金坛区儒林镇、武进区雪堰镇、新北区孟河镇等较大的镇和市级重点中心镇均完成了产城融合综合改革试点方案的编制，围绕突出产业特色、补齐城镇短板，从目标定位、重点任务、实施保障等方面进行了部署，使产城融合发展成为常州中小城市和特色镇新型城镇化建设的鲜明特色。

突出示范亮点。在地级市层面推进产城融合综合改革，没有先例可循，常州注重点面结合，以点带面。研究制定并全力推行《关于开展市级产城融合示范区试点工作的方案》及年度推进计划，按照"整体规划、统筹安排、因地制宜、分类推进"的原则，综合考虑不同区域、不同阶段、不同规模、不同特征，围绕产城融合发展需要解决、突破的难点重点，分县（市）、开发区、乡镇、特色产业集聚区、城市重要功能区五类开展试点工作，力争基本建成一批产城融合典型示范，加快形成成熟的改革经验在全市推广。该方案提出：在综合考虑不同区域、不同阶段、不同规模、不同特征的基础上，围绕产城融合发展需要解决、突破的难点重点，分县（市）、开发区、乡镇、特色产业集聚区、城市重要功能区等开展试点工作，争取用 3 年时间基本建成一批产城融合典型示范：试点县（市）主要包括宁杭发展带副中心城市，突出江苏中关村科技产业园、溧阳经济开发区上兴新区、燕山新区、天目湖旅游度假区、社渚镇等重点区域；试点开发区包括武进西太湖科技产业园、常州经济开发区、武进高新区、金坛经济开发区、滨江经济开发区、天宁经济开发区和钟楼经济开发区；试点乡镇包括金坛薛埠镇、武进雪堰镇和新北孟河镇；试点特色产业集聚区包括常州空港产业园、常州金融商务区、常州轨道交通产业园和新北光伏产业园；试点城市重要功能区包括常州科教城、金坛滨湖新城、新北新龙国际商务城和天宁雕庄老工业区。各辖市区和市级有关部门加大试点区域的政策扶持力度，编制了试点工作推进计划，明确了时间表、路线图，细化了工程项目，扎实推进试点进程，着力形成示范亮点。各试点区域围绕试点主题，充分借鉴浙江"特色小镇"的做法，发挥比较优势，通过资源整合、项目组合、功能集合，推进产业集聚、产业创新和产业升级。

例如，根据行政区划的调整，常州把金坛区的经济开发区、滨湖新城、薛埠镇三区域纳入市产城融合试点范围，以便形成示范效应，更好地带动周边区域。其中，经济开发区以创建国家级经济开发区和国家生态工业园区为目标，实施产业集聚、创新驱动、空间优化、环境提升四大战略，从而实现"三年成形、五年成城"。2016～2018年，将集中精力推进56平方公里核心区建设，加快道路绿化建设、河道景观及标准厂房建设，基本形成产城融合发展的主框架；薛埠镇将围绕茅山生态资源综合开发，构建休闲旅游为主的现代产业体系，完善城乡基本公共服务，提升教育、医疗、供水等基础设施，力争到2020年把薛埠镇打造成"综合经济繁荣、产业结构科学、区域特色鲜明、生态环境优美、宜居宜业宜游、人民生活安康"的常州市现代化示范中心镇；滨湖新城作为城市重要功能区，将进一步提升基础设施和公共服务设施的承载能力，加快集聚高附加值产业，打造集行政、文化、商业商务、居住、休闲旅游等功能融合发展，地域文化与生态环境特色鲜明，"产城一体、水城相融、生态低碳、江南特色"的城市新中心。

借鉴国内外先进经验，根据常州在产城融合领域的探索，我们可从中概括出5种产城融合发展模式。

一是点轴模式。主要特点是依托现有城镇空间格局、交通体系、区域位置、产业基础及环境资源等条件，形成以带提点、以点促面、点面融合互动发展的新格局。如宁杭发展带副中心城市——溧阳的打造，就是以溧城镇为中心，以江苏中关村科技产业园、溧阳经济开发区上兴新区、燕山新区、天目湖旅游度假区、社渚镇等重点区域为轴线。

二是同城模式。主要特点是依托中心城镇，积极融入中心城镇建设，以中心城镇为发展带动力，共同形成一个"大经济圈"，主要适用于制造业和服务业较为发达，且与中心城市相距较近的城市。如金坛薛埠镇、武进雪堰镇和新北孟河镇等。

三是双核模式。主要特点是在某一区域内具有两个核心来承载和带动该区的工业化和城镇化建设，是该区域经济社会发展的重要增长极。如武进区的武进高新区和西太湖科技产业园就属于"双核模式"。

四是新区模式。主要特点是以城市功能新区建设为依托，以重点产业和城市特色功能布局为核心，以行政先导或产业先导为集聚力，以生产性服务业和生活性服务业为主的现代服务业为重点，打造形成城镇建设和产业发展新的增长极。如新北新龙国际商务城、常州金融商务区、金坛滨湖新城等。

五是港产城模式。主要特点是在港口城市产业布局与城镇布局中，"港"对产业起到引领和带动作用，"产"促进城市经济发展，"城"反过来为推动港口和产业的大发展提供更为优良的服务和持久的支撑。如新北区罗溪的空港产业园等。

二　注重规划统领，优化产城融合发展布局

常州树立全域规划理念，科学规划发展空间，切实发挥主体功能区作为全域范围内国土空间开发保护的基础制度作用，统筹推进国民经济和社会发展规划、城乡规划、土地利用总体规划、生态环境保护规划等"多规合一"工作，综合考虑不同区域的环境承载能力、现有开发强度和发展潜力，配套相应的政策和绩效评价机制，合理确定产业、居住、公共服务和生态用地比例，严格土地用途管制，执行国家和省投资强度、容积率、建筑密度、建筑高度和退让间距等控制指标，鼓励有条件的地方对园区产业用地、居住用地、非生产性服务设施用地实行科学配比，引导优化未来的人口分布、产业布局、土地利用和城镇格局，发挥规划引领作用，构建科学合理的产业发展和城镇建设布局，促进产业和城镇科学合理、协调有序发展。统筹推进公共服务设施和基础设施建设，重点抓好综合交通、地下

空间、地下管线（廊）、公共服务设施等规划落实，不断完善城镇群综合服务功能。

（一）强化空间规划指引

1. 编制了产城融合发展规划

依据《中共中央关于全面深化改革若干重大问题的决定》《苏南现代化建设示范区规划》《国家新型城镇化规划（2014—2020年）》《中共江苏省委关于全面深化改革若干重大问题的决定》《江苏省主体功能区规划》《江苏省新型城镇化和城乡发展一体化规划（2014—2020年）》《常州市国民经济和社会发展第十二个五年规划纲要》《常州市城市总体规划》《常州市土地利用总体规划》等，常州市编制了《常州市产城融合发展规划》（以下简称《规划》）。《规划》覆盖范围为常州全市域，土地面积4372平方公里。《规划》以2013年为基期，2014~2020年为规划期。《规划》以主体功能区规划为导向，以空间开发适宜性为基础，结合产业城镇空间消长与融合发展的新态势新要求，构建了全市产城融合"一纵三横"的"丰"字形总体空间格局，见图7-1。

——一纵，即南北发展带，自北向南贯穿市域主要发展区域，是全市人口和经济密度最高的城镇发展区，向北跨江联动苏中、苏北，向南辐射浙北、皖南，助推江苏中轴崛起。

——三横，即沿江、沿湖、宁杭发展轴。其中，沿江发展轴是常州联系苏南沿江和跨江联系苏中苏北地区的重要门户；沿湖发展轴连通太湖、滆湖和长荡湖沿线区域，是促进常金一体化发展的重要轴线，向西延伸辐射带动金坛西部发展；宁杭发展轴是西南部城镇产业集聚发展轴。

围绕"一纵三横"，按照老城区改造、核心区提质、工业区布城、新城区强产的思路，常州重点推进城市中心区、常金统筹核心片区、西南门户片区、东部片区、沿江片区"一中心四片区"产城融合发展（见图7-2），根据各片区资源禀赋、产业特点、功能定位、融合方向，细化规划设计，提高开发效率，推动人、产、城在空间分布上更加合理均衡。

——城市中心区，主要是沪蓉高速、常合高速、江宜高速合围区域以及新龙组团，提升城市高端品质，加强历史文化保护，增强综合服务功能，整体打造市级商务商贸中心。城市中心区的产业被定格为高端服务

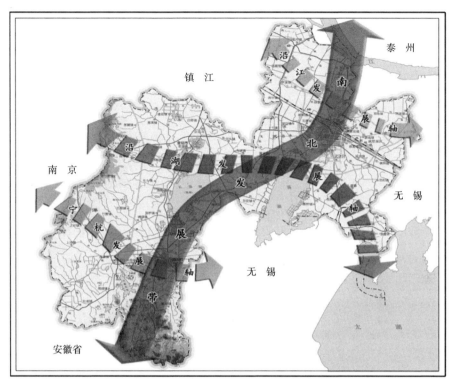

图 7 - 1　常州市 "一纵三横" 总体空间框架
资料来源：《常州市产城融合发展规划》。

业，并以加快服务业转型升级为主线。城市中心区重点推进常州金融商务区、通江路商务集聚区、文化宫－南大街商贸集聚区建设，加大现有商住混合区更新力度，提升三井－河海－薛家商住都市工业混合区、雕庄商住都市工业混合区、青龙商住都市工业混合区，加快建设天宁健康养老服务集聚区，推进天宁开发区联动周边加快转型，实现现代产业、自然生态和城市功能有机融合。湖塘组团则加快发展市级商务商贸副中心，提升科教研发区、商住混合区、都市工业混合区、绿色建筑产业集聚区、淹城休闲旅游区，建设南部功能中心。

　　——常金统筹核心片区。主要包括金坛城区组团、西太湖组团、武南组团，作为全市高新技术产业、先进制造业、休闲旅游、创意文化等发展重点区和城市拓展、功能提升重点区，是常金一体化发展的先导区。其中金坛城区组团以高端装备、新能源、纺织服装为支柱产业，放大生态资源、田园休闲等优势服务业；武南组团以科教城为主体，加快智能装备、汽车、新能源、节能环保等先进制造业和科技服务业发展，提升南夏墅、礼嘉居住的商业配套服务功能；西太湖组团以西太湖科技产业团为载体，全面推进集高端产业、科技创新、生态居住、健康服务等于一体的滨湖新城建设。金坛全面加快新型工业化、新型城镇化、农业现代化发展步伐，积极推进经济开发区、滨湖新城、华罗庚科技产业园、茅山旅游度假区、长荡湖旅游度假区、上阮现代农业产业园等重点功能区建设。

——西南门户片区。充分发挥溧阳地处三省交界、宁杭发展带重要节点的区位优势，推进江苏中关村科技产业园（溧阳经济开发区）、燕山新区等城市重点功能区和社渚、南渡等重点镇建设，打造宁杭发展带副中心城市和全国中小城市综合改革发展示范，推进国家新型城镇化综

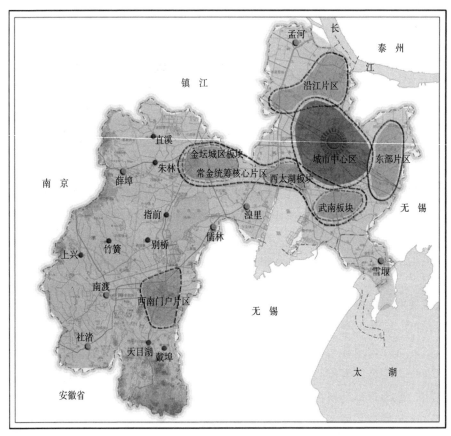

图 7 – 2　常州"一中心四片区"产城融合发展格局

资料来源：《常州市产城融合发展规划》。

合试点。该区以智能电网等新兴产业为主导，加快智能装备、智能电网等新兴产业产业链建设，建设西南重要的综合旅游服务基地、健康养老服务基地。

——东部片区。东部片区以高新技术产业为引领，着力建设高新技术产业集聚区、生态文明示范区。完善东部地区空间体系布局和发展规划，加快推进产业、人口和用地的有机集中，促进城市、城镇、农村的共同发展。重点建设常州经济开发区，建成体制机制创新先行区、高新技术产业集聚区、生态文明示范区和产城融合样板区，加速形成新增长极。

——沿江片区。主要包括新龙生态区、滨江经济开发区、空港经济区（罗溪、奔牛），加快发展高端装备业，积极提升现代服务业，强化化工新材料、现代物流等特色产业，增强城镇服务功能体系。

"一纵三横"空间框架和"一中心四片区"发展格局的确立，为常州打破条块界限束缚，落实"多规合一"，合理布局产业项目、精心塑造城市形态、有效集聚人口资源，形成轴带相通、联动发展的总体布局奠定了坚实基础。

2. 出台了新型城镇化与城乡发展一体化规划

经过改革开放 30 多年的快速发展，常州已经进入了快速城镇化后期阶段，正处于经济社会转型发展的关键节点，面临人口红利放缓、土地规模瓶颈、城乡特色趋同等问题。为此，《常州市新型城镇化与城乡发展一体化规划（2016—2020）》描绘了"十三五"时期全市新型城镇化建设蓝图，为常州走出一条具有自身特色的，以人为本、科学布局、绿色发展、文化传承的城镇化发展道路提供了行动纲领，对加快建设经济强、百姓富、环境美、社会文明程度高的新常州具有十分重要的意义。

《常州市新型城镇化与城乡发展一体化规划（2016—2020）》提出了到 2020 年城乡发展格局和城镇体系结构更加优化，人民生活更加富足安定，社会更加繁荣和谐，生态环境更加宜居优美，可持续发展能力进一步加强，建成宜居宜业幸福城市的发展目标，并明确了城镇化率、城乡居民收入比、农民工随迁子女接受义务教育比例等四个方面 25 项指标（见表 7-1）。为实现上述目标，规划确定了五个方面的任务和举措：一是有序推进农业转移人口市民化；二是优化城乡空间组织格局；三是引导城乡一体化发展；四是提升可持续发展能力；五是健全新型城镇化体制机制。

表 7-1　常州市新型城镇化与城乡发展一体化主要指标

	指标名称	2015 年	2020 年
	总体发展水平		
1	常住人口城镇化率（%）	70.0	75
2	城乡居民收入比	1.95∶1	1.8∶1
3	城乡统筹多规融合规划覆盖率（%）	—	100
	基本公共服务		
4	农民工随迁子女接受义务教育比例（%）	—	100
5	有培训愿望的城镇失业人员、进城务工人员、新成长劳动力接受基本职业技能培训覆盖率（%）	—	100
6	城乡常住人口基本养老保险覆盖率（%）	98	>98
7	城乡常住人口基本医疗保险覆盖率（%）	98	>98
8	城乡最低生活保障标准并轨覆盖率（%）	—	100
9	每千名老人养老床位总数（张/千名老人）	39.2	50
10	"一委一居一站一办"城乡社区服务管理体制覆盖率（%）	—	100
11	城市居民公共交通出行分担率（%）	28.9	30
12	镇村公共交通开通率（%）	100	100
	基础设施		
13	城乡统筹区域供水覆盖率（%）	90.7	98
14	污水达标处理率（%）	92.3	100
15	城乡家庭宽带接入能力（Mbps）	—	100
16	城乡社区综合服务设施覆盖率（%）	—	99
17	城乡生活垃圾无害化处理率（%）	100	100
	资源环境		
18	生态红线区占土地面积比例（%）	20.6	>20.6
19	城市建成区绿地率（%）	39.4	>40
20	林木覆盖率（%）	—	>25
21	空气质量达到二级标准的天数比例（%）	63.8	>70
22	地表水好于Ⅲ类水质的比例（%）	74.3	70
23	城镇可再生能源消费比重（%）	—	6
24	城镇新建绿色建筑占新建建筑比重（%）	—	90
25	公园绿地"55"覆盖率	64	100

注：公园绿地"55"是指居民出门 500 米范围内可以到达 5000 平方米公园绿地。

3. 编制了空间发展战略规划

基于常州作为"工匠"制造精神突出的创新城市标兵、幸福城市样板、人居环境典范、文化魅力名城的发展愿景，在创新、协调、绿色、开放、共享新发展理念的指导下，常州将未来的新发展道路置于国家、江苏省、苏南大空间中进行谋划，提出了建设"长三角现代化品质之城"的总体目标，研究编制了《常州市空间发展战略规划》（以下简称《规划》）。在《规划》中，常州赋予各分区专注且多元的功能定位，同时按照"职住平衡、生态隔离、功能复合、配套完善"的原则，结合空间资源禀赋与发展重点合理谋划"产业＋空间"于一体的城市结构，有序引导人口集聚，引导城市的"生产、生活和生态"功能相互协调，促进城市功能复合多元化，促进"人、产、城"相互匹配，形成产城融合、宜居宜业示范区。

——中心片区（钟楼区、天宁区）

按照全市总体战略发展构想，《规划》赋予了钟楼区、天宁区为核心的中心片区新的职能：金融众创与创新创意中心、历史文化与生态宜居城区、商业商贸与智造服务高地。老城注重商业、文化、居住与旅游功能品质提升，新城注重功能拓展创新。

天宁区重点打造金融创新产业核和文化创新产业核，构建先进制造业与研发产业集群、主题乐园与生态旅游产业集群等特色产业集聚区。为此，《天宁区发展战略规划》明确天宁区的发展目标为"以创新发展为驱动，打造以金融商务区市级平台为核心，人文旧城、制造新城、生态绿镇三大板块协同发展的智慧天宁、品质天宁"，构筑"一核两翼、水网联动"的总体空间结构，其中"一核"为市级智慧金融中心，"两翼"为文化创新区、生态经济区。

钟楼区着力形成智能智造为引导、都市工业为支撑、智慧家居产业为特色的智造业布局。为此，《钟楼区发展战略规划》明确钟楼区的发展目标为"国家级现代服务业创新转型典范、辐射全国的综合商贸流通中心、长三角地区生态宜居宜业样板"，构筑"双带三轴、三心三区"的总体空间结构，其中"双带"为新运河生态休闲带、古运河创意文化带；"三轴"为跨江联动发展中轴、区域服务发展轴、板块聚合发展轴；"三心"为商旅人文中心、特色服务中心、商贸流通中心；"三区"为旧城人文复兴区、新城创新引领区、城镇特色发展区。

——北部片区（新北区）

《规划》赋予了新北区为跨江联动和带动江苏中轴崛起的桥头堡、长三角重要的综合交通枢纽和物流中心、长三角创新智造新城和航空产业基地、江苏沿江产业带转型升级示范区、常州北部国际化新中心的新职能，着力构筑"一心双轴、一城三区"的空间结构。其中"一心"为以行政文化中心和通江路商务中心为主的综合服务中心，"双轴"为沪宁发展轴和南北发展轴，"一城"为"北部新城"，建设市级行政商务中心、商贸商业中心、文化创意旅游中心以及高品质居住中心四大城市功能中心，"三区"为空港产业综合片区、滨江产业综合片区和齐梁休闲生态片区，力求加快形成先进制造业与现代服务业相互支撑、相互带动，都市农业特色发展的现代产业体系。

——东部片区（经济开发区）

《规划》赋予了经开区为国家制造创新创业基地、"苏南模式3.0"先行区、常州东部宜居宜业新区的新职能，构筑"一心、两轴、三片"的空间结构。其中"一心"为强化城市服务设施的集中配置，打造城市东部综合功能核心；"两轴"为强化沪宁走廊，构筑联系常锡城市中心的综合服务轴，打造集众包研发、众创金融、总部商务等创新服务的生态创新中轴；"三片"为促进中心片区、横山桥片区与横林片区的差异发展，提供多元化的产城空间，支持创新驱动的空间组织。

——南部片区（武进区，不含经济开发区）

《规划》赋予了武进区为全国有影响力的高端装备制造业基地，长三角重要的产业科技创新中心，苏南知名的创新创业高地，产城融合、宜居宜业示范区的新职能，构筑"一城两区、一心两轴"的空间结构。其中"一城"为湖塘－牛塘城区，即常州南部副中心，重点需强化集聚人口、协调板块功能、提升城区公共服务设施水平与覆盖度、改善环境质量等方面工作；"两区"为武进高新区、西太湖科技产业园，加快形成特色产业发展片区；"一心"为淹城－武进区政府－花园街商业构成的综合服务中心；"两轴"为延政路－省庄大道发展轴、花园路－凤栖路发展轴。

——西部片区（金坛区）

《规划》赋予金坛区为衔接皖江经济带和南京都市圈的西部门户，苏南山水、文化、休闲"后花园"，常州集成制造总装基地之一的新职能，构筑"三区、一城"的空间结构，其中"三区"包括东部城市集聚发展区、西部山地旅游度假区片区、南部湖荡休闲度假片区；"一城"即由中心城区组成的市级西部副中心，承担金坛区综合服务功能、西部产业片区服务功能、特色旅游集散服务功能。

2017 年 3 月，经国务院同意，住房和城乡建设部复函同意常州市启动新一轮城市总体规划编制工作，并将常州市列为总体规划编制审批改革试点城市之一。至此，常州市法定城市总体规划的编制工作正式按程序推进，内容主要包括"1 + 3 + 3"：编制常州市城市总体规划，同步编制常州市城市综合交通规划、常州市城市轨道交通线网规划、常州市历史文化保护规划共 3 个专项规划，编制常州市发展规模预测、城市总体规划水资源论证报告书、城市总体规划阶段的规划环境影响评价 3 个专题研究。城市规划，百年大计，直接关系经济发展、民生福祉、生态安全、环境品质。常州从战略的高度认识城市总体规划编制的重要性，从发展的角度提高城市总体规划编制的科学性，从法治的尺度维护城市总体规划的权威性，明确从明晰城市目标定位、优化城市空间布局、提升城市功能品质、促进城乡统筹协调、强化城市基础设施建设、彰显城市特色内涵、推进城市空间治理七个方面来把握城市总体规划编制的工作重点，从而为产城融合发展的进一步推进奠定空间基础。

（二）推进多规合一试点

"多规合一"[①] 旨在推进经济社会发展规划、城乡规划、土地利用规划、生态环境保护规划相互衔接，解决当前规划数量过多、内容交叉重复、缺乏衔接协调等突出问题。习近平总书记在 2013 年 12 月召开的中央城镇化工作会议上强调，"要建立一个统一的空间规划体系，限定城市发展边界，划定城市生态红线，一张蓝图干到底"；在中央全面深化改革领导小组中的经济体制和生态文明专项小组确定的 60 项改革任务中，推动"经济社会发展规划、城乡规划、土地利用规划、生态保护规划多规合一"

---

① "多规合一"中的"多规"最初指的是城市总体规划（下文简称"城规"）和土地利用总体规划（以下简称"土规"）"两规"，然后加上国民经济和社会发展规划（下文简称"经规"）是"三规"，再把环境规划融入"三规"之后成为"四规"，发展到最后是指城规、土规、经规及环保、交通、旅游和产业等专项规划的"多规"。

被列为 2014 年推进的重大改革方案和改革试点。在 2014 年 12 月的中央经济工作会议上，习近平总书记提出，"推进城镇化健康发展是优化经济发展空间格局的重要内容，要有历史耐心，不要急于求成。要加快规划体制改革，健全空间规划体系，积极推进市县'多规合一'"。2014 年 3 月，《国家新型城镇化规划（2014—2020 年）》提出推动有条件地区的经济社会发展总体规划、城市规划、土地利用规划等"多规合一"。2014 年 8 月，国家发展改革委、国土资源部、环境保护部、住房和城乡建设部联合下发《关于开展市县"多规合一"试点工作的通知》（发改规划〔2014〕1971号），提出开展市县"多规合一"试点工作。2014 年 9 月，江苏省国土资源厅将常州市新北区列入"多规合一"试点。同年，常州市明确新北区作为全市"多规合一"试点。

"多规合一"重点解决规划期限不对应、规划内容不衔接、规划体系不清晰、规划管理制度乱、规划基础不一致等问题。一是重构规划编制体系。构建由市县经济社会发展总体规划为统领的空间规划体系，总体规划主要由空间发展战略内容和五年发展纲要两部分组成，两者为指导与落实的关系，且相互反馈完善。其中空间发展战略内容进一步由城市总体规划、土地利用规划、生态环境规划等落实衔接；五年发展纲要由城乡建设近期规划、土地利用近期规划、生态环境近期规划落实衔接。二是改革规划管理体系。规划管理体系由部门集权走向规划编制、审批、实施的三权分立。三是改革规划管理。中长期战略应在发展目标与空间规模、功能分区与空间结构、管控边界及等级要求、空间开发优先序等关键内容进行融合对接；五年总体与专题规划应在五年目标、近期空间规模、重点空间及边界管控、管控与建设更具体要求等关键内容进行衔接。四是整合规划基础，包括基础数据与统一的地理管理信息平台的构建，城乡用地与土地利用的分类的衔接，以及规划期限的统一等。

常州市新北区地处常州市北部，北濒长江，与泰州市隔江相望，东与江阴市相邻，西与扬中市、丹阳市接壤，南接常州市老城区，境内地势平坦。新北区是在原常州高新技术产业开发区的基础上经多次行政区划调整建立的，现下辖 3 街道 6 镇，面积 452.60 平方公里。区域内空（常州奔牛机场）、铁（常州北站）、公（沪宁 G42 等）、水（常州港）等交通设施齐全，区位条件优越。2014 年常州市新北区常住人口 62.24 万人，地区生产总值达 900.21 亿元，同比增长 11.3%。2014 年新北区农用地面积 23780.82 公顷，建设用地面积 18278.99 公顷，其他土地面积 3199.97 公顷。

试点以来，常州市新北区按照国家和江苏省全面深化改革相关要求，紧紧围绕"空间优化""五量调节""综合整治"三大战略，积极探索国民经济社会发展规划、土地利用规划、城乡发展规划、生态环境保护规划和农业规划等"多规合一"，划定基本农田保护红线、生态保护红线和城市（镇村）开发边界（以下简称"三线"），通过"三线"对新北区土地利用进行空间管控，达到坐标、目标、精度、语义、边界统一，着力解决规划自成体系、内容冲突、缺乏衔接协调等突出问题，不断强化空间管控能力，努力实现国土空间集约、高效、可持续利用，为加快转变经济发展方式和优化空间开发模式、促进经济社会与生态环境协调发展、提高建设项目审批效率提供了有力支撑。

一是坚持问题导向，明确改革重点。2014 年 8 月，在深入调研的基础上，出台了《常州市新北区"多规合一"工作方案》，以城乡一体发展和规划管理创新为目标，明确三项重点改革任务：其一，通过多规的空间叠加和量化分析，协调消除已有规划中存在的问题和差异；其二，研究当前规划导向，优化城乡空间格局，建立一个综合空间规划体系；其三，搭建信息平台、建立协调机制、形成技术标准，建成一个综合空间管理体系。

二是坚持底线思维，消除多规矛盾。对全区资源环境承载能力、经济发展水平、城乡规划等进行综合考虑，严控生态本底，优先划定基本农田保护红线和生态保护红线，协调"多规"矛盾，着力形成城乡发展"一本规划一张蓝图"。其一，通过"多规合一"指导全区农村和城镇开展土地综合整治，增加划入永久基本农田 154.08 公顷，划定生态红线一级、二级管控区占全区总面积 22.19%。其二，以目标、规模、布局、标准为重点，对"多规"成果进行梳理对比和差异分析，共消除差异图斑 1618 块，面积 15.85 平方公里。其三，分析城镇村规模历年演变过程，合理确定城市开发边界，加强城乡生态用地和城乡建设用地管控，促进区域和城乡均衡发展。

三是坚持挖潜增效，促进节约集约。对现有城镇各类用地内部结构进行优化调整，积极盘活建设用地存量，提高土地利用集约化程度，引导城镇用地由外延增长向内涵挖潜转变。其一，注重生态用地和建设用地的有效融合，优化调整允许建设区 1716 公顷，其中中心城区内 784 公顷，圈外 4 镇 932 公顷。其二，合理安排各类建设用地增量指标，推动沪蓉高速以南、藻江河两侧的工业区转型升级，进行"退二优二""退二进三"，促进土地资源的集约高效利用。其三，结合新一轮镇村布局规划，优化外围村庄布局，在确保耕地数量有增加、建设用地总量有减少的前提下，统筹推进同一乡镇范围内村庄建设用地布局调整。

改革试点实施以来，新北区已先后编制《"多规合一"技术规定》等 5 套规划文本，完成了五线管控专题研究报告，形成了由文本、说明、图集、专题和数据库等方面构成的"多规合一"总体规划的成果体系，其中专题资料为《常州市新北区空间规划相关法规政策汇编》《常州市新北区经济社会与规划基础资料汇编》《常州市新北区经济社会总体发展战略研究》《常州市新北区建设用地节约集约利用研究》《常州市新北区生态保护红线专题研究》《常州市新北区永久基本农田保护红线专题研究》《常州市新北区城市（镇村）开发边界专题研究》，并建立起经发、国土、规划、农林、环保等多部门协同联动的长效工作机制。下一步，新北区将进一步完善"多规合一"相关技术标准与准则，大力推进规划信息平台建设，实现国土、规划、经发等部门数据共享与信息联动，为大幅度缩短行政审批时限提供技术基础和技术保障。

当前，作为深化改革重点任务的"多规合一"在全国各地已然全面开花（见表 7-2）。与其他地区相比，常州市新北区"多规合一"改革特色集中体现在以下四个方面。

表 7-2　常州新北区与其他地区"多规合一"改革的比较

实践类型	核心内容	成果形式
机构整合推动型（上海）	坚持城市总体规划确定的城市发展方向、空间结构、城镇布局和重大市政基础设施安排基本不变，依据新一轮土地利用总体规划指标，同步实现规划建设用地和基本农田保护任务落地。进行机构调整，合并国土局和规划局，编制"两规合一"	形成统一信息平台，划定规划建设用地控制线、产业区块控制线、基本农田保护控制线，实行刚性管制，配套耕地占补平衡、城乡用城增减挂钩等政策

续表

实践类型	核心内容	成果形式
城乡项目统筹型（重庆）	在各具体规划编制之后，根据各规划的核心内容，形成综合实施方案，用以指导近期的发展和建设；以五年为周期，突出近期建设项目的策划与推进	一套技术标准、一张图、一套协作流程、一套办事规章；形成实施方案，引导近期发展建设
新增上位规划型（广州）	在各规划之上新增上位指导性规划，以城市总体发展战略规划统筹"三规"，主体功能区规划划定五类政策规划；土地利用总体规划确定建设用地规模，划定基本农田保护界线；城乡总体规划确定城镇体系、城乡空间结构、城乡建设用地布局	一张图、一个信息平台、一套协调机制、一个审批流程、一个监督体系、一个反馈机制；制定工作方案、规划编制技术指引、规划成果数据标准
村镇改革试点型（成都）	以重点村镇建设为重点，结合"扩权强镇"等一系列行政体制改革，突出村镇全域发展理念，明确权责、健全体制、纵向调控、横向平衡、上下对接、层层落实，实现规划审批上下贯通	导则研究＋三个试点镇推进；统一规划范围年限、统一基础数据统计口径、统一用地分类体系、统一建设项目管理信息平台
常州新北区试点	以主体功能区规划为落脚点，实现城乡规划全覆盖，强调生态优先、宜居为重	一个目标、一张图、一套协调机制

资料来源：陈智君、张金华、黄勇：《关于常州乡村地区"多规合一"规划的理论与实践探索》，《江苏城市规划》2015 年第 6 期。

一是"政区"合一体制下的空间规划管控创新。常州市新北区人民政府和常州高新技术产业开发区管理委员会是两块牌子、一套班子。全国有百余个区（县）的国家级开发区采取类似的管理体制。在"政区"合一体制下，开展"多规合一"，是对该类政府体制下空间管控职能的探索和创新。

二是面向新型城镇化的"多规合一"绿色用地布局理念。新北区"多规合一"的试点实施及研究成果充分体现了新型城镇化建设的要求，基于未来城市的清晰定位，明确新北区未来城市的发展定位和发展方向，落实绿色用地的规划利用理念，使土地利用往高产出、低污染方向发展。

三是基于城乡建设限制性要素划定生态/生产开敞空间。城市建设限制性要素一般包括水源地、基本农田、重要河道、历史文化、重大基础设施走廊等。《规划》首先根据限制性要素的空间范围，划定生态开敞空间管制范围,维护生态开敞空间的完整性和连续性,保障城市基本生态安全,有效控制城市建设无序蔓延。

四是以"多规空间融合 + 专题研究支撑"方法探索城乡发展一体化路径。引入新型城镇化、公共服务设施均等化、镇村布局、村集体经济、功能板块近期发展引导等多视角、多层次的专题研究,前期为构建空间发展框架提供基础研究依据,形成空间规划的统一蓝图;后期为城乡发展目标、产业体系构建、公共设施布局、生态环境保护等提供规划统筹引导,探索一体化发展路径。

(三) 加强城乡空间管制

常州主动适应新型城镇化和城乡一体化发展要求,落实主体功能区划定,实施不同功能区差异化开发建设模式,把以人为本、尊重自然、传承历史、绿色低碳理念融入城乡发展全过程,推动经济社会发展规划、土地利用规划、环境保护规划等多规融合。在此过程中,常州注重加强空间开发管制,合理划定城乡"三区四线"(见表7-3),确定城镇规模、开发边界、开发强度和保护性空间。

表 7 - 3　城乡"三区四线"

名称	类型	主要内容
三区	禁建区	包括行洪河道、水源地一级保护区、风景名胜区核心区、自然保护区核心区和缓冲区、森林湿地公园生态保育区和恢复重建区、地质公园核心区、道路红线、区域性市政基础设施走廊控制地带、城市绿地、地质灾害易发区、矿产开采区、文物保护单位保护范围等,一般情况下区域内禁止城乡开发建设活动
	限建区	包括水源地二级保护区、地下水防护区、风景名胜区非核心区、基本农田、自然保护区非核心区和缓冲区、森林公园非生态保育区、湿地公园非保育区和恢复重建区、文物保护单位建设控制地带、文物地下埋藏区、机场噪声控制区、市政走廊预留和道路红线外控制区、地质灾害低易发区、蓄滞洪区、行洪河道外围一定范围等,一般情况下区域内限制城乡建设开发行为
	适建区	在已经划定为城市建设用地或农村居民点用地的区域,合理安排生产、生活和生态用地,合理确定开发建设时序、开发强度和开发模式

续表

名称	类型	主要内容
四线	蓝线	划定城乡各类绿地界线，规定绿地率控制指标及相关绿地建设和管理要素
	绿线	划定城市地表水体保护和控制的地域界线，确定城乡规划区范围内需要保护和控制的主要地表水体，规定保护要求和控制指标
	紫线	划定非物质文化遗产代表性项目相依存的文化场所、历史文化街区和历史建筑的保护范围界线
	黄线	划定对城乡发展全局有影响的、必须控制的基础设施用地的控制界线，明确用地位置、用地范围和控制指标

三　突出以产兴城，强化产业发展推进机制

常州近年来连续聚焦重大项目，支撑引领经济增长和转型升级，经济结构实现由"二三一"向"三二一"的新格局转变。同时，城镇功能持续提升，就业创业、社会保障、住房保障、教育医疗等公共服务体系不断健全，产业和人口的集聚能力得到增强。据不完全统计，目前常州外商投资企业达到3600多家，近五年累计利用外资150亿美元，常州市外资企业的工业投入，以及规模以上工业总产值、主营业务收入、利税，在全市的贡献份额均超过30%，出口额占到全市的50%左右，累计创造近30万个就业岗位；规模以上民营工业企业已达3238家，占全市规模以上工业总数的78.9%，从业人数占全部就业人数的80%，创造的增加值、上缴的税收，均在全市经济中"三分天下有其二"，目前常州有14家企业入围"中国民营企业500强"，数量位列全省第四。2016年，常州实现地区生产总值5773.9亿元，按可比价计算增长8.5%；全市按常住人口计算的人均生产总值达122721元，按平均汇率折算达18476美元，达到中等发达国家水平，稳居全国城市综合竞争力30强。在此过程中，常州不断优化、强化现代产业发展新机制：完善推进"三位一体"工业经济转型升级机制，大力实施十大产业链建设，深入开展"重大项目推进年"活动。

（一）确立建设中国智造领军城市的目标

尽管常州制造取得了较为明显的进展，但如果把常州制造业整体水平放在全国制造业中进行竞争力排位，则其还有现实的短板；在政府强劲推动先进制造业加快发展的过程中，其也有现实的不足，总体来说表现为"四个缺"：缺规模——大企业、大集团不多；缺终端——终端产品、成套产品不多；缺创新——自主研发、自主品牌不多；缺规划——产业布局规划统筹不够、刚性不足。同时，当前常州制造业的生存环境也不容乐观。一是企业主体难解增长困境。虽然当前企业面临的最大问题是订单下降，但在订单下降背后还有需求疲弱、税赋趋紧、人力成本上升、研发风险增加等多重因素的叠加。二是融资成本长期居高不下。长期以来存在的融资难、融资贵的状况，在经济周期低谷阶段，变得更加突出。三是部分法规难保企业权益。最明显的就是"流动"的员工无法支撑"铁打"的企业，企业一旦遇到开工不足等困难，工人往往说走就走，制造业企业处于被动地位。在制造业强国的目标下，常州提出打造"工业明星城市升级版"，推动从制造大市走向制造强市，着力打造智能制造领军城市。

一是多方式推动制造业转型升级。推进制造业链条延伸，拓展与前端、后端、纵向、横向的融合，实现制造业的"延伸式、嫁接式"突破；推进绿色制造，逐步淘汰高能耗、高污染企业；构建以中小企业为主体的柔性专业化生产网络；弘扬"工匠精神"，培育"隐形冠军"，打造核心基础零部件技术特区、强基工程示范区；鼓励基础性研究，推动突破（颠覆）式创新，加速科技成果转化，引领产业升级。

二是坚持创新驱动。推进产业链向高附加值的两端延伸，推进以创新、服务为核心的产业空间拓展，并与城市融合，实现产城融合2.0，实现以"人"为主体的核心价值。在模式上，选择符合常州的中后端创新模式；在方法上，完善产学研创新发展的"常州模式"；在方向上，鼓励大众创新，形成开放、高效、富有活力的双创生态系统，建设苏南创业高地；在空间上，从创新空间1.0到创新空间3.0，城市公共空间取代园区成为创新最重要载体，着力创建以人为本的公共化、品质化、便捷化、多元化、小微化的创新空间。

三是强化服务支撑。以生产服务平台整合生产体系，发展面向全过程的生产性服务业。以服务制造业为核心，构建金融服务体系；加强知识产权服务，打造区域知识产权服务中心，发展面向区域的专业化服务，打响"常州服务"品牌。

2016年，工业和信息化部批准常州等苏南五市为创建"中国制造2025"试点示范城市后，常州专门开展了调查研究，推出了一批重点企业、产品，制定了相关产业的新一轮发展规划。

（二）完善推进"三位一体"工业经济转型升级机制

抓增量带动、抓存量优化、抓质量提升，常州自2013年起全面实施工业经济"三位一体"发展战略，即通过十大产业链建设发展战略性新兴产业、通过"双百"行动计划（每年组织实施100项左右重点技改项目，重点培育100家左右贡献份额大、带动力强的龙头骨干企业）推动传统优势产业转型升级、通过培育"十百千"创新型企业（培育以10家左右的创新型领军企业为龙头、100家左右的科技型上市企业为骨干、1000家左右的高新技术企业为支撑的"十百千"创新型企业集群）提升科技创新能力，旨在以培育壮大战略性新兴产业来调"高"，以加快发展现代服务业来调"轻"，以改造提升传统产业来调"优"，以增强自主创新能力来调"强"，加快产业转型升级。

为推进工业经济"三位一体"发展战略，常州从2014年起连续三年，市、辖市（区）财政每年安排6亿元，设立实施"三位一体"发展战略促进工业企业转型升级专项资金，用于支持企业加大技改投入力度，推进"机器换人"，提升智能制造装备水平，促进企业转型升级和工业结构优化。该专项资金主要资助以下三类项目。

一是设备购置补助项目。在项目竣工投产或主体设备到位后，按不高于实际技术设备购置额的6%进行补助；通过设备融资租赁公司租赁的，最高按照年融资租赁金额的6%进行补助。单个项目补助总额原则上不超过1000万元。

二是"机器换人"示范项目。经评定的示范项目，购置设备（含工控软件）的，按不高于设备购置额的10%进行补助；通过设备融资租赁公司租赁的，最高按照年融资租赁金额的10%进行补助。单个项目补助总额原则上不超过200万元。

三是首台（套）重大装备及关键部件项目。对经省级认定或根据《常州市首台（套）重大装备及关键部件认定和应用示范项目管理办法》认定的首台（套）重大装备及关键部件项目、应用示范项目，给予 20 万元奖励。

据不完全统计，2014～2015 年度，常州市区两级共下发"三位一体"专项资金 12.98 亿元，支持设备购置补助项目 1204 个，补助金额 11.33 亿元。其中，支持"机器换人"示范项目 97 个，补助 1.3 亿元；支持首台（套）重大装备及关键部件项目 173 个，奖励 3460 万元；全市 97 个"机器换人"示范项目，平均用工减员率在 40％以上，能耗平均下降 10％以上，产品合格率普遍提升；享受专项资金补贴和奖励的"三位一体"企业近 1000 家，仅占全市规模以上企业总数的 25％左右，奖补的设备投入占全市设备投入比例超过 60％，使得有限的政策资源聚焦到重点产业和重点企业。

通过深入实施"三位一体"工业转型升级战略，常州加快推进制造业向高端化、智能化、绿色化、服务化、品牌化方向发展。近年来，全市已经形成了以 23 家创新型领军企业、282 家科技型上市（挂牌）培育企业、1231 家高新技术企业组成的创新型企业集群。在汽车及零部件、碳材料、通用航空等产业链实现了重大突破。2016 年，常州全市 4106 家规模以上工业企业完成总产值 1.23 万亿元，同比增长 8.5％；完成工业增加值 2827.16 亿元，同比增长 8％；实现利润 730.7 亿元，同比增长 14.5％。西太湖科技产业园成为全国石墨烯产业发展的"领头雁"；常州轨道交通牵引传动系统产品占据国内市场份额为 45％以上，全市医疗器械产业规模位列全国前三，智能数控和机器人产业迈入国内城市第一方阵。当前，常州已全面实施新一轮"十百千"创新型企业培育、支持外资企业来常州建立研发机构、鼓励企业开展重大原创性技术研发、推进制造业创新中心建设，推动企业创新。

（三）大力实施十大产业链建设

十大产业链建设是常州"三位一体"工业经济转型升级的重要抓手，也是打造"工业明星城市"升级版的关键之举。2014 年以来，常州全力推进高端装备制造、新材料、新能源、生物技术和新医药、新一代信息技术、智能电网、节能环保、物联网和云计算、新能源汽车等产业发展，重点打造轨道交通、汽车及零部件、农机和工程机械、太阳能光伏、碳材料、新医药、新光源、通用航空、智能电网、智能数控和机器人十大产业链，推动产业联盟建设，力争战略性新兴产业经济规模和技术水平居全省领先地位，部分产业集聚区成为全国战略性新兴产业引领发展区和具有显著影响力的产业高地。

在此过程中，常州坚持以十大产业链建设为关键，推动上下游企业相互配套、功能互补、利益共享；以"建链"为目标，着力打造特色产业园区，进一步完善园区功能，优化产业布局，重点建设轨道交通、光伏、生物医药、LED、通用航空等一批产业特色鲜明、主体功能突出的集聚区；以"补链"为要求，围绕产业链上薄弱环节，梳理排出重点招商目录，精准出击、主动对接，大力引进一批关键企业和重大项目；以"强链"为关键，积极引导产业链上的优势企业，运用资本、技术、品牌、市场等手段，开展跨国境、跨地区、跨所有制的兼并重组，增强优势企业对产业链建设的辐射带动力。同时，由于十大产业链有大有小、有长有短、有强有弱、有全有缺，常州针对每个产业链发展规律，一链一策、因链施策，着力形成"多链共舞"的生动局面。对于太阳能光伏、新光源等"龙头带动型产业链"，集聚资源、集中力量重点扶持骨干企业，更好发挥其以点带面、辐射和拉动上下游的作用；对于汽车及零部件产业、轨道交通、农机和工程机械等"整车整机牵引型产业链"，大力引进和开发终端产品，鼓励企业开展首台（套）重大装备和关键部件的研制，推动产业链上下游企业加强资源整合、密切协作联系；对于新医药、通用航空等"园区集聚型产业链"，进一步提升专题产业园区能级，完善功能配套，加快项目建设，促进产业集群发展；对于碳材料、智能数控和机器人等"科研引领型产业链"，加强产学研对接，支持科研院所和企业开展关键技术研究，鼓励科技成果转化，加速产业化进程。

三年多来，围绕行动计划，常州市通过建立市领导挂钩责任机制，健全产业链协同推进机制，设立专项扶持资金，全力推动十大产业链健康快速成长，取得了显著成效。

一是规模总量不断壮大。十大产业链发展速度、产出效益明显好于全市工业平均水平，2015 年实现产值 3817 亿元，占规模以上工业产值比重达 33.3%；2016 年实现产值为 4213 亿元，同比增长 10.4%，占全市规模以上工业产值比重为 34.3%，较上年提高 1 个百分点，对规模以上工业产值的贡献率达 36.7%。十大产业链中，轨道交通产业链完成产值 400.2 亿元，同比下降 2.8%；汽车及零部件产业链产值 873.1 亿元，增长 31.1%；农机和工程机械产业链产值 577.3 亿元，增长 4.9%；太阳能光伏产业链产值 690.8 亿元，增长 8.4%；碳材料产业链产值 86.5 亿元，增长 14%；新医药产业链产值 432 亿元，增长 5%；新光源产业链产值 111.6 亿元，增长 8.1%；通用航空产业链产值 22.7 亿元，增长 30.5%；智能电网产业链产值 743.7 亿元，增长 2.1%；智能数控和机器人产业链产值 274.7 亿元，增长 11.8%。部分产业链在国内市场占有份额稳步上升，培育了一大批行业"单打冠军""隐形冠军"。其中，在太阳能光伏方面，常州已成为国内最大的生产基地，太阳能电池组件约占全国的 1/5，天合光能组件出货量位列全球第一；在智能电网方面，常州成为全国最大的特高压输变电设备制造基地，变压器市场占有率居国内之首，上上电缆已成全国第一。

二是创新能力不断增强。据统计，在列入全市十大产业链的 100 家重点企业中，目前已经有 72 家建立了 173 家研发机构，其中国家级工程技术中心 22 家，2015 年专利授权量超过 1000 件，助力企业在产品开发和技术创新领域不断取得突破，推动十大产业链规模总量不断壮大。一批企业在产品开发和技术创新上取得明显突破，中车戚墅堰机车车辆工艺研究所有限公司承担的"高铁列车高可靠性齿轮传动系统研发及产业化"项目获国家科技进步一等奖和中国工业大奖，常州四药公司参与完成的抗高血压沙坦类药物的绿色关键技术开发及产业化项目荣获国家科技进步二等奖，江南石墨烯研究院主导起草了第一部石墨烯国家标准。

三是集聚程度不断提高。目前，常州已经集聚石墨烯企业 70 家，其中原材料制备企业 6 家，下游应用企业 51 家，新三板挂牌企业 2 家，已率先在全国形成集石墨烯设备研发、原料制备与应用研究、产品生产、下游应用于一体的完整上下游产业链，应用领域也不断拓展至超级电容、电极正负极材料、传感器、雷达、抗冲击涂料、智能发热服等新兴市场。2015 年，常州市石墨烯科技产业园实现石墨烯产业总产值 12 亿元，2016 年超过 20 亿元，"东方碳谷"正在这里巍然崛起。常州市整合武进区和原戚墅堰区的产业资源，加快推进轨道交通产业园建设，2015 年产值总量突破

400 亿元，被认定为国家级轨道交通产业特色基地。

四是链式体系不断完善。围绕汽车及零部件产业，先后引进众泰、东风、北汽等整车项目，以及斯太尔发动机、中航锂电池等关键零部件项目，汽车全产业链初步形成，2015 年产值规模达到 656 亿元。围绕通用航空产业，先后引进北京通航通用飞机制造、威翔固定翼飞机等一批项目，相继与中航工业幸福航空、艾雷奥特公司签署战略合作协议，通用航空产业链加速构建。围绕智能数控和机器人产业，布局了安川、金石、铭赛等一批整机企业，吸引了纳博特斯克、易尔泰等一批关键零部件生产企业，产业链加快完善健全。

五是对外拓展不断加快。积极抢抓"一带一路"战略机遇，支持十大产业链龙头企业参与全球合作和竞争。天合光能先后在瑞士、美国、新加坡设立区域总部，亚玛顿、正信、有则等光伏企业也加快"走出去"步伐。江苏金昇不仅成功收购德国埃马克、瑞士欧瑞康纺机业务，而且加快建设乌兹别克斯坦工业园，实现快速裂变壮大。此外，还有一批企业积极在海外开展资本运作、技术合作、新品研发、市场拓展，有效提升了常州产业国际合作水平和层次。

为顺应产业智能化、信息化、服务化、绿色化方向，围绕"一城一中心一区"总目标，常州推出了十大产业链 2.0 版，从"三车四新三智能"调整到"五新三高两智能"，也就是从"轨道交通、汽车及零部件、农机和工程机械，新医药、碳材料、新光源、太阳能光伏，智能电网、通用航空、智能数控和机器人"，调整为"新能源汽车及汽车核心零部件、新能源、新材料、新一代信息技术、新医药及生物技术，轨道交通、航空装备、节能环保，智能制造装备、智能电网"，力争到 2020 年，全市十大产业链产值突破 6000 亿元，占规模以上工业比重超过 40%。

延伸阅读：常州推进十大产业链建设的六大举措

一是更加注重因链施策，提升十大产业链发展整体水平。切实做好"十三五"期间十大产业链规划编制工作，完善产业内部的链式发展机制，不断增强全市产业整体竞争力。

二是更加注重项目建设，做强十大产业链发展关键环节。瞄准产业链高端企业、终端产品、关键环节，招引和建设一批旗舰型、龙头型、基地型项目。促进产业链延伸拓展、快速成长。

三是更加注重创新驱动，增强十大产业链发展核心动能。完善市场导向机制和研发激励机制，推动科研、技术、资本等创新资源向十大产业链集聚。

四是更加注重企业主体，夯实十大产业链发展基础支撑。引导企业加快技术改造和设备更新，上马新兴产业和高端产业项目，加快融入全球产业链、价值链。

五是更加注重优化服务，打造十大产业链发展一流环境。进一步减少审批事项、压缩审批流程、提高审批效率，激发民间投资热情和活力，向十大产业链最需要的地方、最薄弱的环节集聚。

六是更强能量推进。市、区两级集中力量，集聚国内外产业投资基金等更多高端产业资源，为十大产业链建设提供更便捷服务。

（四）实施重大项目建设主题年活动

面对标兵继续领先、追兵相继赶超的竞争态势，面对兄弟城市大手笔投入、重大项目接连落户，而常州虽在项目总数上有微弱优势，但重大项目单体规模苏南五市垫底的现实形势，常州于2014年2月全面启动了"重大项目建设主题年"活动。三年多来，常州连续开展重大项目建设主题年活动，从2014年的"突破年"到2015年的"深化年"和2016年的"推进年"，再到2017年的"提升年"，先后经历了"突破、深化、推进、提升"四个主题，取得了积极进展。2014年，全市共引进100亿元或10亿美元项目2个，50亿元或5亿美元项目8个，一批大项目好项目纷纷落户常州市，特别是东风、北汽、众泰三大项目圆了常州汽车整车梦。埃马克机床、碳元高导热石墨膜、诺贝丽斯汽车专用铝板材、扬子江药业紫龙生物医药等一批制造业项目顺利竣工投产，有力带动了经济转型升级和十大产业链发展。2015年，常州市35项重点工程基本达到预期目标，150个市级重点项目累计完成投资635亿元，69个新建项目中有66个开工。2016年，常州市共引进4个超100亿元或10亿美元项目，7个超50亿元或5亿美元项目，5个超30亿元或3亿美元项目。与中船重工、机械总院等央企签署6项合作协议，投融资总额350亿元。全市153个重点实施项目累计完成投资 698 亿元，完成年度计划的 102.7%；新建项目开工率超过 98%。三年累计引进重大项目 42 个，其中超 100 亿元或 10 亿美元项目 9 个、超 50 亿元或 5 亿美元项目 19 个、超 30 亿元或 3 亿美元项目 14 个，逐步形成支撑常州长远发展的新动能。

在深入推进"重大项目建设主题年"过程中，常州建立健全了"一个项目、一位领导、一个班子、一套措施、一抓到底"的工作机制，建立了市委、市政府领导挂钩重大项目机制，对重点项目的推进情况进行现场查看，对存在问题进行逐一梳理，研究解决方案，明确责任主体和解决时限、转化递进情况；常州市每季、每月组织开展重点项目专项督查活动以及重点项目情况汇报会，市发改部门会同各相关部门开展联合行动，在建立各项优先保障机制的基础上，定期组织到重点项目现场进行"面对面"交流、"点对点"服务，确保重大项目服务无缝对接、全面覆盖；按照工业经济转型升级"三位一体"的总体要求，常州加大创新力度，将产业、财政、投资、金融政策有效结合，主动优化战略性新兴产业的扶持方式，加强银企对接、产融合作，有效地发挥出财政资金的引导示范效应；创新性地开通了"常州政企通"微信公众号，积极应用现代信息技术手段服务市企业及省市重大项目，在政府和企业之间架起了直通桥梁，双方互动频率越来越高。此外，常州还建立了项目储备机制，按照产业项目"六个一批"（一批新兴产业的高技术项目、一批传统产业的高端产品、一批产学研协同创新的科技项目、一批重点研发机构、一批科技创业家、一批海外研发中心）、社会事业和基础设施项目"四个一批"的阶段性要求推进重大项目的前期工作。

延伸阅读：突破、深化、推进、提升：

常州重大项目建设四年之路

2014 年 2 月，常州召开"重大项目突破年"动员大会，提出：通过重大项目突破活动，力争突破总投资 100 亿元或 10 亿美元的项目不少于 1 个，新增总投资 50 亿元或 5 亿美元的项目不少于 5 个，新增总投资 30 亿元或 3 亿美元的项目不少于 10 个。全市上下围绕这个目标任务，砥砺前行。

紧盯世界 500 强——在轨道交通、汽车及零部件、通用航空、新材料、新医药等领域，着力引进一批整车、整机、终端类的重大产业项目；在现代金融、现代物流、现代旅游、电子商务、健康产业、文化创意等现代服务业十大产业领域，着力引进一批产业形态集聚、业态模式创新和提升城市功能的重大服务业项目。

紧盯高端——以"十大产业链"建设为抓手，以引进新兴产业龙头企业、核心技术和关键零部件为"建链"重点，以完善产业配套、优势环节和高品质、高附加值产品为"补链"重点，以强化企业研发平台、企业品牌和创新型企业为"强链"重点，初步形成了"三车四新三智能"十大产业链。

夯实载体——按照产城融合的理念，完善科技、金融、中介等公共服务功能，增强园区对重大项目的吸引力和承载力，加快开发区提档升级、争先进位，在重大项目招引和建设中打头阵、挑重担，成为全市的项目高地、产业高地、创新高地。

2015 年是常州的"重大项目深化年"，提出：全程做好 19 个省重大项目和 150 个市重点项目的各项推进服务工作，确保省重大项目完成年度投资计划 90% 以上，市重点项目完成年度投资计划 100%；全市总投资超 100 亿元或 10 亿美元项目不少于 1 个，总投资超 50 亿元或 5 亿美元项目不少于 5 个，总投资超 30 亿元或 3 亿美元项目不少于 10 个；紧盯战略性新兴产业、"十大产业链"和现代服务业"十大产业"，按照建链、补链、强链的思路，狠抓一批关键性、龙头型、基地型重大项目招引，确保重大项目不断档、不掉线，形成项目投入前后衔接、滚动推进的良性循环。

——根据常州产业发展定位、战略重点和生产力布局，加强对国内外产业发展趋势以及新业态、新模式的研究，密切关注世界 500 强企业、央企、上市公司和大型民企的投资动向和战略布局，挖掘项目信息，推动其在常州投资。

——按照调高、调优、调轻、调强的思路，深入实施"三位一体"工业经济转型升级发展战略，瞄准高端环节、终端产品、关键零部件等领域，力争在智能装备、碳材料、轨道交通、通用航空等重点领域再有所突破。鼓励支持企业实施技改项目，有效拉长传统产业链条，增加产业增值环节，真正以投入结构的持续优化助推产业转型升级。

——培育发展民生性服务业，瞄准国内外服务业龙头企业，力争在金融服务、现代物流、健康服务、养老服务等重点领域取得实质性突破。大力引进和培育云计算、大数据、物联网等项目，在互联网经济发展上实现重大突破。

——抓住国家确定的"一带一路"和长江经济带建设，国家、省编制"十三五"发展规划和7大类18项"三一一"重大工程计划，以及建设苏南国家自主创新示范区、产城融合综合改革试点的契机，争取常州更多项目纳入国家、省"大盘子"，加速带动产业集聚发展。

2016年是常州的"重大项目推进年"，明确：全市招引总投资超100亿元或10亿美元项目不少于1个，总投资超50亿元或5亿美元项目不少于5个，总投资超30亿元或3亿美元项目不少于10个；重大项目的推进中，21个省重大实施项目完成年度投资计划90%以上，156个市重点项目完成年度投资计划100%；13个省重大新建项目年内开工率达到100%，76个市重点新建项目年内开工率达到100%，77个市重点续建项目竣工率达到60%以上。

2017年是常州的"重大项目提升年"。将从提升项目质量、载体能级、招引水平、服务效能四方面发力，进一步提升重点项目推进的质量和效能。

一是提升理念。更加注重科技创新，按照"聚力创新"的要求，大力吸引原创科研成果，大力招引技术水平高、发展前景好的科技型项目，努力实现战略性新兴产业项目规模和数量有新提升，持续优化投资结构，闯出转型关口。更加注重平台建设，在统筹抓好园区功能升级、交通功能完善、城市功能提档等传统意义的平台基础上，谋划创新一批高端会展、行业峰会平台，准确把握"优质项目跟着人才走、战略资本追着人才投"的新特征，更大力度实施"龙城英才计划"。

二是提升质效。通过导入优质增量来优化产业结构，从源头上抓转型升级。按照高端化、智能化、绿色化、服务化、品牌化方向，加大对战略性新兴产业和先进制造业、现代服务业的引进和投资。突出智能装备制造和先进碳材料，瞄准先进制造业"十大产业链"和现代服务业"十大产业"等重点领域，梳理排定建链、补链、强链的关键环节、目标客户，深入开展产业链招商、靶向招商、基金招商，构筑重大项目－产业链－产业集群"葡萄串"效应。把要素更多地投入实体经济，进一步推动企业扩投资、上项目，确保全年工业设备投资增长不低于10%、民间投资规模和占比有新提升。

三是提升载体。深化创新平台建设，支持企业创建新型研发机构，积极引导创新平台服务产业布局，重点加快常州科教城东扩步伐，启动"科创走廊"建设，加快推进北自所国家级智能制造研发中心建设，争创石墨烯等国家级制造业技术创新中心。加快园区提档升级，推动国家级、省级开发区转型升级、争先进位，其中常州经开区要全力以赴升格为国家级开发区，苏澳合作园区要高起点推进建设，中以常州创新园、中德创新园、中芬绿色科技产业园、中荷航空产业园等要打造国际创新合作典范。精心打造一批具有世界影响力的展会品牌，全力办好全球石墨烯大会，积极推进特色小镇建设。

四是提升机制。优化项目科学招引机制，按照产业导向和高端发展的要求选商选资，强化对技术含量、亩均产出和产业带动效应等关键指标的评价。实施全域联合招商，做到"市级统筹、板块为主、条线结合"，杜绝"一地不成、一市不成"。健全项目快速推进机制，着力化解项目建设中的土地、资金、征迁等矛盾困难，完善重大项目领导挂钩制、联席例会制等工作制度。完善产业项目"六个一批"、社会事业和基础设施项目"四个一批"管理机制，实行全过程督察、管控和考评。

五是提升环境。按照精美常州建设要求，在延续历史文脉中彰显个性特色，加快完善城市的生产、消费、就业、服务和生态功能，推进城市与产业互动并进。着力打造对外文化经贸交流品牌，用好房价较为合理、民生事业领先的优势，吸引更多人才来常创新创业。扭住体制机制改革"牛鼻子"，以行政审批制度改革为先手棋，加快发展"互联网＋政务"，打造符合国际惯例、接轨国际规则的开放环境。

常州2017年"重大项目提升年"共排定160个重点项目，其中：29个项目被列为江苏省重大项目，涉及新能源汽车、新材料、智能装备等行业的11个项目属于江苏省重大工业项目（全省共60个），总投资约600亿元，其中2017年计划投资达145亿元，创历年来项目数最多佳绩；再加上4个现代服务业项目，在全省各市中，常州市项目总数和年度计划投资均排名第1。

当前,常州全市正围绕"提升"做文章,努力把重大项目建设任务落到实处,抓出实效。一是以系统思维抓提升,突出引进高技术产业项目、知识密集型和人才密集型项目,坚持项目招引与建设同步推进,确保重大项目开工率、竣工率、投产率有新提升,统筹推进开发园区升格,加快"一核两区多园"创新型园区建设;二是以创新举措抓提升,以招商方式的多元化实现重大项目招引全面突破,以市场化方式盘活存量用地,以"机器换人"解决技能人才短缺,积极争取经济领域改革创新试点。研究制定行之有效的招商引资新政,充分激发招商引资和重大项目建设的能动性;创新招商队伍选人用人机制,着力打破身份限制,努力实现招商人员权利与责任、收入与贡献相挂钩。

(五) 质量强市为转型升级注入新动能

2012年,国务院印发《质量发展纲要(2011—2020年)》,质量强国战略正式启动实施。常州市积极行动,大力推进,实现"质量兴市"向"质量强市"的华丽转身,开启了有质量、可持续发展的新征程。

一是质量强市有序推进。

五年来,常州质量强市工作推进有序、有力、有效。从最初的搭班子、建体系,到2015年获批创建"全国质量强市示范城市"和入选"质量之光——质量魅力城市",常州质量强市工作踏实前行,彰显出"品质生活源于常州智造"的独特魅力。

加强组织领导。常州专门成立以市长为第一组长、分管副市长为组长、数十个部门负责人为成员的质量强市推进工作领导小组,并设立领导小组办公室负责日常工作;制定《常州市质量强市推进工作领导小组成员单位工作职责》,明确各自工作责任,定期召开联席会议,分析形势、部署任务、解决问题;辖市、区同步设立机构,推动质量强市工作有序、高效、深入开展。每年年初,常州市政府下达质量工作责任书;年内召开质量强市推进会议,市长出席讲话部署工作,并为市长质量奖获奖组织授牌。

出台政策文件。常州市政府颁发《关于加快推进质量强市建设的意见》,明确全市到2015年和2020年两个节点的质量发展近、远期目标,从深化质量振兴活动、强化质量安全监管、创新质量发展机制、加强质量基础建设和保障质量强市建设顺利推进等方面明确质量发展战略规划。在此基础上，制定《常州市贯彻实施质量发展纲要行动计划》，有效推进质量工作全面实施。

强化保障激励。常州市政府设立千万元质量与标准奖励专项资金，鼓励企业积极参与质量管理创新、技术标准创新及现代服务创新，市和辖市、区两级累计发放政府质量奖金额超过 2000 万元。"十二五"期间，在大力建设检验检测公共服务平台的同时，常州市政府还重点实施工业经济转型升级"三位一体"战略，引导和支持传统产业转型升级、新兴产业提升发展、创新型企业培育成长等，连续安排数亿资金用于创新驱动和质量引领发展，实现了发展质态渐变。

严格考核机制。常州建立了科学有效的考核机制，把质量工作纳入各辖市、区政府绩效考核评价体系，并按照《常州市质量强市绩效考核管理办法》定期进行考核。经有关部门和专家组成的质量考核组现场考评、从严把关，辖市、区政府质量工作年度考评结果及时通报组织人事部门和纪检监察机关，作为评议干部工作业绩或执纪问责的重要依据，认真兑现奖惩和督促整改。

引导全民参与。常州各级认真组织和持续开展 9 月"质量月"、"3·15"国际消费者权益日、"5·20"世界计量日、"10·14"世界标准日等主题宣传日和中小学质量夏令营、质量教育实践基地体验、"质量在我心中"有奖征文及知识竞赛等丰富多彩的主题质量活动，并利用政风热线、在线访谈和新闻发布等宣传方式，关注热点话题，回应百姓关切，普及质量知识。四年中有数万家企业、数百万市民直接参与质量宣传实践活动，营造起各方关注和加入、共同建设和维护质量的良好氛围。

二是质量水平稳步提高。

产品质量总体平稳。2015 年，常州市制造业产品国家监督抽查合格率为 93.4%、江苏省级监督抽查合格率为 97.25%，主要农产品质量安全监测合格率为 99.2%，食品生产企业产品省级监督检查合格率为 99.28%，完成市级每千人四批次食品质量监测 19048 批次，合格率为 96.62%。万台特种设备事故率、死亡率均为 0.28，低于全国平均水平。

工程质量屡获殊荣。2015 年，常州市大中型工程项目施工许可证发放率、一次验收合格率和竣工验收备案率均达 100% ，其他工程一次验收合格率均超过 98% 。累计获评中国建筑工程"鲁班奖"和国优奖项目 9 个、中国土木工程"詹天佑奖" 1 个，江苏省优质工程"扬子杯"奖项目 58 个。"绿色建筑产业集聚示范区"示范作用显现，全市绿色建筑达 95 个。

服务质量较为满意。2015 年，常州市生产性服务业顾客满意度为 86.7% ，生活性服务业顾客满意度为 83.1% ，公众质量综合满意率为 72.8% 。在 2015 年江苏城市养老服务公众满意度排名中，常州位列第一。

三是监管服务提质增效。

品牌队伍壮大。积极开展优质产品示范区创建，以横林镇强化木地板优质产品示范区获得命名为突破，先后创成 1 个国家级、3 个省级优质产品示范区和 1 个国家级出口产品质量安全示范区、2 个全国知名品牌创建示范区、3 个江苏区域名牌，初步形成具有常州地方特色的高质量、优品质的产业集群；坚持不懈开展品牌培育工程，累计拥有中国名牌 26 个、江苏名牌产品 214 个和中国驰名商标 99 件、江苏省著名商标 356 件；常柴股份连续 12 年入选"中国 500 最具价值品牌排行榜"；7 家企业荣登"2014 年中国品牌价值榜单"，上榜数位居全省前列。

质量标杆攀升。实施质量标杆 3 年选树计划，先后诞生中国质量奖提名奖 1 家，江苏省质量奖获奖组织 1 家、优秀奖 2 家、市长质量奖获奖组织 18 家、提名奖 36 家、区（市）长质量奖获奖组织 32 家；实施质量标杆后备企业培育计划，107 家企业列为重点培育对象范围。鼓励质量标杆企业提升示范效应，上上电缆集团由市长质量奖到江苏省质量奖，进而到中国质量奖提名奖一路攀升，并曾荣获"质量之光"年度"质量标杆企业"；恐龙园股份公司在获得"常州市智慧旅游建设示范优秀企业"和"江苏省服务创新示范企业"称号的基础上，又被国家质检总局、国家旅游局评为"全国旅游服务质量标杆单位"。

技术标准扩容。常州于 2006 年在全省率先实施技术标准战略，鼓励企业和社会组织抢占标准化高地。10 年来，制修订标准逐年增多，累计制修订国际标准 12 项、国家标准 426 项、行业标准 304 项、江苏省地方标准 90 项和团体标准 3 项，常州恐龙园股份有限公司研制的《主题公园服务规范》成为该领域的首个国家标准；标准化试点示范稳步推进，建成国家级标准化试点 8 个、省级标准化试点 27 个，在建国家级标准化试点 10 个、省级标准化试点 21 个；标准化组织建设也取得突破，在常设立的各级标准化组织机构 15 家，其中 1 个 TC、9 个 SC、3 个 WG 和 2 个省级标准化技术委员会。

检测能力提升。围绕地方支柱产业、特色产业和战略性新兴产业发展需要，有计划地规划布局相应的检验检测技术平台，累计建成 200 余家市级及以上检测中心和技术服务平台，其中国家级质检中心 6 家、省级质检中心 10 家；在计量基础建设方面，建立了 10 大类 296 项社会公用计量标准，可开展计量检定项目 491 个、校准项目 542 个、检测项目 113 个。

打假治劣有力。围绕食品、农资、建材、液化石油气、汽摩配件、妇女儿童用品、日用消费品 7 大类重点产品，近 3 年出动执法人员 9242 人次，检查各类企业 3827 家次，立案查处 1050 起，查办案件货值 5430 万元。围绕打击侵犯知识产权和制售假冒伪劣商品工作，率先推行"双打"案件信息公开，近两年仅质监公开案件信息就有 106 起。多年来，常州没有发生区域性、系统性重大质量安全事故。

四　推进文化建设，彰显产城融合品质内涵

在传承城市精神并从时间深度和空间广度拓展的基础上，常州在充分认识宏观地理格局和文化脉络的基础上，围绕文化建设"三强两高"（三强即文化凝聚力和引领力强、文化事业和产业强、文化人才队伍强，两高即思想文化建设高地、道德风尚建设高地）新要求，秉承神态、文态、形态、业态"四态合一"，为产城融合注入丰富文化内涵。近年来，常州市高度重视文化建设，既重视优秀传统文化的创造性转化、创新性发展，也不断拓展常州文化对外开放和交流的广度深度，并推进全市文化事业和文化产业快速发展，加快公共文化服务水平持续提升：国家历史文化名城正式获批，中国大运河常州段成为常州第一个世界遗产；"道德讲堂"蜚声全国；通过江苏省公共文化服务体系示范区创建验收，全市四级文化设施网络覆盖基本到位，每万人拥有公共文化设施面积超过 1600 平方米，居民综合阅读率位列全省第三；常州博物馆顺利通过国家一级博物馆创建验收并荣获"2016 年全国最具创新力博物馆"称号；文化产业增加值占 GDP 比重为 5.63%，位列全省第二；常州文化发展水平综合指数位列全省第

三；文化人才培养成果显著，"文化走出去"迈出新步伐；在中国文化城市 100 强中，常州名列第 22 位；电视剧《青果巷》、儿童剧《留守小孩》等 12 部作品荣获全国"五个一工程"奖，获奖数量位列全国地级市第一。舞蹈《香脆萝卜干》和小品《救》两部作品荣获全国群众文化最高奖"群星奖"；中篇弹词《江南第一燕》荣获中国曲艺最高奖"牡丹奖"；金坛故事《茅山兵魂》和溧阳民间傩舞《跳幡神》先后获得中国民间文艺最高奖"山花奖"；原创锡剧《夕照青果巷》代表江苏晋京演出，大型滑稽戏《幸福的红萝卜》成功入选省舞台艺术十大精品工程并参加"江苏省第三届艺术节"展演，中篇弹词《龙城谍恋》入围全国牡丹奖。

文化事业加快发展。年末全市共有艺术表演团体 11 个，群众艺术馆、文化馆 8 个，博物馆 27 个；公共图书馆 5 个，图书总藏量 332.9 万册，全年总流通 236.6 万人次；自办广播节目 7 套，电视台节目 7 套，有线电视、数字电视用户分别为 116 万户、114.7 万户。

（一）共筑城市精神家园

以社会主义核心价值观为主心骨，锻造共同理想信念。广泛开展"道德讲堂"、志愿服务、"书香常州"等群众性精神文明创建活动，持续开展"文化 100""社区天天乐"等惠民文化服务，构筑思想文化和道德风尚建设高地。

1. 创新开展"道德讲堂"

近年来，常州瞄准道德建设这一精神文明建设的核心领域，充分依托传统道德文化积累，创新融入身边道德典型资源，率先探索道德领域突出问题专项整治的路径及方法，在全国首创以"身边人讲身边事，身边人讲自己事，身边事教身边人"为主要形式的道德讲堂，以群众的自我教育、自我管理、自我提升，通过机制建设将之引领至"集体修为"，更好地推进了社会主义核心价值体系建设，汇聚了全市人民的道德力量，促进了社会和谐稳定，为建设"强富美高"新常州提供了强大的精神动力，得到了人民群众的充分肯定和普遍欢迎，成为城市文明建设重大典型，中央文明委向全国推广。常州道德讲堂建设的成功经验主要体现在以下几点。

一是坚持"标准＋分类"。坚持"唱歌曲、学模范、诵经典、发善心、送吉祥"五大标准化流程，用庄重、肃穆、富有内涵的仪式和活动传递道德诉求，激发道德共鸣，推动道德践行。建立机关、企业、学校、社区、村镇、行业、新市民、军民共建、娃娃、宗祠十大类道德讲堂，每一类都结合社会主义核心价值观，明确讲堂重点。同时，依托道德讲堂建立志愿服务队和道德实践基地，实现"一堂一队一基地"共建模式，做到"走进讲堂，内化于心；走出讲堂，外化于行"。

二是突出"日常＋节点"。推进道德讲堂的"生活化"，将上岗、结婚、祝寿、成年、退休等人生重要节点仪式引入道德讲堂，将道德讲堂与"三八"、"五一"、"五四"、端午、"七一"等各个节庆相结合，增强人们对社会主义核心价值观和优秀传统文化的认同感、归属感。推进道德讲堂的"工作化"，开展新公务员入职、送新兵入伍等走进道德讲堂，让他们在道德洗礼中走向新工作岗位；师徒结对走进道德讲堂，以传帮带的形式，传承职业道德。推进道德讲堂的"节庆化"，道德讲堂充分对接挖掘重要节庆蕴藏的道德教育资源，赋予节庆活动特定的道德内涵，让人们在节庆活动中参加道德讲堂，深入体会社会主义核心价值观。

三是探索"讲演＋评议"。常州创新推出道德讲堂形式——百姓视角，将百姓关注的热点、焦点和难点问题，比如社区养狗、家庭装修、婆媳关系、境外文明旅游、老人跌倒后扶与不扶等通过小品、戏剧及视频短片等多种群众喜闻乐见的方式展现，在表演过程中设置几种观点分别演绎，通过截然不同的行为选择及其产生的不同结果，直接冲击观众的神经，让观众发表看法，在现场热烈讨论。这种开放的"百姓视角"，既重讲好人故事，更重评议互动、批判警示、达成共识，让道德教育更富吸引力，让听讲观众更具参与感，凝聚了最大公约数，使每个人都能感知核心价值、领悟核心价值。

四是创新"固定＋流动"。除了在固定场所建立道德讲堂外，常州还在车站、候机大厅以及公交车、出租车、长途大巴、船舶等开辟"道德讲堂·流动课堂"，让行人走进"心灵驿站"。通过微博、微信、手机报、广播、电视、网络游戏等全媒体手段，让百姓随时随地煲上"道德鸡汤"。如常州主要网站开设"道德讲堂·网络课堂"，形成线上线下互动；开通"文明常州"微信公众平台，传播道德人物故事；电视台开设《道德正前方》专栏，电台开辟《道德讲堂·空中课堂》专栏，将发生在常州人身边的道德故事讲述给更多人。通过"两微一端"的"微课堂"、电台和电视"空中课堂"、车站和公交车"流动课堂"等，打开了道德讲堂的"围墙"，基本实现了全人群、全时空、全媒体覆盖。

如今，在市道德讲堂总堂的示范带动下，常州市已构建起三级中心四级管理网络体系，6个辖市区、12个重点行业、61个乡镇（街道）均建立分总堂，形成250个示范点，涌现出15000多个形态各异的基层讲堂，不拘泥于固定的时间地点，围绕就近就便就需，推动道德体验和实践由"标杆现象"到"群体效应"。同时，按照"前延、后伸、中优化"的思路，常州围绕道德讲堂这一核心，发现、挖掘、推广平民道德模范、最美身边人，树立学习标杆。常州市设立了15000多个善行义举榜，实现行业、辖市区身边好人一评到底，规范化、层级化开展各类道德典型评选宣传。迄今为止，常州市已有5人获评"全国道德模范或提名奖"、18人获评"江苏省道德模范或提名奖"、68人获评"中国好人"、114人获评"江苏好人"、1人获评"全国最美基层干部"、1人获评"全国岗位学雷锋标兵"、1人获评"全国节俭养德全民节约行动先进个人"、1个家庭获评"全国孝老爱亲最美家庭"、14人获评"江苏最美人物"……

对于这些道德模范，常州市举行隆重的表彰活动，并展开好人事迹巡讲。同时，讲堂号召大家学以致用，在潜移默化中把遵道德、讲道德、守道德的生活方式转化为500万名常州百姓的共同追求，党风政风社风民风随之提振，志愿服务及全民公益渐趋成风。"一袋牛奶的暴走""一个书包的旅行""小黄鸭的奇幻漂流""万粽一心·共圆中国梦"……以身体力行的参与代替传统的直接捐款捐物，快乐公益激发出了道德能量，也更加激发了市民的兴趣。公益热潮更激发了市民志愿服务的热情高涨。常州志愿者心网统计显示，常州市目前已有注册志愿者超过85万人，志愿组织总数1980个，各类志愿服务活动超过3400个。

在实践成功的基础上，常州迅速完善体制机制，将好的做法固定下来，推而广之。2010年8月，常州市委市政府明确，要通过道德讲堂这个"小切口"，做好文明城市这篇大文章，以公民道德素质的大提升，推动文明城市创建水平的大提升，实现城市竞争力的大提升。为此，常州把道德讲堂建设列入国民经济和社会发展"十二五"规划，并连续两年作为全市60项重点工程之一深入实施。近年来，常州市先后印发了《关于建立文明城市建设长效管理机制的意见》《常州市"道德讲堂"建设实施意见》《关于推进诚信建设制度化的实施意见》等，形成了一系列关于道德建设的制度化文件，有效构建了市区联动、部门协同、内容整合的工作机制。同时，连续6年把道德建设内容和成效纳入综合考核，加以责任分解、督察推进，不断形成有力杠杆，引领道德建设迈向新的高度。2013年，为了免去好人做好事的后顾之忧，常州市更是在全国率先创新，向实名注册志愿者提供"大爱龙城"综合保险。成立于2013年年底的市美德基金会，是全国首个地市级美德基金会。它利用政府背景的NGO身份，为生活困难的好人募集资金、为公益事业和志愿服务活动提供支持。基金会成立近3年来，以小平台撬动大资源，汇聚道德力量，传播公益文化，效果显著。为了在全社会形成崇德向善的良好氛围，常州市于2015年公民道德日出台了《常州市关爱礼遇道德典型实施办法》，明确5类道德典型将获得物质奖励及多项关爱礼遇，包括被邀请参加常州市重大节庆活动，在入党、入学、医疗、住房、就业、出行、游览及文化等多方面得到优惠优先等。

从2009年常州市第一堂道德讲堂开讲至今，7年时间里，围绕培育和践行社会主义核心价值观这一核心，常州市从率先突破探索，到形成长效机制，从传统文化中积极汲取道德养分，在不断推陈出新中汇聚道德能量，实现道德实践从多点开花到全民自觉，形成了道德讲堂的"常州样板"，道德领域突出问题专项教育治理的"常州经验"，好人不断涌现的"常州现象"，当好人有好报的"常州风尚"，社会志愿服务的"常州特色"，乃至文明建设的"常州高度"。省委常委、宣传部长、省文明委主任王燕文高度评价常州近年来坚持将道德讲堂建设工作作为提升公民道德水平的基础性工程来抓，锲而不舍抓推进，与时俱进抓创新，上下联动抓拓展，推动道德讲堂不断焕发新的生机与活力的探索实践。道德讲堂建设被中央文明办列入《全国城市文明程度指数测评体系》，多次全国现场会也相继在常州召开，道德讲堂建设的"常州样板"走向全国。仅江苏全省就已建成各类道德讲堂3.8万余个，举办各种形式活动44万余场，受众达3600多万人次，已成为弘扬社会主义核心价值观的生动课堂。

常州将更加注重发挥道德讲堂的"支点作用"和"蝴蝶效应"，把道德的点点滴滴渗透到城市发展的每个细节之中，推动道德建设迈上新台阶，让道德真正成为每一个常州人的形象特质和生活方式，努力把常州建设成为一座厚德之城、文明之城、幸福之城。

2. 打造"文化100"特色品牌

常州市在着力提升经济发展水平的同时，立足全市文化发展新阶段、新形势，坚持把"文化民生"作为一项战略性工程来抓，于2014年推出"文化100·大型惠民行动"。"文化100"不仅写入当地政府工作报告，更被市里列为年度重点工程。围绕"凝聚百分努力，呈现百分精彩，追求百分满意"，各主办单位立足常州，放眼全国，既把常州特色资源推出来，也把全国优质精品引进来；既整合行业内部资源，也发动社会力量，形成"大文化、全覆盖、高档次、广参与"的格局。

2015年第二届"文化100"变"政府主导，群众听戏"为"政府引导，群众唱戏，大众共享"，以更亲民、更惠民、更悦民的形式和机制，让市民成为主角，不仅实现了覆盖城乡、全城联动，还得到全市民间文化力量的积极支持和广泛参与，20多个文艺协会和团体、10多家民办博物馆和100多个社会文化团体纷纷登场；向市民提供的256项文化活动和服务，涵盖摄影、书法、戏曲、舞蹈、杂技、民乐、滑稽戏、儿童剧、收藏等20多个门类，所有活动一律免费开放，且在服务的距离、时间、内容和方式上都便于服务对象享受服务，实现了公共文化服务的可及性，在常州乃至在周边城市产生较大的影响力和吸引力，被誉为文化民生"常州现象"。还根据市民的审美追求和趣味，结合常州的人才力量和文化特色，大量推出了市民"可感知、可触摸、可体验、可参与"的文化活动。

常州连续三年成功举办"文化100"大型惠民行动，2016年共推出十大系列387项免费文化活动与市民共享，吸引100万市民共享文化盛宴，被誉为文化民生的"常州模式"。在2016年的江苏省首批群众文化"百千万"工程评选活动中，"文化100"被评为优秀文化活动品牌。

3. 健全公共文化服务体系

近年来，常州相继启动了图书馆一级馆达标、文化馆一级馆达标、乡镇（街道）文化站达标、村（社区）文化室达标建设。截至目前，常州全市共有国家一级图书馆4家，在建图书馆3家，国家一级文化馆8家，各类纪念馆、博物馆、美术馆28家，全市乡镇（街道）文化站和村（社区）文化室实现全覆盖。在此基础上，常州将市级公共文化服务向农村和社区倾斜，重点推进了公共图书馆总分馆制和电视图书馆两大项目。常州采用以常州图书馆为总馆，区图书馆、街道图书馆为分馆的总分馆模式，构建覆盖城区范围内的公共图书馆总分馆体系，实行统一采编、统一配送、统一检索、通借通还。常州电视图书馆是江苏省第一家电视图书馆，目前已覆盖常州 40 万户家庭，其中高清用户 15 万户，累计拥有"读者" 120 多万人，比持证读者增长了 12 倍，有效放大了图书馆的资源效能。2016 年 5 月 18 日，"电视图书馆常州模式"正式成为第二批国家公共文化服务体系示范项目。

常州着力打通公共文化服务的"最后一公里"，重心下移、资源下移、服务下移，实现公共文化服务方式多样化，探索数字服务、流动服务、特色服务等新方式，推进城乡基本公共文化服务均等化。一是探索推广数字化传播方式。充分利用"互联网＋"、移动通信网、广播电视网等，实施数字图书馆、博物馆、美术馆、文化馆和数字文化社区等项目，推进基层公共文化服务数字化建设；引导和鼓励科技企业与社会力量开设数字体验馆，促进线上线下互动，让更多群众零距离、无障碍地享受现代公共文化服务。二是探索推广流动性公共文化服务。通过流动文化大篷车、流动文化馆、流动博物馆、流动少年宫、移动阅读等新公共文化服务方式，为城乡居民提供人性化、便捷化服务。

常州不断创新公共文化服务供给方式，调动一切可用资源和社会各方面的积极性，提供更加丰富的文化产品和文化服务。一方面，加大文化活动创新、项目创新、载体创新力度，培育多姿多彩的文化活动形态，确保文化活动更好满足群众需求；推出贴近群众生活的文化活动，把"群众演、群众看、群众乐"的文化舞台搭到群众家门口。另一方面，建立以需求为导向的文化产品供给机制，探索开展"自下而上、以需定供"的互动式、菜单式服务，实现文化产品定制化配送与运营，推动文化服务供给与群众文化需求有效对接；推动各类公共文化设施向农民工、老年人、少年儿童和残疾人等特殊群体开放，通过量身打造的"文化订制"服务，让特殊群体也能享受公共文化服务的阳光。

（二）丰富城市文化品位

常州打造"爱心之都、慈善之城"，以道德来涤荡心灵，让崇德向善蔚然成风，进而树立现代公民的精神向度，为这座城市添了"温度"，更增了"厚度"。自 2008 年常州团市委、市志愿者总会、市慈善总会发动全市市民"捐出一张废纸，奉献一份爱心，救治先心病儿童"以来，常州全市共回收"爱心捐献废纸"8699 余吨，募集善款 604 万余元，成功实施先天性心脏病救治手术 110 例。"捐一张废纸"的爱心接力，用节俭养德的温度延展了"慈善之城"的深度。2015 年全国"两会"期间，中华慈善总会将这项创意探索作为节约型公众慈善的"常州样本"推广，现已在全国 15 个省（自治区、直辖市）的 59 个城市开花结果。统计显示，常住人口 469.64 万人的常州，目前全市实名注册志愿者达 51 万人。在中国慈善城市评选活动中，常州两次荣列最高等级的七星级慈善城市称号。

在创新构建社会主义核心价值体系实践中，常州进行了很多尝试。如将季子挂剑等诚信故事编入学校课程，组织开展医德标兵、医德之星评选活动等。此外，常州还推出一些针对性举措，向不诚信说不，让诚信做人成为时尚。

常州双桂坊美食街"用道德良心、做放心食品"的诚信餐饮模式，成为中央文明办、国务院食安办和商务部现场推广的先进典型，一条街涌现出 2 位"中国好人"、1 位"江苏好人"和 3 位"常州好人"。作为"道德讲堂"的发源地，常州还在特种设备行业、食品生产领域、优质产业集群和质量标杆企业中，分别开展以"责任""诚信""自律""质量"为主题的"质量道德讲堂"，近 3 年吸引了 2000 余家企业响应参与。

施加压力，让不诚信现象无处遁形。常州在全市主要新闻媒体均开设《道德领域突出问题专项教育治理》专栏，加强对失德、失信、失范等不良行为和现象的曝光力度；开展"看文明、随手拍、大家评"——文明行为"红黑榜"征集评议活动，让群众用自己的镜头记录和评议身边失信败德等不文明行为和现象，并定期在媒体上发布，促进全市形成守信光荣、失信可耻的社会氛围，形成全民共同建设诚信常州的舆论场。

常州对于"老赖"的曝光手段十分接地气。据悉，常州市、县两级法院曾发布有 200 多人的"老赖"名单，在市中心的广告屏上每天播出 50 次，全市公交车上每天播放 8 次。在人流量大的场所播放"老赖事迹"，一传十、十传百，引起社会广泛关注，甚至有一些热心市民积极向法院提供"老赖"的行踪和财产线索。"人要脸，树要皮，法院这招社会效果不错啊""确实厉害！点到了老赖的死穴""干得好！希望继续曝光"……市民纷纷点赞。

同时，常州市中级人民法院还积极参与全国法院系统的"失信被执行人名单信息公布与查询平台"建设，向该平台录入"老赖"信息。该平台全国联网，最高人民法院统一在"失信黑名单"平台上对失信被执行人发出限制高消费令，与相关部门一起限制失信被执行人的高消费，并采取其他信用惩戒措施。

常州还借用掌上电子操作，将诚信"点"出来。常州市工商局在江苏省率先研发出面向市民的"掌上315"移动电子政务系统。得益于此，常州市民只要在市区范围内，就可以实现消费投诉在线受理、消费咨询在线解决和身边商家的信用信息查询。作为一个新型的消费维权平台，"掌上315"融合了GPS技术，通过定位技术及电子地图，消费者可获得商家的基本登记信息及经相关部门认定的"诚信商家""放心消费单位"等相关信息，同时可迅速找到附近的工商业务办理场所。通过手机，市民很容易就能分辨出让人放心的诚信企业，体会诚信在身边的安心。

常州尤为重视企业主体的诚信建设，成立了"信益联盟"。该联盟由一批社会责任感强的重点诚信企业组成，积极参与常州市文明办、信用办发起的各类主题活动，推广诚信企业形象，放大企业公益效应，引导形成诚信守法经营的良好风尚。

常州创新构建社会主义核心价值体系，引领诚实守信新风尚的实践，可归纳为三点。

一是坚持以构建共同社会理想和共同诚信标准为核心，积极整合利用资源，善于借脑借力，充分调动外部的、民间的、市场的、社会的力量，努力形成社会化的工作机制和工作格局。通过社会化机制，进一步拓展覆盖范围，积极把各类群体纳入工作视野，敏锐感知社会脉动、体察社会情绪、把握社会舆情，增强工作的预见性与主动性。同时，充分激发创造性，以独特、新颖的内容和形式吸引人、感染人，以特色扩大工作的声势与影响。

二是善于采取柔性化、隐性化形式，采取双向甚至多向互动方法，充分运用创新成果、科技发展新成就，大力推动内容形式、方法手段、体制机制创新，形成以新举措开拓新思路、以新思路解决新问题的生动局面。拓展大众化传播渠道，坚持以人为本，提高宣传教育的效率效益。

三是善于把价值理念、行为规范、道德准则化解为平常事件、平常行为和平常话语，力求用通俗的语言解开思想困惑，用身边的事例说明深刻的道理，让群众看得见、摸得着、学得到、用得上。引导群众从现在做起、从身边做起、从小事做起，诚信做事、诚信为人，使社会主义核心价值体系逐步成为凝聚人心的精神纽带，成为社会进步的强大精神动力。

（三）推进文化业态叠加

近年来，常州用足自身的文化基因，将文化与其他不同业态进行智慧叠加，蝶变出一个个"文化＋"项目——"文化＋旅游""文化＋科技""文化＋创意""文化＋金融""文化＋互联网"等，不断涌现的独特的产业发展新模式，已成为常州城市更新、价值推演的精彩亮点。"＋"是连接与融合，"＋"是酵母，不断催生出新兴业态和新的城市价值，也相得益彰地升华了城市气质、市民素质和常州人的生活品质。

"文化＋旅游"：主题公园无中生有，从小到大。在物华天宝的江南胜地，历史未给常州留下鲜明的资源印记，但聪明的常州人正在给未来创造"无中生有"的独特文化景观，主题公园的"常州现象"成为文化旅游的常青树。无中生有环球恐龙城，借助一具具恐龙骨架，常州中华恐龙园让"化石之龙"成长为产业之龙。常州恐龙园是仅次于东京、香港迪士尼以及环球影城之后，国际乐园公证单位 AEcom 认证的全亚洲第 11 大主题乐园。昔日荒地上崛起中国最大的恐龙主题旅游度假区环球恐龙城，黄金周期间的门票收入和综合收入都位居全省景点第一；点土成金古淹城，依托淹城春秋遗址这一世界级文化资源，打造全球首家以春秋文化为主题的文化产业园；虚实结合嬉戏谷，以产品多元化、技术现代化、虚实一体化、市场全球化的独特性成为业界黑马；小题大做天目湖，昔日小水库成为拥有国家 5A 级景区、200 多个旅游农庄的休闲度假新天地。从无到有，从小及大，由虚入实，一个曾经被华东旅游线遗忘的城市由此跃升为全省旅游四强，中国"奥兰多"的称号名不虚传。

自 2013 年提出创新业务战略以来，常州恐龙园股份有限公司正从纯粹的主题公园的运营商，转型成为"投资、服务和整体方案解决运营商"，目前已向 20 多个省市的 60 多个项目，实现从产品到服务的全面输出和扩张。从起步之初的一馆（恐龙馆）、一园（恐龙园）到集主题公园、游憩型商业、剧场演艺、餐饮住宿等于一体的一城（环球恐龙城），再到社交化的"恐龙人"模块娱乐产业,旗下拥有社交娱乐产品集合"恐龙人俱乐部"、创意主题酒店"恐龙人主题酒店"、创意打击秀《疯狂恐龙人》三大产品。产、城、人的主线一以贯之,成为有机交融的"产城融合体"。

"文化+科技":众多文化产业"大圣归来"。以1个国家级文化和科技融合示范基地、2个省级重点文化科技园区为基础,常州用高科技手段展现传统文化之优美,用拥有知识产权的成熟技术让天马行空的创意"变现",已成为常州"文化智造"的方向。由于文化企业普遍存在"软、小、散"等问题,金融支持不足成为瓶颈。常州设立了"文化产业信贷风险补偿专项资金",并战略引进3家保险公司组成保险共保体,政银保三方联手,在政府文化产业信贷风险补偿专项资金1000万元的总盘子不变的条件下,将授信总额扩大到40倍。

"文化+创意":各种众创空间在此"集合"。2015年10月15日,国家级创新孵化器创客邦正式入驻运河五号,极具LOFT风格的老厂房被改造成服务区、会议区、咖啡沙龙区、路演区等,这里是一个全新的众创空间,集O2O创业孵化、投资、教育、媒体、咖啡、增值服务等于一体。运河五号,集结着常州第五毛纺织厂、航海仪器厂、常州梳篦厂等工业遗存,怎样保护和利用?"古运河畔老工厂,常州文化新码头"这一文化创意业态,已成功更新了城市空间。

文化产业作为新型的经济业态,依托行业门类众多的优势,成为结构优化型的新兴增长点。目前,常州全市已有超过10000家文创企业,其中有超过800家"三上"文创企业,2015年文创产业增加值276.17亿元,占GDP比重达到了5.63%,增长速率也达到了近20%,位居全省第二位。常州人意识到,"文化+"是空间更新、城市转型的生花妙笔。

文化创意、影视创作、休闲旅游、互联网等优势特色文化产业,融入经济结构优化、发展方式转变中,"一核、两区、三带"的文化产业版图让城市焕然一新。作为常州创意产业之核,常州创意基地以36%的年均增速实现产值飞跃,六万创意人让"头脑创意"成为"现实财富",平均1平方米产出2万元GDP。创意基地还用"化零为整"的方式,走出去收纳"退二进三"的工业旧厂房,带动能耗高、污染大的传统工业转为发展创意的"无烟工业",撬动城市转型。2015年7月建设改造的2万平方米的天和电商产业园，入驻率已达100%，2015年实现5亿元的销售收入，2016年预计达到10亿元。

五　建设生态文明，增创产城融合发展优势

近年来，按照绿色、低碳、生态、创新的现代城市发展理念，围绕创建国家森林城市和国家生态文明示范市，常州加快提升生态文明，改善人居环境，重点识别和强化大山大水格局，推进"蓝网"和"绿网"的织补，推进绿色产业与宜居城市融合共生。2015年常州成功创建国家级生态市，其生态文明工程水平指数居全省第一，省生态文明建设工程综合考核连续第4年在全省排名第二，2014~2015年生态文明建设群众满意率居全省第一。丁塘河湿地公园、高铁生态公园、新龙生态林一期等一批生态项目建成开放，天目湖国家森林公园正式授牌，溧阳长荡湖湿地公园和天目湖湿地公园获准建设国家级湿地公园，森林城市和生态绿城建设取得显著成效。

（一）"绿色建设"让城市旧貌换新颜

常州城市的城镇化进程不断扩张、人口的快速增长集聚使城市市民生活空间面临巨大压力，主城区空间绿量瓶颈严重制约市民的生活品质，优化人居环境压力彰显，天蓝、地绿、水清的宜居环境是当前市民最迫切的期待。为此，常州强化生态红线刚性约束，按照优化开发区、重点开发区、适度开发区、限制开发区、禁止开发区五大主体功能区分类，合理划定开发边界，严格控制开发强度，给自然留下更多修复空间，为子孙后代留下更多绿水青山。

在大力实施路网完善工程、深入推进城市功能项目和功能片区建设的基础上，常州于2013年启动生态绿城建设，确立了"以人为本——功能复合——主体多元——城乡一体"的建设理念。"以人为本"立足从"维绿"到"靓绿"再到"享绿"，从加强生态环境"修复""保护"与"治理"的"维绿"基础目标，升华到以建设"处处皆绿，人人可享"的高品质幸福宜居"享绿"的总体目标；"功能复合"体现从"绿色"到"深绿"，从单纯性的绿化功能导向提升至复合功能体系，从人的需求角度出发，兼顾安全、多样、舒适、活力、竞争力等多方面要求；"主体多元"

旨在从"政府主导"到"多方参与"，在生态绿城规划建设中探索社会、市民和政府三方主体融合；"城乡一体"追求"绿色城区片""生态城郊片"和"美丽乡村片"的协同打造，牢固树立全市域生态环境建设理念，以重要生态红线区为生态源，以主要道路、河流为骨架，构建了九道十二片的空间发展格局。围绕"增核、扩绿、联网"三大措施，一方面将"生态绿城"理念融入工程建设，对于道路广场、河道水系、公园绿地、新小区建设、老小区整治、工业区建设等一般性工程，通过标准化技术指引，统一其绿色生态化的建设标准；建设了丁塘河、横塘河、皇粮浜等一批湿地公园，老运河两岸集自然生态、历史文化保护于一体的文化长廊，推进白荡河等公共绿地建设，对小黄山、长江水源地实施生态源保护，在长江路、延政路、南运河等沿线建设生态绿道，建设"怀德桥——桃园滨河绿地一期"城市慢行系统，建成丁塘河湿地公园、凤凰公园、新龙生态林一期等公园绿地和老运河北侧慢行系统、高架环线等生态绿道50多公里。完成翠竹公园、蔷薇园改造工程，营造了良好的城乡绿化环境。另一方面以生态源保护与建设、郊野公园、城镇公园绿地、生态细胞创建、生态绿道和生态廊道六大工程为依托，共计完成191项工程建设和216项生态细胞创建工作，实现增核扩绿2600余公顷，联网615公里，一条条市河被还原为城市的"绿色项链"，一条条街道被建设成城市的"绿色动脉"，植物多样、绿量充沛、连片成网、具有鲜明江南地域特色的生态绿化新格局初步形成，绿色成为了常州的鲜明底色。目前，常州全市林木覆盖率达25.5%，建成区绿化覆盖率达43.1%。

常州市制定了《常州市"生态绿城"建设引导》，作为"生态绿城"各项建设任务的配套标准和技术指南。重点从常州市生态红线区域保护和建设工程引导、常州市生态廊道建设保护和建设引导、常州市区生态绿道建设工程引导、环城郊野公园体系建设引导四个方面入手，为"生态绿城"建设任务中的"生态源保护建设工程""生态廊道建设工程""郊野公园建设工程"及"生态绿道建设工程"中各类项目的建设设立了统一的标准；制定了《常州市生态绿道系统建设引导》，进一步细化生态绿道建设的实施标准；制定了《常州市生态红线、生态廊道标识系统建设导则》，进一步统一、细化生态红线、生态廊道标识的建设标准。

在此过程中，常州不断完善机制，高效推进生态绿城建设。一是建立评审监督机制。成立生态绿城建设专家指导小组和专家评审组，对各区和部门各实施项目上报的规划方案和施工图方案进行评审；专家组定期（每月）对实施项目现场踏勘督察，并提供技术指导服务。二是强化考核机制。细化量化考核目标到年度目标任务的具体每一个项目，辖市、区人民政府及相关单位按月上报推进情况，市生态办按月督查，并纳入"生态文明在行动"点评，分管副市长按月督查点评，市长按季点评通报。三是创新协调机制。建立信息互通机制，将每月生态绿城建设进展情况及点评以月报形式抄送市主要领导、分管领导、各辖市区及相关责任部门；以生态办为平台，及时共享方案审查和现场督察情况；各实施主体及时与生态办沟通建设进度和过程中遇到的问题。四是建立例会机制。明确各实施主体具体例会责任人，定期开会沟通情况，通报专家组现场督察情况，并形成会议纪要。五是强化示范引领机制。通过先行推进环高架生态绿道示范段、藻江河生态廊道示范段等一批示范工程建设，引领全市生态绿城建设工程的高质量和严标准的打造。

为了将"生态绿城"建设由阶段性工作转化为常态化工作，深度挖掘一批"生态绿城"建设精品项目，常州编制了新一轮"生态绿城"建设深化规划。该规划围绕"生态绿城、人居典范"的总体目标，提出了五大基本战略，包括安全绿城、多样绿城、舒适绿城、活力绿城、文化绿城。其中：安全绿城战略将通过大气污染治理、城市防洪排涝、海绵城市建设、通风廊道建设等措施，建设天蓝水净、自然循环的安全绿城；多样绿城战略将通过生态廊道建设、生态湿地建设、生态修复工程、生物迁徙通道建设等措施，更加注重物种保护、生境保护和生态格局构建，建设物种丰富、自然和谐的多样绿城；舒适绿城战略将通过城市冷岛构建、城市下垫面改善、中心城区增绿工程、功能设施的建设等措施，建设尺度宜人、便捷愉悦的舒适绿城；活力绿城战略将通过绿化与体育及休闲设施的融合、消极空间的改造、乡村地区活力提升等措施，建设积极共享、内容拓展的活力绿城；文化绿城以挖掘内涵、打造城市品牌形象为出发点，寻找生态绿城建设与城市文化的结合点，通过水文化特色品牌打造、绿化与旅游文化融合打造等措施，建设水文化、旅游文化、乡村文化等，建设品牌彰显、资源融合的文化绿城。

舒适绿城部分提出了立体绿化的概念，通过屋顶绿化、墙体绿化、围墙透绿等措施，将原有城市硬质的界面软化、绿化，为中心城区增加更多的绿量，有效缓解中心城区的热岛效应。

常州 2014 年启动了"创建国家森林城市"工作，以城区绿化、道路绿化、水系绿化、村镇绿化、荒山荒地绿化等为重点，坚持生态建设一盘棋、城乡绿化一体化，形成"森林进城、生态文化进万家"建设格局；市财政设立"创森"专项资金，并积极引导社会力量参与建设，累计投入财政资金近 70 亿元；全市集中力量，重点组织实施森林生态屏障、城乡绿色家园、生态景观廊道、生物多样性保护、森林质量提升、生态绿城建设"六大工程"，充分拓展生态空间，建设提升了西太湖花博园、金坛茅山森林文化园、溧阳南山竹海、大运河生态文化走廊、新龙森林公园等生态文化基地，开展"三八林""青年林""国防林""同心林"等纪念林建设，新建 13 个全民义务植树基地，适龄公民义务植树尽责率达 95.4%。

经过探索，常州市走出了一条具有"水墨江南、鱼米之乡、平原地区"特色的造林之路，初步形成了"一核、双心、九极、七板块、多廊、多点"的森林城市建设布局。创建国家森林城市以来，全市造林 15 万多亩，基本形成林水相依、林路相依、林城相依、林田相依的城市森林生态系统网络，江苏天目湖国家森林公园正式授牌，42.1 万亩市级以上生态公益林得到有效管护。目前，全市森林覆盖率达到 37%，城区绿化覆盖率达到 43%，建成区人均公园绿地达 14.5 平方米，"水城、古城、森林城"风貌合一的美丽新常州焕发出蓬勃的绿色生机，于 2016 年圆满创成国家森林城市。

（二）"绿色生态"让城市更加宜居宜业

常州在加快创新驱动、推动转型升级的过程中，牢固树立提升生态文明，增强城市核心竞争力的发展理念，在推进完成老小区综合整治工程、投入 50 多亿元积极推进城市长效综合管理的同时，大力开展清水蓝天宜居工程，2016 年全市完成大气污染防治项目 1083 项、水环境整治项目 475 项：推进太湖治水和城区清水工程，太湖治水取得明显成效，完成 141 条主要河道综合整治和 270 条乡级河道、1635 个池塘清淤，不断改善 141 条已整治河道水质，持续提升藻港河等 7 条河道生态功能；4 个集中式饮用水水源地水质达标率为 100%，完成 1630 项太湖水污染防治工程，15 个太湖流域重点考核断面达标率达 60%，达到国家和江苏省考核标准要求；在全省率先出台土壤环境调查与修复管理办法，完成全市土壤环境普查和 110 个工业遗留场地土壤和地下水环境调查工作。积极实施蓝天工程，狠抓"大气十条"落实，强化大气污染源头控制，工业污染、机动车尾气污染和扬尘污染得到有效治理，加强"禁燃区"建设，"禁燃区"面积由 2010 年的 66 平方公里扩大为 406 平方公里，淘汰或以清洁能源改造燃煤锅炉、工业炉窑 1352 台，拆除懒汉炉 1180 台；2015 年全市空气质量优良率达 70.7%，市区 PM2.5 平均浓度较 2013 年下降 18.1%；2016 年常州市区 PM2.5 平均浓度较 2015 年下降 10.5%，重污染天数比上年减少 13 天，市区空气质量优良天数为 246 天，优良率为 67.4%。一大批节能减排重点工程得到深入推进。全市近 5 年淘汰高耗能高污染设备 400（台/套），整治重点废气企业 122 家、电镀企业 78 家，完成电力、钢铁、水泥等行业脱硫脱硝、除尘提标改造项目 96 项，完成 800 多家企业清洁生产审核，每年实施 60 个以上节能与循环经济改造项目，减少二氧化硫排放 1.2 万吨、氮氧化物排放 3 万吨。常州高新区等园区循环化改造全面开展，钟楼经济开发区、常州高新区、武进高新区、武进经发区建成国家级生态工业示范园区，成为国家餐厨废弃物资源化利用和无害化处理试点城市。2015 年城镇污水集中处理率达 95%，镇村生活垃圾无害化处理率达 100%，村庄整治实现全覆盖，完成了 7 个美丽乡村示范村检查验收，推进了 8 个美丽乡村示范村建设。

近年来，常州市把"清水工程"作为生态建设的重中之重，围绕河道"不黑不臭、管理到位、功能达标、岸线优美"的治理目标，实施了水环境污水截流工程，每日减少入河污水量 9 万吨，年度削减污染物 COD（化学需氧量）5913 吨、TP（总磷）66 吨，从根本上控制了入河污染源。常州市河道污水截流的经验和做法主要有：一是盯住河道，降低水位，查排水口，做到晴天零排放，雨天少溢流；二是治截流井，污水全部截流治理；三是堵管井渗漏，加强截污干管管理，防止河水倒灌。其中，截流前，市排水管理部门沿每一条河道的两侧对进入河道的每一个排放口进行彻底调查，查清排放口位置、管径管材、标高、污水来源、水量水质等，为截污方案决策提供依据。在污水截流过程中，常州市针对存在污水无序排放的老城区滨河带因地处市中心而无法实施常规开挖埋管的实际情况，专门开发了真空排水系统，通过沿河架设真空管、真空阀以及真空泵站，提供负压作为动力，把污水收集到污水池，排入城市下水道系统进行处理。此外，常州结合历史数据，定期进行分析评估，理清有无外水倒灌、河水倒灌、异常水量进入等情况，坚持污水截流的长效化管理。常州截至目前已相继完成了 93 个老小区的雨污分流改造，502 家企事业的污水限期接管，整治错乱接（含管道修复）100 多处，共消灭市河排污口 781 个，沿河新建 56 座截流泵站和 185.6 公里截流管渠。在加强河道污水截流的同时，常州还严格把关，杜绝阳台、露台污水通过雨水管直接流入自然水体污染环境，目前阳台污水已经做到 99% 以上接入污水管网。常州的上述做法，得到住建部专家充分肯定。住建部城镇水务管理办公室主任张悦认为，常州在低水位基础上制定各泵站最优低水位运行标准，及时发现不明来水，防止污水外渗污染地下水，成功治理黑臭水体的做法值得推广。由此，常州成为 2016 年 5 月 25 日在湖南长沙召开的城市黑臭水体治理和海绵城市建设工作推进会的唯一经验交流城市。

通过生态建设和环境治理，常州生态建设卓有成效，城乡环境明显提升。常州市先后获得"国家园林城市""全国文明城市""国家生态市"等荣誉称号，并荣获了中国人居环境奖。

（三）"绿色发展"让城市充满生机活力

产城融合发展的质量和高度，在很大程度上取决于城市城镇在区块功能优化、生活配套改善、社会治理创新和品质文化塑造等软实力方面的综合表现。从产业发展不同阶段的实际需求出发，前瞻布局城市功能配套设施优化，提高生活配套设施的便利化、品质化和人性化，营造产业创新发展、可持续发展、绿色发展的城市氛围。诗意栖居，是现代都市人追求的生活目标。常州绿色建筑产业集聚示范区便是这种追求的现实注脚，它正在走出一条以绿色化为引领的产城融合发展路子，打造世界一流、国内领先的绿色建筑产业集聚区、绿色生活先导实践区。

作为全国绿色建筑产业的先行区，常州 2012 年被住建部授牌全国唯一的绿色建筑产业集聚示范区。作为国家住建部和省政府"部省共建"的重大项目，常州绿建区肩负引领绿建发展新路径、创新绿色城市新形态、推广绿色生活新方式、形成规模化的绿色建筑和产业示范的使命。成立四年多来，常州绿建区打造了一条完整的绿色建筑产业链。产业链从建筑用产品生产产业到建筑制造业产业，再到技术服务产业链，最后还有建筑设备等相关产品的维修，建筑设备产品及材料的直接回收利用，建筑设备产品及材料的分拆、再制造回收利用，以及绿色建筑相关产业全部被囊括其中。每一条产业链都吸引了大量国际知名企业和国内高等院校和科研机构入驻，目前示范区累计完成企业注册 65 家，引进科研机构 19 家，签约总投资 270 亿元。项目可实现年处理建筑垃圾并进行再生利用 160 万吨，综合转化利用率达 95% 以上，每年可节约垃圾侵占河道近 375 亩，节煤 2.7 万吨，减少二氧化碳排放 1.3 万吨，实现年销售 1.8 亿元。在建筑垃圾资源化利用方面，常州绿建区走在了全国前列，通过不断整合建筑垃圾拆解分类、规范运输、处置分选和产品开发的全产业链，着力打造无害化处置和资源化利用的全新标杆。

截至目前，常州绿建区已建成了江苏省绿色建筑博览园、江苏绿和环境科技等一批全国领先示范项目。江苏省绿色建筑博览园主要由园区和建筑两部分呈现。园区部分主要围绕海绵园区、低碳园区、生态园区、产业化园区、智慧园区五个主题来展示。建筑部分由 14 栋形状各异的绿色建筑组成。博览园把美国、德国、芬兰等国际绿色建筑的形态和技术及国内围绕木结构、轻钢结构、砖结构、混凝土结构等方面的先进技术充分吸收运用，打造形态各异、技术纷呈、环境生态的绿色建筑之园，构建了世界绿色建筑的"大观园"：美国诺森建筑以"搭积木"的方式建造房屋，20 多层的高楼，通过工业化拼接，10 多名工人 1 个月就可完成，80% 以上的建安工作在车间里完成，一个工人的效率是传统建筑工人的 500 倍。社区里分布的"星星电桩"，让新能源汽车出行十分方便；绿色能源，多元化，可再生，用电全部由太阳能、风能、沼气能等新能源来解决；绿色资源，循环利用，已知的节能手段一网打尽，如墙体节能、LED 照明节能、地源热泵雨水回收等。此外，绿建区还在全国首个打造"互联网＋展览"模式的绿色建筑产业会议展览中心，全国首个绿色建筑产业电商平台以及江苏省首个按照绿色建筑标准建造的装配式工业厂房和既有居住建筑绿色化改造项目。

追求城市之绿，不但基于绿色技术和产品研发的产业底色，更关乎决策者的管理智慧。常州人理解的"绿",早已突破了城市绿化的初级层面,他们更加追求城市立体开发的绿色布局、慢行友好的绿色交通体系、多元应用的绿色能源、循环使用的绿色资源与节能改造的绿色建筑。他们不但视绿色为城市的主色调,更期待把绿色作为一张跻身世界名城的"常州名片"。例如,斩获 2013 年度中国建设工程鲁班奖,被住建部评为三星级绿色建筑项目的常州凤凰谷大剧院,集成了包括立体绿化系统、绿化节能、太阳能光伏系统、雨水回收系统在内的 15 项绿色技术。它不但是一个节能率高达 73.6% 的单体建筑,更是一个世界最前沿绿色技术的形象展示馆。而在常州武进区的一处政务办公楼里,迎面就是一道"绿墙"。该墙通过以色列精确滴灌技术和垂直绿化技术的应用,硬是在一整面墙上栽出了400 多盆绿植!又如,之所以说常州城建学院的绿色校园代表着我国绿色建筑一流水平,是因为这座校园从楼宇的设计到路面材料,再到所用的设施,或是景观设计,甚至是地形塑造处处都渗透着绿色节能的技术。据初步统计,整个校区一共使用了近 60 种绿色节能技术,这些技术用在了校园的各个角落和细节上。目前校区所有建筑均已经取得绿色建筑标识,其中全国最高标准的三星绿色建筑有 2 栋,二星以上绿色建筑达 12.8 万平方米。

当前,绿色化已上升到国家战略高度。在国家战略《苏南现代化建设示范区规划》中,常州绿建区作为战略新兴产业园区列入其中。近年来,通过全面开展绿色建筑行动,在建设绿色建筑示范区的引领带动下,常州已经拥有全国第一个绿色建筑产业集聚示范区,全国第一座以绿色建筑为主题的公园,全国一流的绿色校园,共有 6 个省级建筑节能和绿色建筑示范区,95 个省级绿色建筑标识项目,绿色建筑总面积 709.82 万立方米,绿建标识总量位列江苏之首。2015 年 8 月,常州成立绿色建筑产业联盟,首批 17 家会员单位承诺,"节能环保,筑梦未来,共同打造绿建生态链"。根据国家规划,到 2020 年我国城镇绿色建筑占新建建筑比重要从 2012 年的 2% 提升至 50%;而据不完全统计,"十二五"期间,我国每年平均产生约 17 亿吨建筑垃圾,预计"十三五"我国建筑垃圾产生量将达到 19 亿~22 亿吨。这些数量巨大的建筑垃圾若能实现循环利用,将产生巨大的经济效益、环境效益和社会效益。然而,目前我国建筑垃圾资源化利用率还不足 5%,发达国家已普遍在 70% 以上。从以上两方面看,常州绿建区先行先试的示范效应意义重大。

第八章

其他地区推进产城融合发展的经验启示

一 国外城市推进产城融合发展的实践探索及经验启示

(一) 国外城市推进产城融合的经典案例及经验启示

1. 日本筑波科学城产城融合的经验及启示

日本筑波科学城原计划人口为 22 万人, 其中研究与教育区 10 万人, 周边都市区 12 万人。到 1988 年底, 日本筑波科学城人口为 18.8 万人, 其中研究与教育区 6.5 万人, 都市周边 12.3 万人, 其中有科学研究人员 13000 人。拟定 2030 年人口达到 35 万人, 其中研究学园地区 10 万人, 周边开发区 25 万人。

日本筑波科学城包括两个部分: 研究学院地区和周边开发地区, 周边开发地区主要用于设立私人研究机构, 研究学院地区根据用途分为城市中心区、居住区、研究和教育设施区三个区域, 包括国家研究与教育机构区、都市商务区、住宅区、公园等功能区。研究学院地区, 主要有中心大厦、购物中心、汽车终点站、泊车大厦等建筑及其他用于文化活动、公共管理、商业和研究交流目的的设施。筑波科学城中心标志性建筑有筑波中心大楼、筑波会展中心、筑波公共图书馆、筑波文化中心、筑波艺术博物馆等。

日本筑波科学城之所以成功, 主要是由于以下因素。

(1) 筑波大学成为联系各个科研机构的纽带

筑波大学的前身是东京教育大学, 其前身是 1872 年成立的东京师范学校。1973 年日本众院文教委通过 "筑波大学法案", 同年 10 月 1 日筑波大学开学，新校区占地 3700 亩，大大拓展了学校的办学空间。在实际城市发展中，筑波大学很好地发挥了作为各个科学研究机构纽带的作用。科学城以筑波大学为中心，加强科学园内各研究机构的相互合作和有机联系，从而使筑波地区成为一个综合的研究都市。同时，筑波大学也为各个研究机构输送了大量优秀的后备人才。

（2）采用健全的立法保障和大量优惠政策

筑波科学城建设的法规相当健全，可以说是世界上新城建设立法最多的城市。这些法律法规大体上分为两类：一是专门针对高新技术产业地区制定的法律；二是与高新技术产业区相关的国家科技经济乃至社会方面的法律法规，其中第一类法律更集中有力，这是筑波科学城建设的一个突出特点。《筑波研究学园都市建设法》分章对"研究学园地区建设计划""周围开发地区正被计划""基于研究学园地区建设计划及周围开发地区整备计划的事业实施"等作以明确说明。通过立法等手段，采取多种优惠政策和措施，对房地产租赁、设备折旧、税收、信贷、外资引进等多方优惠，有力保障和促进了科学城区的发展。

（3）保护环境协调发展的规划理念

筑波科学城北倚日本关东名峰筑波山，东邻日本第二大淡水湖霞个浦，南接关东有名的池沼牛久沼，小贝河、樱河和谷田河穿境而过。山地森林平地人工林、农田（旱田和水田）以及公园绿地等占其总面积的 65% 以上，特别是水绿一体的绿色回廊更是名闻遐迩，被誉为人和绿色共存的田园都市。筑波科学城建设之初的规划理念就是"科学城的建设应该尽可能地使各种活动达到有机的联系，与此同时，通过保护自然环境和历史遗产使科学城的建设能让居民保持健康和文明的生活"，并且一直以建立人与自然协调发展的生态型城市为目标，经过 40 多年的建设和发展，筑波科学城现有绿地面积 10318.47 公顷，人均绿地水平达到 59.58 公顷，成为世人所公认的生态型科学城。

（4）1985 年筑波世界博览会促进了筑波的城市发展

日本政府在筑波举办世博会的首要目标是提高该市作为"筑波科学城"的声誉，使筑波成为国际级高科技研究中心。通过举办世博会使全世界目光聚焦到这座新兴城市，为世博会而建造的设备与基础设施，将有助于该市发挥潜能，逐步成为日本乃至亚洲科研机构和企业的研究与开发中心。

——较快推动基础设施建设。筑波科学城建设初期，因为基础设施建设跟不上，导致居住工作环境不完善，城市发展缓慢，难以发挥预期作用。通过举办世界博览会，集中国家大量资本，在短时间内建成了一批对城市发展至关重要的基础设施，为城市进一步完善创造了基本条件。

——城市功能的完善。筑波科学城是科学研究的基地，在建设初期因为商业等配套设施少，很多研究人员仅仅将其作为工作场所，而不愿意在这里定居。因为常住人口少，商业、饮食业不发达，形成恶性循环，这也是筑波科学城起步比较慢的原因。世界博览会举办之际，建成了商业街、百货大楼、食品街、信息中心、宾馆等设施，刺激了商品消费，促使筑波科学城功能结构趋向合理化。

——城市环境美化。除了室内场馆以外，筑波世界博览会还占用了大量室外用地用于陈列产品和进行相关活动。世界博览会结束后，所占用的室外用地除了一部分被用于企业发展用地外，大部分建设为公园绿地。这些公园绿地与步行专用道路、广场一起，形成了城市的开敞空间系统。开敞空间与商业、交通、文化、食宿设施相连接，在景观、绿化设计方面下了很大工夫，形成了高度人性化、优美的城市环境。

——城市知名度和国际交流。世界博览会展示了当时世界各国最新的科技成果，共有 46 个国家和 37 个国际组织参加博览会，日本各大公司组织了 28 个馆参展。各国观众达到 2000 万人次。筑波世界博览会极大地推动了筑波科学城的国际化，提高了城市知名度。筑波科学城因此成为国际闻名的科学城，并且奠定了其作为国际科学交流基地的地位。

2. 美国尔湾市（City of Irvine）"产城融合"的经验借鉴①

美国大洛杉矶地区的尔湾市（City of Irvine）在 20 世纪 70 年代美国大都市从工业化向后工业化发展的过程中，因从单中心裂变为多中心的过程中表现优异，屡获规划业界和政府赞誉，特别是近年来已连续数年被美国商务报及美国自然资源保护委员会等机构评为美国最宜居城市、最安全城

① 张莉：《尔湾：解读美国后大都市时代城市发展》，《国际城市规划》2012 年第 3 期；顾静、马明水：《尔湾市的规划及发展特征带来的启示》，《建筑与文化》2015 年第 6 期；张高攀：《国际新城新区建设实践（十二）：美国新城——案例介绍：加利福尼亚州尔湾新城（6）》，《城市规划通讯》2015 年第 12 期。

市及最成功城市之列。

尔湾位于美国加利福尼亚州西南，占地 88 平方公里，属于橙县管辖范围。尔湾南面濒临太平洋，阳光充沛，气候温和，拥有著名的 Long Beach 海滨。尔湾建市历史虽然很短，但一直保持着全美最安全，产业发展、生态良好、商业宜居最佳社区的口碑，尤其近十年来一直在美国最宜居"热门城市"排行榜中名列前茅，成为产城融合的典型案例。

（1）美国尔湾市"产城融合"的发展历程

美国尔湾市从最初的开发区发展成为加州重要的经济城市，先后经历了五个不同的发展阶段（见图 8 - 1）。

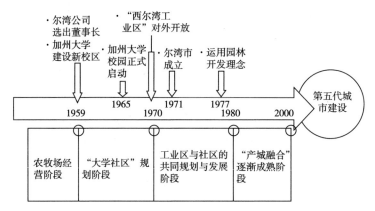

图 8 - 1 尔湾市的"产城融合"发展阶段

1959 年以前，尔湾市一直处于农牧场经营阶段，以生产橘子、胡桃和绵羊产物等为生，一直维持到"尔湾公司"第一任董事长的出现为止。此后，尔湾市先后经历了"大学社区"的规划阶段、工业区与社区的共同规划与发展阶段，使尔湾市逐渐演变为一个多功能的新城市，规划设计过程中创新引用园林开发理念，解决了商业区和社区融合发展的问题。

20 世纪 80 年代末期，尔湾市更加注重环保理念，在城市规划布局上，综合考虑城市发展与人居环境的关系、经济增长与环境保护的关系，使尔湾市逐渐走向"产城融合"的成熟阶段。

进入 21 世纪后，尔湾市的综合竞争力显著提高，良好的生态环境、和谐的人居环境、便捷的交通方式、优质的教育服务，吸引了大量人才和许多国际知名企业不断迁入。

尔湾市产业的蓬勃发展，大量的技术产业集群应运而生，形成了以高科技产业为主导的多元化产业结构。这种多元化的产业结构增强了尔湾市经济的抗风险能力，为城市健康发展提供了稳定的经济环境，尔湾市成功走上了"产城融合"之路，城市建设与产业经济均加速发展，成为公认的"第五代城市"①。

从 1971 年建市以来，尔湾市无论怎样发展，扩充、扩建，以及其边界或合或并，一直遵循著名建筑大师威廉·佩德拉（William Pereira）提出的规划原则——"精明增长的原则"（Smart Growth）：土地混合利用；建筑设计紧凑布局；各社区适合步行；提供多样化的交通选择；保护公共空间、农业用地、自然景观以及引导现有社区的发展和效用。经过几十年的发展，尔湾已经成为人口 25 万人，面积 186.5 平方千米（约 30% 为保护地）的城市，拥有加州大学尔湾分校、康克蒂亚大学、尔湾山谷学院、加州州立大学尔湾分院、南加州大学卫星学校 5 所高等大学，是暴雪娱乐、西点数码、HID、IN－N－OUT 等公司的全球总部和起亚汽车、东芝公司的北美总部所在地，专业科技服务、教育服务、金融保险、计算机和电子产品等成为尔湾的支撑产业。尔湾还先后成为全美快速增长城市之一、最安全的城市之一、收入最高的城市之一和最适合居住的城市之一。

（2）尔湾市"产城融合"的经验启示

尔湾市之所以被当作推行"产城融合"的成功典范，主要在于以下几个方面原因。

——以市场为导向、政府辅助的经济运行体制。在 1971 年建市以前，尔湾市并没有专门的行政管理机构，是在市场经济环境中依靠私人企业投资而发展起来的。没有政府指令，也没有行政干预，一切由市场来检验，这是尔湾市的经济得以健康发展的基础。建市后，市场在资源配置中仍起着决定性作用，政府仅仅是起到一定的辅助和支持作用，主要对城市功能规划设计、市政基础设施建设、人居环境的改善、主导产业选择等方面做一些宏观上的统筹规划和政策上的支持。市场化的运行机制为尔湾市"产

---

① 当前，人类城市的发展经历了五代：第一代是城与市的结合，第二代是城市的工业化，第三代是城市的电气化，第四代是城市服务业的多元化，第五代是城市的生态化。具体而言，第五代城市，是指倡导生态环境、人类生活与经济增长的和谐与共赢，为科技产业、生活、工作创造适宜的城市环境。

城融合"的健康发展奠定了良好的经济环境，引导着尔湾市的经济朝着利益最大化、可持续发展的方向前进。

——始终着眼于完整合理的城市规划设计。尔湾市在"大学社区"规划阶段，聘请了著名的美国建筑师威廉·佩德拉，意在将功能单一的尔湾校区改造成为多功能的"大学社区"。1977 年，尔湾公司又邀请了专业的规划设计事务所对尔湾市进行了整体上的规划设计：采用了园林开发理念，旨在赋予各地块和地区不同的尺度特征，并强调其开放空间的保护。20 世纪 80 年代末期，尔湾市开始融入环保理念，以保护自然的生态环境为前提，进行城市开发布局建设。尔湾市总体规划后来又经过几次修订，但是最初的发展理念和规划结构一直得以延续。目前，战略性的总体规划、实施性的分区（Zoning）和细分（Subdivision）构成尔湾市基本的规划工具，另有不断更新的商务战略规划、住房战略规划，交通系统规划、开放地系统规划以及具体地区的规划设计等，共同为城市发展与管理提供规划服务。在规划指导下，尔湾市形成了紧凑的开发模式、多样化的住宅组合、便利的社区服务设施、优质的开放空间系统以及人性化的交通系统，"一个工作、居住、学习与休闲相平衡的社区"的发展目标已经实现。完整合理的城市规划确保了尔湾市功能布局的合理性，保证了"产城融合"发展方向上的正确性。

——大力发展高科技产业，同时构建多元化的产业结构。自 1971 年建市以来，尔湾市大力发展高科技产业。高科技产业具有智能性、创新性、环保性、战略性等巨大的优势，不但自身的发展速度快，而且对其他产业的渗透能力强，可以改造传统产业和基础产业，迅速提升产业结构，实现劳动力由第一产业向第二或第三产业转移，这就必然要求加快提高劳动力素质及教育水平，同时引致了新的市场需求，拉动着尔湾市的经济快速增长；更重要的是，这些高科技产业要发展，必定需要完善的基础配套设施与之匹配，从而加快了尔湾市的市政建设的速度。以产业结构的演进促进城市建设发展，极大地加快了尔湾市"产城融合"的速度。

——良好的生态布局与人居环境建设。尔湾市在规划设计之初，保留了湿地、自然水系和原始植被，构筑成以多级水系和绿色网络为骨架的复合生态系统。城市的规划布局过程中，始终坚持可持续发展战略，以尊重自然环境为中心，构建城市生态空间格局。如今的尔湾市环境优美、街道宽广、市容整齐、社区内绿树成荫。不仅如此，尔湾市拥有着良好的人居环境、良好的商业氛围、便捷的交通方式、理想的治安状况、优质的教育体系、对就业者的扶持政策等，满足了尔湾市居民全方位、多层次、高品质的生活需求，成为全美最具吸引力的城市之一，也是成功推行"产城融合"发展的典范。

3. 英国米尔顿·凯恩斯以工商业催生绿色城市[①]

50 多年前，米尔顿·凯恩斯还是一个名不见经传的落后英国小镇，这个当时只有 5 万多人的村庄在英国的新城镇建设中迎来了发展契机。米尔顿·凯恩斯 1967 年进行规划，1971 年开始进行建设，自此以来一直处于高速发展期。目前，米尔顿·凯恩斯已成为拥有 24.88 万人口、总面积 88.4 平方公里的现代化城镇。在英国最佳工作城市的调查中，小城米尔顿·凯恩斯力压伦敦、曼彻斯特等大城市。

政府扶持市场运作。米尔顿·凯恩斯的发展从一开始就受惠于宏观规划。英国 1947 年颁布实施了《城镇和乡村规划法》，第一次在法律上将城乡纳入一体进行统筹规划与建设。这部法律的主要目标是建立一个适合于当时情况的规划体制；对土地占用的补偿及其产生的矛盾形成一个综合的解决办法，从而给合理的规划提供可能；为地方政府执行规划而购置土地提供财政补贴。该法对英国小城镇发展起到了决定性影响，米尔顿·凯恩斯就是当时获得重点支持的对象。米尔顿·凯恩斯从立项之初就一直按照市场规律来建设发展，这也成为其持续壮大的保证。这个城镇的建设开始是依靠政府投资，首先从农民手中将这一带的土地买下，然后交给开发公司去建设；城镇初具规模后，地方发展部门将开发后的土地和房屋出售给公司或个人，收回国家投资。

便捷交通连接城乡。与其他城市相比，米尔顿·凯恩斯的主要道路系统有明显的特色。它的主要道路都在地面层上，但设有多层次的立体交叉点。规划引入了美国洛杉矶的网格道路布局模式，每个网格 1 平方公里，1 个网格就是 1 个社区。新城建有步行道（含自行车道）网络系统，全长约 30 公里，实现了机非分流。米尔顿·凯恩斯等中小城镇高度发达的一个重

---

① 翟健：《国际新城新区建设实践（五）：英国新城——米尔顿·凯恩斯（上）》，《城市规划通讯》2015 年第 5 期；《国际新城新区建设实践（六）：英国新城——米尔顿·凯恩斯（下）》，《城市规划通讯》2015 年第 6 期。

要因素是便捷、相对廉价的铁路和公路交通。英国铁路网络密集，轨道交通普及、方便、准时，把数目众多的乡村小镇和城市中心区串在一起；高速公路不收费、不设关口，正常情况下畅行无阻。便捷的交通使得米尔顿·凯恩斯成为不少人的选择。从伦敦的尤斯顿火车站乘车只要半小时就能到达米尔顿·凯恩斯，此外该镇毗邻连接伦敦和伯明翰的 M1 高速公路，四通八达的高速公路网络和便利的铁路交通系统为其发展提供了条件。此外周围有 5 个大大小小的机场，这样的交通使其成为英国重要的分销中心之一。

大型企业带动就业。米尔顿·凯恩斯的发展与其优越的地理位置密切相关。该镇南北位于英国第一大城市伦敦和第二大城市伯明翰之间，东西则是世界著名学府剑桥大学和牛津大学。以该镇为中心，1 小时汽车路程为半径的地区内，英国超过七分之一的人口都聚居于此。米尔顿·凯恩斯充分利用地理位置和交通的优势，大力兴办零售、信息、咨询、保险、科研和教育培训等服务业。从该镇的劳动力分布来看，服务业从业人员占将近 8 成。在服务业当中，又以批发、零售业规模最大，占就业人口总数的22%。米尔顿·凯恩斯在发展中注重吸引大型跨国公司。40 多年来，有5000 多家新企业来到该镇投资，其中 20% 为外企，特别是美国和日本企业。这些企业以大型企业为主，大约 60% 的公司雇员超过百人，其中包括梅赛德斯－奔驰、大众集团、美孚石油等。发达的服务业和大量能创造就业岗位的企业的存在，保证了米尔顿·凯恩斯本身能够成为地区的中心，分担了周围大城市的一些职能。通过对 5 种城市形态，即中心模式、周边模式、中心周边模式、两端模式和分散模式的比较，米尔顿·凯恩斯采用了就业岗位分散的模式，其新城内的就业岗位和服务中心分散在很大的范围内，给人们提供了较多的自由选择余地。其中主要大企业在大范围内选址；而小型企业则在居住区内布置，为妇女提供就近上班的便利；综合医院、高等院校等大型服务设施，一般布置在远离市中心的区位。

"绿色发展"面向未来。米尔顿·凯恩斯是在一个平坦的农业地区上进行建设的，政府规划试图通过景观设计使其成为具有吸引力的"绿色城市"。根据规划，当地住宅高度不得高于树高，商业用房（包括办公楼）一般不高于 6 层，目前该镇的临街建筑仍在恪守这一规定。建成一座城镇容易，但让其进入可持续发展的轨道却是一大难题。普华永道可持续发展顾问威廉·戴认为，城市可持续发展改造需要政府推行鼓励性政策。英国政府设立了绿色投行，为经济绿色化提供资金，鼓励企业及个人为可持续发展做出贡献。米尔顿·凯恩斯在建镇一开始就非常重视环保，注意不断增加绿色空间。公园占地超过城市总用地的六分之一。即使在镇上的大型购物中心也有精致的室内花园，各种自然公园和人造湖泊为居民提供了重要的娱乐休闲场所，环绕城镇的是茂密的森林。这些立体化地构成了米尔顿·凯恩斯的绿色环境，让城镇可以在宜居和可持续发展的道路上快速前进。

4. 瑞典马尔默"二次城镇化"创造发展新机遇①

瑞典南部的马尔默市，位于连接波罗的海与北大西洋的厄勒海峡东岸，是欧洲的重要港口，以造船业闻名于世，是北欧实现工业化与城镇化最早的地区之一。冷战结束后，随着大量造船企业向劳动力与原材料廉价的东欧迁移，马尔默经济衰退，城市污染严重，政府濒临破产。这使得马尔默政府不得不调整城镇化模式，实现经济增长方式由传统重工业向绿色高科技行业的转变。自20世纪90年代初以来，这座瑞典第三大城市启动"二次城镇化"进程，即通过科学统筹的城市规划与建设，逐步摆脱对造船业等传统重工业的依赖，实现以高科技、低能耗产业为龙头的可持续发展。其重点建设的"西港区"已成为当今欧洲绿色城镇化的典范。

一是依靠提高城市土地利用率的方法化解城市发展空间不足的问题，如修建更多高层建筑，通过建设地下隧道、发展轨道交通等方式让城市交通系统更便捷等。

二是加强同周边城市的联动性，通过修建海底隧道等方式加强与其他大城市的交通建设。马尔默与瑞典著名的大学城隆德仅相距20公里，与丹麦哥本哈根通过厄勒海峡大桥连接，相距不到50公里。在这片被称作"厄勒海峡地区"的大范围内，包含着欧洲顶级的教育机构、便捷的航运设施、频繁的人员流动等资源，各个城市优势互补，彼此提供需求与市场，这种地理上的优势帮助马尔默实现与区域内多座城市的共同发展。2000年，总长16公里的厄勒海峡大桥与海底隧道开通，将马尔默与哥本

---

① 周彦宏：《国内外"产城融合型"城镇化模式对青岛西海岸新区的启示》，《青岛职业技术学院学报》2016年第1期；刘一楠：《瑞典马尔默市的"二次城镇化"进程——访马尔默市市长肯特·安德松》，《经济参考报》2013年3月15日。

哈根通过陆路方式连接在一起。除了汽车 24 小时通行外，目前往返马尔默与哥本哈根的火车昼夜运营，高峰时段每 10 分钟一班，夜间每小时一班，行程大约 30 分钟。

三是创新旧城区改造方式，提升城镇功能和城市形象。马尔默的西港区曾经是瑞典最重要的造船基地，随着时代发展渐渐失去活力，成为城市死角。从 2001 年起，马尔默政府开启了名为"住宅 01"的项目，开始依照新的城市规划，最大限度利用可再生资源，着手对这片老工业区进行彻底改造，将其建设成为包含住宅、商业、教育功能，实现可持续发展的绿色示范区。西港区的改造是城镇功能、城市形象和土地利用模式的巨大转变。从经济发展上看，西港区从高能耗重工业基地转变为由高科技产业带动，依靠可再生能源的复合经济区；从社会效应上看，西港区代表着的马尔默城市形象由灰色转为绿色，区内著名建筑"旋转大楼"已成为马尔默地标和名片；从土地开发上看，这里由工业区变为集住宅、办公和教育为一体的多功能新区，高层建筑取代平面工厂，人口密度不断增长，住房需求得以解决，这些都意味着土地利用率实现了大幅度提升。

四是扩大城市开放程度，融合移民。马尔默的"二次城镇化"也伴随着外来人口不断增长，给城市发展注入新的活力。但移民，特别是年轻人，因语言沟通以及学历认证等方面的障碍，不利于更好地融入城市生活。针对这种情况，马尔默通过开设语言培训课程、在学校提供多语种教育等方法，努力打破因语言而造成的文化壁垒。同时，政府组织建立一套国际学历与工作经历认证标准，方便移民就业，融入城市。

（二）国外城市推进产城融合的特点[①]

1. 因地制宜

从概括意义上说，因地制宜就是指结合当地的历史、基础、禀赋、特色等培育发展相宜的产业。从类型上说，因为是自主选择、确立的结果，可以说，这样的城市产业培育发展十分类似于自然生命体的生长，有自然成长型、学习借鉴型、外来移植型、飞身突变型。如果做更为简略的划分，无非两种情形：一种是因产业不断发展而形成的城市，其实就是研究

---

① 于新东：《产城融合缔结"美满姻缘"》，《浙江日报》2016 年 3 月 29 日。

颇多的资源型城市，用通俗的话说就是靠山吃山、靠水吃水的城市，这样的城市中外皆有不少；一种是人口集聚而形成的城市，城市的经济功能要求必须有强大的产业支撑，因而面临产业选择及确立的问题，这样的城市中外也不少。

自然成长的因地制宜产城融合。有研究指出，资源型城市是随矿产资源和森林资源的开发而兴起，并以资源开采为主导产业的城市。在国际国内学术界，有以下几种说法：一是指主要功能或重要功能是向社会提供矿产品及其初加工品等资源型产品的一类城市；二是依托资源开发而兴建或者发展起来的城市，作为一种特殊类型的城市，其主导产业是围绕资源开发而建立的采掘业和初级加工业；三是指伴随资源开发而兴起的城市，或者在其发展过程中，由于资源开发促使其再度繁荣的城市。德国的鲁尔区，法国的洛林区等，这些都是广为人知的例子。

学习借鉴的因地制宜产城融合。有学者这样概括分析东京的特点，东京的城市职能是综合性的，它是全国最大的金融、工业、商业、政治、文化中心，被认为是"纽约＋华盛顿＋硅谷＋底特律"型的集多种功能于一身的世界大城市。东京湾港口群是国内最大的港口群体，以东京和成田两大国际机场为核心，组成了联系国内外的航空基地。京滨地区的港口分工明确：千叶为原料输入港，横滨专攻对外贸易，东京主营内贸，川崎为企业输送原材料和制成品。

外来移植的因地制宜产城融合。汉诺威历史上是制造业主导发展的城市，1947年工业博览会的成功举办开启了其战后经济的快速发展。汉诺威政府将展览业作为支柱产业加以扶持，在制定经济发展战略和城市发展战略规划时，积极考虑会展业的发展需要；联邦政府在中央财政列出专门预算支持会展业发展。同时，功能完备、配套齐全的会展产业体系起着十分重要的作用，上至政府、行业协会的管理，下到展览公司、参展商之间的多方协调配合及专业会展人才教育、媒体合作、国际交流等的外部支持。专业性展览会依托自身和周边的德国其他城市产业而发展起来，两者之间形成了良好的互相促进的密切关系。经过多年的发展，汉诺威工业博览会已经成为全球顶级的专业性贸易展览会。其工业展被公认是联系全球工业设计、加工制造、技术应用和国际贸易的最重要的平台之一，汉诺威也被誉为会展之都。

飞身突变的因地制宜产城融合。1970 年代的石油危机对洛杉矶的制造业造成了巨大冲击，使其进入转型发展期。为应对危机产生的不利影响，洛杉矶充分利用自身优势产业，着力发展高科技产业和现代服务业，成为第三次科技革命的发源地之一。在高科技产业和生产服务业的推动下，洛杉矶城市经济迅速转型，日益呈现出国际化特征，并在 1980 年代后成功步入全球性城市之列。进入 21 世纪，洛杉矶成为美国西部的高科技产业和研发中心，成为科技之都。

2. 因时制宜

如果说因地制宜更多讲的是城市化进程中产业的选择确立问题，那么因时制宜更多讲的则是城市化进程中产业的转型升级问题。

充分尊重传统产业的延续性。在这方面，世界上那些著名的传统产业区其实都经历了这样的一个阶段。有学者研究指出，保护继承传统特色产业和现代化产业转型有机结合。很多地区是自工业革命开始就发展形成的老工业基地（如曼彻斯特、鲁尔区各大城市、五大湖各城市等），这些地区最初是依托当地的煤炭、铁矿资源发展起来的重工业基地，当生产资料更新换代之后，它们均及时地调整了产业结构，完成了现代化新兴工业城市的重建。在产业革命的同时，各大城市群均不忘传承和发扬传统特色产业（如巴黎的时装业，东京的传统陶瓷、纺织业，伯明翰的金银珠宝制造业等）。这些特色产业在城市群总体风格一致的同时，很好地打造了群内城市产业的差别性和多样性，同时也体现了城市发展对历史的尊重和继承。

积极寻求传统产业的转型升级。宾夕法尼亚州的匹兹堡煤炭资源丰富，曾经是美国的钢铁之城。1910 年后，匹兹堡陷于长期的经济衰退之中，逐渐沦为二战后萎靡不振的老工业城市。匹兹堡开展了著名的匹兹堡复兴运动，采取一系列有力措施推动城市经济转型，城市面貌为之一新。匹兹堡推动城市经济转型的具体措施主要包括以下几个方面：加大环境整治力度；推动城市经济结构多样化；注重挖掘城市的历史文脉。在这些措施的有力推动下，匹兹堡成功实现城市经济转型，重工业退居边缘地位，教育、文化事业兴旺发达，医疗保健设施、计算机、机器人制造等方面成就斐然。到 20 世纪 80 年代后期，匹兹堡成为生机勃勃的后工业化城市，成为美国乃至世界老工业城市经济转型的典范。

主动培育发展新兴产业。早在 20 世纪 20 年代，日本九州就是以钢铁、煤炭、化工、造船为中心的重化工业基地。但随后传统产业产值比重连续下降，日本九州为摆脱产业衰退，重点也是培育新的替代产业。日本九州的产业转型模式即是新产业替代模式，区域经济发展的本质即是区域主导产业的有序更替。日本九州在产业转型过程中，采取调整衰退产业与扶持新产业相结合、利用区位优势重构产业与发展新型替代产业相结合。其制造业内部结构由以钢铁、造船为代表的重工业型产业转向以半导体、汽车相关产品为主的加工与组装型产业，成为日本高科技产业、新兴工业的主要基地。

二　国内其他地区推进产城融合发展的案例分析及经验镜鉴

（一）县域层面产城融合发展的实践与经验

1. 固安借市场化力量探路"产城融合"[①]

河北廊坊市位于京津两座特大城市的中间位置，而廊坊市固安县的区位优势更加引人注目，这里是北京、天津、保定三市的中心位置。固安是距北京最近的县城，古代就有"天子脚下、京南第一城"的美称；固安隔着永定河与北京大兴区相望，如今以"天安门正南 50 公里"闻名于世；随着首都新机场落地大兴区、廊坊市、固安县、永清县的交界地带，这里更成为首都经济圈南部区域的核心地带。

尽管坐拥令人艳羡的区位优势，但固安的发展并不顺畅。2002 年之前固安全县地区生产总值不足 35 亿元，年财政收入不足亿元，发展水平位列廊坊市十个县（市、区）中的后两名。2002 年 6 月，固安工业园区奠基，拉开了固安快速发展的序幕。在廊坊市委、市政府的大力支持和策划下，固安县政府引进本土企业——华夏幸福基业股份有限公司作为投资开发主体，全面负责固安工业区的开发建设。为推进合作的开展，明确了政府与企业的职责边界：政府主导重大决策、组织制定规划、确定标准规范、提供政策支持；企业作为投资及开发主体，全权负责固安工业园区的开发建设业务。

---

① 国研网宏观经济研究部：《产城融合：新型城镇化发展的新趋势》2014 年 12 月 11 日。

华夏幸福基业股份有限公司通过与国内外顶级战略发展与规划设计公司进行合作，为固安量身定制发展方案，将区域的产业发展、城市功能、生态环境进行统筹规划。在产业升级方面，固安一方面提高传统产业的资本效率、技术含量和附加值，另一方面培育新兴产业，使固安县由过去的钓具、滤芯、塑料、肠衣等传统产业，改写为电子信息、新能源、汽车零配件和现代制造等新兴产业。另外，还吸引了国内液晶面板龙头京东方、物联网企业东方信联、国内最大的车轮制造企业正兴车轮和参与"神八"与"天宫"系列航天器零件研制生产的航天振邦等龙头企业入驻。在规划产业的同时，固安还着力打造基础设施配套，全面提升和完善城市功能和产业承载能力。

截至 2013 年 12 月底，华夏幸福基业为园区累计投资 220 亿元，在规划范围内实现了"十通一平"：完成全长 125 公里、97 条（段）道路建设，完成 4 座供水站、3 座热力站、4 座变电站，123 公里供热、供气、供电，以及通信管网、污水管网等相关配套设施建设，此外还实施了影剧院、福朋酒店、创业大厦、固安新一中、幸福中学、中医院、商业综合体等 180 多项重点工程，城市功能日臻完善、承载能力明显增强。

在产业与城市的相互促进之下，固安的经济总量实现约 30 倍的几何式增长。截止到 2013 年 12 月底，固安全县地区生产总值突破 100 亿元，财政收入完成近 30 亿元，主要经济指标增幅不仅是廊坊市的排头兵，同时也高居河北全省前列。

可以看出，固安模式的成功在于坚持了"产城融合"的理念，通过引入华夏幸福基业这样的市场化力量做到了产城融合、产城一体。固安的发展路径是工业化、信息化、城镇化和农村现代化互促发展的典型，对于形成具有中国特色的城市化道路具有重要意义。在固安工业园区"产城融合"发展过程中，有三方面十分突出。

一是立足于产业的培育和聚集。固安的"产城融合"做得好，入驻的企业多，这是固安崛起的有利条件。产业的成功培育，一方面增加了就业机会，另一方面带动了财政收入的增加，地方政府有了资金，从而更好地开展基础设施配套工作，提供更好的公共服务，这样就有利于引进更多的人才、企业、产业，最终形成"产"与"城"的良性循环。工业园区成立11 年间先后引进了近 400 家企业，不仅在建设中给固安带来了上万个临时就业岗位，而现今仅投产的约上百家企业就为当地提供了 3 万多个永久性岗位。如果这些正在建设的企业全部投产，提供就业将超过 10 万个。

二是做到了"以人为本"。在固安的"产城融合"实践中，不仅重视对于产业的选择与升级，还从以人为本的角度考虑其可持续发展的问题。即以交通环境的改善作为先导，通过"产城融合"理念，建设配套基础设施，实现生态环境的持续提升。固安规划设计了一条总投资 20 亿元的国省干道绕城项目，全长 31.84 公里，宽 100 米，不仅将国省干道穿城造成的拥堵消于无形，同时贯穿城市已形成的"五横八纵"交通体系，将固安几大重点园区紧密相连，将新兴产业、临空产业、现代服务业有机衔接，实现了固安全域内的产业分工与协作，将城市主骨架由过去的不足 20 平方公里扩张到了近百平方公里，有力推动了城市区域经济一体化进程。固安工业园区通过产城融合理念，按照"公园城市、休闲街区、儿童优先、产业聚集"的规划理念，打造独具前瞻性、创新性的"未来城市试验区"，使得城市行政办公、商务金融、会议展览、文化娱乐、商贸物流、大型公园等城市功能相继完善；固安产业新城建设完成了 14 万平方米的中央公园、200 万平方米的城市环线绿廊、13 万平方米的孔雀大湖、50 万平方米的大广带状公园、100 万平方米的永定河运动公园等，形成"一核一环两廊多片"的城市景观体系，园区绿化面积约 500 万平方米，实现了生态环境的持续提升，助力产城融合可持续发展。

三是更好地理顺了政府与企业的关系。合作之初，华夏幸福基业股份有限公司就以综合开发 PPP 模式推动固安产业新城的发展实行"政府主导、企业运作"的市场化管理模式，政企双方用"契约精神"取代了"身份观念"，建立了利益共享、风险共担机制，清晰界定了政府与合作企业各自的责任和利益边界，保证了政策的连续性和稳定性，推动资源配置依据市场规则、市场价格、市场竞争，实现了效率最大化和最优化。经过十几年的发展，固安产业新城的机制模式也在不断优化。从早期的固安工业园，到现在的固安产业新城，再到未来的固安创新城市，固安发展定位的每一次提档，正是源于以 PPP 为核心的机制模式驱动的产业不断发展、城市不断升级。当前，沿着"全球技术、华夏加速、中国创造"的路径，固安正努力向"全球技术商业化中心"步入。

2015 年 7 月 20 日，固安县政府与华夏幸福共同探索的 PPP 模式，作为创造性典型经验，被国务院办公厅通报表扬，并入选国家发改委 PPP 示范项目。2016 年 10 月，财政部联合教育部、科技部等 20 个部委共同发布了第三批 PPP 示范项目，华夏幸福旗下的"河北省廊坊市固安县固安高新区综合开发 PPP 项目"及"南京市溧水区产业新城项目"，作为城镇综合开发类示范项目，双双入选。

2. 长沙县"三个三分之一"规划实现"产城融合"①

长沙县地处湖南省会近郊，从东、南、北三面环绕省会长沙市。全县土地面积 1997 平方公里，总人口 78.8 万人，辖 19 个乡镇、3 个街道。2011 年 11 月 16 日，在北京举行的第五届中国城市化国际峰会上，长沙县荣获"中国城市化产城融合典范案例"称号。

改革开放的第一个 30 年里，长沙县白手起家创办工业园区，将星沙这块昔日荒凉的丘岗山地，建设成湖南省重要的工业增长极。目前，园区产业基地规划总面积 15.12 平方公里，已成功入驻企业 24 家，其中上市公司 4 家，世界 500 强 1 家，总投资近 100 亿元，预计全部投产后年总产值约 200 亿元。进入改革开放第二个 30 年，星沙新城面临着产城关系发展战略上的重大抉择。以松雅湖退田还湖为标志，长沙县作出了实施星沙新城产城融合、推进园区经济向城市经济转变的战略抉择，确立了"三湘门户之城、山水宜居之城、活力创新之城、善待乡村之城"的目标定位，并从以产兴城、以城育产、社会建设三个方面入手，明确了产城融合的推进方向。通过启动总投资 40 亿元的松雅湖建设，打造现代高端服务业的核心聚集区。通过实施产城融合，提出了"三个三分之一"的均衡开发理念，即三分之一发展工业，三分之一发展基础设施和商贸住宅，三分之一发展生产性服务业，用现代理念和国际化视野，一次性建成产城融合体，促进了城市、产业、市民三大要素的高效互动，使星沙新城走上了一条通往理想城市的转型之路。

按照"产城融合"战略，长沙县遵循"人本、低碳、宜居、创业"的理念，邀请国际上有真知灼见的规划大师编制了产业基地概念性规划。根据规划，星沙产业基地将最大限度地考虑农田和农民的保护，尽可能保全自然地貌并保证产业发展和基础建设的用地结构。在星沙产业基地开发建

---

① 国研网宏观经济研究部：《产城融合：新型城镇化发展的新趋势》2014 年 12 月 11 日；胡益虎：《长沙县"四个融合"领跑湖南》，《长沙晚报》2016 年 5 月 11 日。

设过程中，按照"三个三分之一"的原则，在大力引进优质工业项目的同时，将学校、医院、银行、商场等配套服务设施作为招商引资的重点，积极引进了"幸福家园"廉租房、湖南省技师学院、长沙县职业中专实训基地等项目，这些项目将有效增强产业基地的生活配套能力。同时，长沙县积极探索将城市功能、政府公共服务植入工业园区，有力提升了工业园区的城市品质和发展后劲，推动了项目建设，促进了县域经济的高速健康发展。长沙县先后获得了"中国十佳两型城市""中国最具幸福感城市"等殊荣。

长沙县在稳步推进"14＋2"城乡一体化试点镇村建设的基础上，提升打造2个全国闻名的城乡融合样板镇，初步建成6个特色鲜明的功能型品牌镇，基本建成30个"美丽乡村"示范村和30个农民集中居住示范点，通过"四水联网"、"五网下乡"、村镇银行全覆盖等举措，整合打造出以南部浏阳河沿岸产业风光带为纽带和以北部金开线为主轴的2个"美丽乡村"旅游示范片区，加快建设8个现代农业特色产业园和100个现代农庄，辐射带动100个示范性农民专业合作经济组织和1000个具有一定规模的标准化家庭农场。浔龙河生态艺术小镇以建设"城镇化的乡村、乡村式的城镇"为定位，以"打造城乡融合发展最新模式、典型样板"为目标，致力于建成城市文明与乡村文明相结合、宜居宜业、宜游宜商的田园生活小镇，在企业投资建设、政府主导推动的同时，充分尊重了农民的意愿，使小镇既拥有优美的生态环境，又享有和城市一样便捷的配套设施；在产业结构上，以农业产业为龙头，实现了一、二、三产业的有机融合，总体构建了现代农业、文化教育、休闲旅游、生态宜居等综合产业体系，开创了全省乃至全国新农村建设最新模式，朝着打造全国城乡一体化典型样板的目标努力推进，成为城乡融合的典型范例。

长沙县把全域范围进行统一规划，形成了长沙县先进制造区、黄兴会展经济区、现代农业区、临空经济区、松雅湖商务区五大功能协调发展。而对于园区经济，长沙县创新采取"1＋7"的托管模式，实现区县协调发展。

长沙县在"产城融合"过程中，摆脱了过去偏重于工业化的发展模式弊端，实现了生产、生活二者之间在城市发展过程中的有机结合，探索出一条产业空间与城市空间协调优化的特色道路，为我国中小城市城市化质量的提升提供了有益借鉴。

长沙县的成功最大的亮点在于其规划先行，产城互动。长沙县2007年就制定了"南工北农"的发展规划，并根据不同区域的资源环境承载能力、现有开发强度和发展潜力，科学规划重点开发区域和不开发区域。通过资本集中下乡、产业集中发展、土地集中流转、农民集中居住、环境集中整治、公共服务集中推进的六大原则，推动农村与城镇共同发展。

（二）市域层面产城融合发展的实践及经验

2010 年以来，佛山市委市政府提出"产城人融合"的发展战略，意在改变和克服过去发展模式的弊端，追求以人为本、科学发展的新境界。"产城人融合发展"，是佛山从专业镇为主要特征的城市形态向现代大城市形态转型升级的新探索。

佛山产城人融合战略的演进显现出如下特点：佛山城市定位一贯突出产业地位，体现产业结构轻工、重工向服务升级，始终伴有产城攸关理念；城市定位全程与文化文明同在，标注人文品牌，体现人本关怀；关注科技创新和生态城市内容的定位，经过表述困惑与文本空白，走上主题回归；日趋成熟定位科学，尤其"十二五"以来，建设创新型城市，以"民富市强，幸福佛山"为核心，以"四化融合，智慧佛山"为路径，突出统筹兼顾，突出科技进步，突出改革创新，加快建设现代制造基地、产业服务中心、岭南文化名城、美丽幸福家园，把佛山建设成为一座充满朝气、人与自然和谐相处的全国文明城市。综上，佛山城市定位演进在很大程度上体现了探索产城人融合的科学进程。尤其是多线融合城市定位，属于融合理念类，其演进体现了产城人融合探索的科学进程。佛山实施产城人融合模式的典型分类如表 8-1 所示。

表 8-1 佛山实施产城人融合模式的典型分类

类 别	老区转型类	新城开发类	新兴产业基地类	现代服务业集聚类
动力维度	被动型	主动型	主动型	主动型
功能维度	共生型	伴生型	共生型与伴生型融合	伴生型
地位维度	均衡型	城市功能与服务业均衡	产业主导型	高端服务产业主导
生态维度	人工景观	自然山水与人工景观融合	人工湖生态增长极	人工湖生态增长极
典型代表	岭南天地	佛山新城	狮山园镇融合	千灯湖金融高新区

资料来源：刘栋：《新型城镇化背景下产城人融合的模式探索——以佛山为例》，《城市观察》2014 年第 3 期。

近年来，佛山南海区狮山镇遵循"以优秀城市环境吸引高端项目，以高端项目吸引高端人才，并以高端项目和高端人才，推动城市品质的提升"的思路，全面提速"集群化、国际化、城市化"进程，探索出一条"中国制造"崛起的新路径，打造出"产业成功转型升级、城市品质不断提升、人才集聚效应明显"的"狮山样本"，成为产业、城市和人才高度融合发展的示范区。其成功经验主要有如下几点①。

1. 规划引领是产城人融合发展的基础

从 2003 年开始，狮山就致力于高标准做好规划，不断完善基础设施和市政设施配套，为进入狮山的众多企业提供优质的成长环境。包括通过适当的产业规划，使狮山功能分区清晰、合理，产业协调发展；让工业集聚和服务集聚并举，重视服务机构、孵化机构、人才培养等发展要素，使产业、城市协调发展。值得一提的是，在狮山发展进程里，一直沿袭着当年南海产业科技园的规划蓝图。主体基本不变，只是在此基础上，不断地丰富着它的内涵和提升它的品质。

2. 服务创新型政府是产城人融合发展的保障

建立服务型政府是产城人融合发展的有力保障。2011 年，狮山开始探索建立新型的系统性、综合性企业服务信息平台，强化新型管理，营造服务的核心价值，加速推进狮山建设。2012 年，狮山正式成立新型产业社区服务中心，实行企业服务专员制度，即制定程序化的跟踪服务计划，由服务专员为企业提供主动上门服务、重点难点问题跟踪服务。具体做法是将企业划分为"上市后备企业""雄鹰企业""选种育苗行动计划重点扶持企业""小微企业"等类别，为其提供相对应的服务，建立企业分类细化服务机制和体制。2012 年 8 月，狮山镇向狮山总商会转移28 项政府职能，减少企业办事的流程和负担。2013 年，狮山承接 54 项市级行政审批权。在办理这些市级行政审批事项时，不再需要向镇、区、市逐级申请审批，只需到狮山行政服务中心窗口提交申请，由高新区有关办（局）行政服务窗口直接受理并进入审批流程，实现市、区、镇"三级审批，一站办结"。

---

① 蒙荫莉、曾有岳、李丽华、黄琼：《佛山"产城人融合"发展模式研究》，《探求》2015年第 1 期。

3. 宜居宜业的城市环境是产城人融合发展的基石

优美的自然生态环境、浓郁的城市文化氛围、配套完善的公共服务体系融为一体的城市环境，是吸引优质企业进驻和高端人才到来的重要因素。从 2009 年开始，狮山实行"活化水资源"战略，打造水清岸绿工程，在之后三年里，完成五家污水处理厂的建设，建成污水管网超 100 公里。同时，还建成两个新灌溉泵站，共五个灌溉泵站，引入水质较好的活水、活化水资源，改善农业灌溉用水，并设置拦污设施 26 个，有效切断部分整治盲点的污染源头。另外，还全面建立内河涌养护和保洁制度，使河涌水质得到明显改善。可以说，通过整治，狮山基本实现"暴雨不涝、水清岸绿"。同时狮山在城市建设中融合文化元素，加快公共文化设施，如中央公园、青少年文化宫、体育馆、演艺中心等的建设。另外，狮山也致力于城市人文精神的塑造，提高狮山的归属感和凝聚力。如 2011 年，狮山推动"树本"工程，刊行《狮山树本周报》，大力宣传树本文化，传承和弘扬"仁爱、奉献、承担、互助、共享"的树本精神，打造出树本狮山、孝德罗村、官窑生菜会、乐安花灯等文化品牌。

4. 人才是产城人融合发展的关键

人才是产业和城市发展中最活跃的因素。狮山创新人才发展平台，建立健全人才引用机制，为留住人才、让人才在狮山安居乐业提供各种有利条件。2012 年，狮山镇出台《狮山镇创新企业服务行动计划》，狮山围绕高层次人才和产业工人的发展、社会交往、休闲娱乐等不同层面的需求，加快完善了居住、商业、休闲娱乐等配套设施。同时，引入社会力量，创新运营模式，构建面向高层次人才和产业工人的服务体系，创造了安居乐业、健康成长的良好社区环境。此外，狮山还将建设一批助力企业发展的产业配套载体，包括产业智库一期工程、人才公寓、一汽大众专家楼等，解决产业人才落户等问题。

（三）新城、经济开发区、工业园区产城融合的实践及经验

1. 北京未来科技城产城人融合发展的实践经验

北京未来科技城正围绕"产城融合示范区"的目标，按照产城人互动融合发展的理念，努力打造布局合理、配套齐全、交通便捷的宜居宜业科技生态新城。北京未来科技城产城人融合发展的实践经验主要体现在以下

五个方面①。

第一，坚持业城均衡，高起点规划城市空间。和其他新区的"产业主导"、产业先于城市的发展理念不同，未来科技城在建设初期就以"业城均衡、产城融合、配套共享"作为城市规划发展的主导方向，充分融入人文、科技、绿色元素，坚持"创新、开放、低碳、人本、共生"五大理念，规划了"一心带两园、双核、四轴"的整体结构，形成了温榆河景观带绿心聚集，南北两区联动发展，公共服务核心区配套支撑，生态、产业、文化、休闲四道轴线功能分明的城市空间布局。在功能分区上，打破了土地使用的单一性，强调土地混合开发，合理配置了科技研发区、绿色生态区、公共服务区、生活居住区，层次分明而又综合利用，形成规模适宜的产城人融合型整体结构。

第二，坚持科技引领，高标准建设基础设施。高标准建设园区基础设施是提高其产业承载能力的重要抓手。未来科技城市政基础设施总投资约117亿元，充分运用各种先进科技手段，精心打造一流的科研硬环境。建设3.9公里贯穿南北两区的地下综合管廊，实现热力、电力、供水、通信等多种管道的有效集聚和智能管控；应用5套垃圾气力输送系统，全自动密闭式收运生活、办公垃圾；采用雨水控制利用、生活用水循环等多种系统，着力建设节水型城区；以热电冷联产为载体，积极推广水源热泵、地源热泵、地热及太阳能等可再生能源，力求清洁能源利用率100%；充分利用温榆河的自然禀赋，打造以3.14平方公里滨水公园为核心的绿地系统，创造优美宜人的城市空间环境；充分借助物联网、云计算、智能电网、智能终端及无线网络等技术，打造绿色低碳的智慧新城。

第三，坚持以人为本，高品质配置生活配套。未来科技城的公共服务配套设施坚持"以人为本、集约节约利用土地"的原则，充分考虑入驻央企和高端人才工作生活需要，在南、北两区各规划一处配套核心区，集中规划建设约300万平方米公共服务设施。优质办公楼、高端酒店、精品商业营造便利周全的商务交流环境；自住型商品房、人才公租房、绿色住宅、专家公寓打造多层次人性化的居住场所；一站式公立学校、国际学校

---

① 周月莉、白玉：《关于实现产城人融合发展的思考——以北京未来科技城为例》，《北京规划建设》2016年第2期。

及国际医院满足教育医疗需求；体育中心、图书馆、影剧院、展览馆等构筑园区丰富多样的文体生活。未来科技城力图通过打造环境优美、设施齐全、功能完备的配套体系，确保科研人员的居住、学习、休闲、购物、娱乐、社交等各类生活需求在这里都能得到满足。

第四，坚持筑巢引凤，高质量服务科技人才。人才是产业和城市发展最活跃的因素。未来科技城积极探索建立有利于各类人才集聚发展、人尽其才的机制，对于高端人才，坚持物质鼓励与精神激励相结合、工作条件与发展空间相结合，实行"三给"：给舞台，未来科技城 15 家中央企业高水平的研究所、研究中心，为高层次人才开展科学研究和科技创新提供了广阔的平台；给条件，未来科技城享受国家自主创新示范区和人才特区的一系列政策，在人才引进和居住证办理方面开通了"绿色通道"，在居住、出行、商业、医疗、子女教育等方面给予优惠的待遇和保障；给经费，积极推动将各类人才纳入国家、北京市等有关人才计划、资助项目支持范围，多渠道给予海内外高层次人才经费支持。

第五，坚持高端发展，科学布局产业方向。未来科技城一期已引入 15 家央企——中央研究院以及围绕其核心业务进行研究和成果转化的相关机构和单位，其主导产业均为战略性新兴产业。根据央企的产业布局和科研人才的研发方向，拟在公共服务区打造三类产业集群：一是在北区围绕国电、国网、神华等央企重点打造"能源环保"产业；二是在南区西部围绕中粮发展"营养健康"产业；三是在南区东部围绕电子、电信布局"互联网＋"产业。借助入驻央企的品牌优势和带动作用，依托公共服务区的各个园中园，吸引产业链上下游企业和高端商务服务企业进驻，打造标杆企业总部，企业孵化器、加速器，把公共服务区建设成具有创新创业活力的高端产业先行区。

2. 杭州经济技术开发区产城融合发展的生动示范[①]

处于转型发展的关键期和攻坚期的杭州经济技术开发区，功能定位已由单一的工业园区开始向集工业园区、高教园区、杭州副城为一体的综合性现代化新城转变，面临着要素制约日益凸显、创新能力亟待加强、产业集聚尚未形成、配套功能不够完善、生态环境有待提升等诸多问题和挑

---

① 朱凤娟：《下沙：产城融合发展的生动示范》，《浙江日报》2014 年 8 月 6 日。

战。应对困难挑战，杭州经济技术开发区准确把握产业发展、城市建设、人口集聚之间的关系，坚定不移走产城融合发展道路，深入实施"创新驱动、集聚领先、产城融合"三大战略，全面推进"大引擎驱动、大产业培育、大平台构筑、大环境优化"四大工程，以推进两港建设、促进产业集聚、完善功能配套、强化生态建设为主抓手，加快推动"园区经济"向"都市经济"转变，不断提升创新驱动力、产业竞争力、城市承载力和环境保障力，着力形成产业发展、城市建设和人口集聚协调统一、互促共进的良好发展态势，努力建设生产发达、功能完善、环境优美的产城融合型现代化新城，争当全省乃至全国新型城市化建设示范区和先导区。

创新驱动力——两港齐翼

围绕建设创新型开发区，深入推进"东部人才港""东部科技港"两港建设，增强经济发展内生动力。

做优创新平台。加快东部产学研示范园、新加坡杭州科技园、江东创新产业园等创新平台建设，支持企业对闲置土地和厂房进行改造转型，着力构建集孵化、加速和产业化为一体的综合性创新平台体系。

集聚创新要素。以领军型人才为重点，着力引进和培育人才层次高、项目水平高、产业化程度高，促进优势产业发展的"三高一促"型创新人才团队，为智慧产业集聚集群发展提供人才保障。

激发创新活力。完善创新激励政策，鼓励企业组建研发机构、引进高端人才、强化研发投入，切实增强自主创新能力。

综合竞争力——产业集聚

围绕构建完整的产业发展体系，着力优化产业结构、拓展产业空间、增强产业后劲，实现产业的集聚化、高端化发展。

着力优化产业结构。深入实施大企业"572"培育计划，大力推进"四换三名"工程，支持优势企业实现产品、品牌、组织和商业模式创新，全面提升综合竞争力。围绕培育壮大亿元企业队伍，全力扶持一批成长性好、竞争力强、技术优势明显的潜力型企业上规模、快发展。

持续增强产业后劲。围绕优势主导产业，紧盯"三个500强"及行业领先，全力引进龙头旗舰项目和产业链项目，加快打造汽车、装备制造、电子信息、现代食品、生物医药、新一代信息技术六大产业集群，构筑完整的现代产业发展体系。

加快拓展产业空间。按照符合产业发展、符合园区定位、符合副城建设的总体要求，强势推进八大功能区开发建设，切实抓好要素保障、基础建设、招商引资、产业培育等重点工作，加快实现高质高效发展。全力推进招大引强和项目建设，加快江东市本级区块建设步伐，打造产业发展新高地，努力实现土地利用效率的最大化。

城市承载力——功能完善

以项目建设为重点，进一步强化财政投入，不断完善功能配套，努力提升副城综合承载能力。

优化完善交通网络。以"交通治堵"为突破口，坚持设施建设、公交优先、秩序管理、疏堵结合和制度保障多措并举。在加快重大交通项目建设的基础上，围绕接轨地铁、企业、商住设施以及学校医院，进一步完善区内公共交通体系，不断改善居民出行环境。

积极促进民生改善。按照惠民利民的原则，继续实施"为民办实事工程"，不断加大民生投入，全面推进教育强基、医卫利民、就业促进、职工素质提升等民生保障工作，加快各类民生项目建设进度，不断提高公共服务保障水平。

加快发展现代服务业。围绕现代服务业发展三年行动计划，根据促进副城建设、产业协调发展的总体要求，按照符合现代服务业发展趋势、符合人民群众生活需求、符合二三产业协调发展的原则，进一步明确现代服务业的发展重点，健全完善引进、培育和激励政策，加快发展总部经济，以及金融服务、电子商务、文化创意、服务外包、高端商务、现代商贸等生产性和生活性服务业，不断提升现代服务业发展整体水平。

环境保障力——生态优化

以创建国家生态工业示范园区为抓手，深入实施"美丽东部湾"建设三年行动计划，全面推进生态文明建设，不断提升生态环境品质。

优化空间布局。坚持以人为本、生态文明、传承文化基本原则，进一步优化绿地、湿地、河道、建筑物等城市规划和景观设计，科学布局生产、生活和生态空间，着力提升"一江一湖二廊三园"七大生态功能区品质。

推进节能减排。健全完善激励机制，鼓励和支持企业加大节能降耗和污染物减排力度，大力推广新设备、新工艺、新技术，不断提高企业循环利用和清洁生产水平，实现绿色、可持续发展。强化能耗强度和能耗总量"双控"管理，继续加强塑料橡胶、纺织化纤、食品饮料等重点行业和企业的节能降耗工作。

加强环境治理。围绕五水共治、大气整治、三改一拆、四边三化等重点工作，健全完善生态环境综合治理长效机制，切实解决河道黑臭、污染偷排、违法建筑等突出问题。充分发挥智慧环保监管效能，强化重点领域监管整治力度，督促企业加快环境治理、履行社会责任。进一步创新城市管理运行机制，强化精细化、网格化管理，切实加大对影响市容市貌行为的整治力度，不断提高城市的"五化水平"。

延伸阅读：杭州经济技术开发区产城融合发展经验

坚定不移走产城融合发展之路。工业化是城镇化的根基，根深才能叶茂。城镇化是工业化的引擎，牵引力越大带动力越强。实践表明，只有夯实产业发展基础，城镇才能创造出更多的就业岗位、形成更具吸引力和竞争力的发展高地；只有提供良好的城市服务环境尤其是创建功能完备、优质高效的园区发展平台，才能集聚更多的优势产业和更优的创新创业人才，形成更强的内生发展动力。

把生态文明理念融入产城融合发展的全过程。以产城融合发展助推新型城镇化，决不能走"先污染后治理"和"边污染边治理"的老路，而应该转变发展方式，走绿色低碳的新型城镇化道路。下沙在发展过程中，越来越注重生态环境的打造，事实证明只有把生态文明理念融入城镇化全过程，让广大人民群众真正触摸到、感受到、享受到生态文明，才能不断提高民生幸福质量。

以改革创新释放产城融合发展红利。产城融合发展对城镇规划理念、发展方式、管理体制机制提出了更高要求。唯有深化改革创新，才能破解难题，赢得发展。着力创新体制机制，不断激发全社会创造活力，就没有破解不了的难题、攻克不了的难关。

链接：杭州经济技术开发区产城融合发展改革目标

科技创新实现突破。到2015年，引进和培育"国千""省千"和市"521"计划等领军型人才100名以上，国家级高新技术企业达到

150 家以上，高新技术产业产值比重年均增长 3%，企业新产品产值率达到 40% 以上，企业研发经费占主营业务收入比重 2%，"创新型开发区"建设取得显著成效。

产业发展提升水平。到 2015 年，地区生产总值年均增长 7%，规上工业增加值年均增长 7%，服务业增加值占地区生产总值比重达到 25% 以上，5 亿元以上企业达 70 家，加快形成具有竞争优势的汽车、装备制造、电子信息、现代食品、生物医药以及新一代信息技术六大产业集群。

功能配套不断完善。到 2015 年，新建成投用现代服务业项目 260 万平方米；新建成投用公办中小学和幼儿园 9 所；基本形成"15 分钟卫生服务圈"；累计开通公交线路达到 30 条以上，出租车投放量达到 400 辆，公共自行车站点达到 200 个。城市基础设施配套进一步完善，城市管理更加有序，宜业、宜学、宜居的城市特色充分彰显。

生态环境持续改善。到 2015 年，万元地区生产总值电耗下降 17%，单位工业增加值 COD 排放量小于 1 千克/万元，单位工业增加值二氧化硫排放量小于 1 千克/万元，空气优良天数达到 60% 以上，建成区绿地覆盖率达 43% 以上，"低碳开发区"、国家生态工业示范园区建设取得明显成效。

3. 苏州工业园区产城融合发展的历程、经验及启示①

（1）苏州工业园区产城融合的发展历程

"以产兴城"阶段（1994 ~ 2004 年）。这个阶段发展的主题是"以产兴城"，关键词是品质产业基础的建立和区镇分工体系的确立，发展的主基调是"大动迁、大开发、大建设、大招商"，以新型工业化带动农村的城市化。该阶段园区的发展和国内其他经济开发区初始阶段的建设表面上相似，但内在实质却有着诸多的不同。表面上看，本阶段园区建设和城区协同发展的重心同样是产业发展，产业的大发展带来了外来人口的大量集中集聚，带动了生产生活配套需求的增加，城区生活的功能性要素逐步形成。但是仔细观察，苏州工业园区在以产兴城阶段所走过的路径和其他陷

---

① 何磊、陈春良：《苏州工业园区产城融合发展的历程、经验及启示》，《税务与经济》2015 年第 2 期。

入"产城分离分裂发展"窘境的地区相比，在初始化的产业选择、产业与城镇的关系、园区与周围区镇的关系等方面，确实又存在一些决定了后来发展路径分疏的关键要素。至 2004 年底，园区二、三产业增加值占 GDP 的比重达到 99.4%，农业增加值占 GDP 比重不到 1%；人均生产总值按常住人口计算接近 2.4 万美元，城镇化率超过 90%，均已全面达到或超过了国际公认的后工业化发展阶段水平，环金鸡湖周边城市建设加快推进，苏州东部新城的雏形开始展现。

"产转城升与产城共荣"阶段（2005 年至今）。随着前期引进项目的建设完工和投产，园区土地要素、劳动力要素等生产性资源价格的逐渐提升，进入 21 世纪以来，苏州工业园区产城融合发展开始进入第二阶段。这一阶段产城融合发展的主题是"产转城升与产城共荣"，关键词是产业转型升级与区镇一体化发展，发展的主基调是品质提升的城市现代化。如果说园区第一阶段的产城融合式城镇化道路，一定意义上是"独辟蹊径""独上高楼"，走出了一条国内开发区较少走成的路，那么新阶段的产城融合城镇化道路的成功开展，就是实现那"惊险的一跃"，寻找"柳暗花明"和新的广阔天地。与第一阶段产城融合发展的"带动式""联动式"和"滚动式"开发前进的基本特征不同，第二阶段园区的产城融合发展在一定程度上是难度高得多的区镇一体化，以及产业发展与城市功能气质相匹配问题。在一定意义上，前一个阶段可以视为产城融合城镇化的初级版本，注重工业化进程的启动和城镇化道路的顺利开展；后面这个阶段则是产城融合发展的升级 2.0 版本，需要的是区域城镇化品质和气质的塑造提升，重点在于产城素质的提升，品牌的升级着眼于动态和可持续增长。

（2）苏州工业园区产城融合的变革路径

——初始品质产业的成功入驻带动了园区硬件和城市建设的高水平起步。20 世纪 90 年代初，苏州工业园区正好赶上了全球跨国企业的产业梯度转移，成为承接国际产业转移的低成本新兴制造基地。新加坡长期以来在亲商和良好社会治理方面的名声，为作为中新合作项目的苏州工业园区迎接到第一批上档次的跨国企业增加了有吸引力的因素。除了生产成本的考虑，跨国公司对生产生活环境及硬件条件更高的要求，使得工业园区从建立之初，在产城融合的基础硬件建设方面，从一开始就有较高的建设标准和城镇生活要素方面的考虑，而不简单的只是生产制造基地，这样才能让跨国企业更好地落户扎根当地。在这个意义上，苏州工业园区产业和城镇功能并进的建设初衷，实际上是对跨国企业产业转移需求的积极而又有效的回应。

——产业链配套式发展，吸纳周边乡镇加入分工体系，带动乡镇联动式发展。随着国际产业转移的进一步深入，跨国公司在园区扎根落户之后，必然要找寻并落地本地的产业链配套，这样一来，经过有意识的引导之后，为欧美跨国公司配套的许多东亚企业开始在园区周边乡镇找地落户。这个看似自然简单的产业链梯度转移，对苏州工业园区向产城融合方向的顺利发展推进，却至少产生了两个方面的积极影响。一方面，原有布局在周边乡镇品质层次相对较低的早期的苏南乡镇企业，在经过冲击调整后被层次较高的跨国公司的配套企业取代，园区周边乡镇的产业素质得到带动而提升。这一点对产业园区与周边区镇的协调共进，进入良性互动发展轨道是极为重要的。另一方面，周边乡镇产业层次提升之后，相应地也带动了地区配套服务业和发展功能定位上的提升，为后续区镇联动开发和区域一体化发展奠定了坚实的基础，同时也相应提出了直接与工业化相配套的城镇生活的功能性要素需求。以娄葑为例，整体规划动迁后，139家乡、村办工厂向南、北两个工业区集中，规模小、产品档次低、经济效益差的企业关掉了40%；在园区招商引资的带动下，原先落后、陈旧、劳动力密集型的乡镇企业，变成一个个技术密集或资金密集的合资企业。

——产业的转型升级从低端向高端，从硬到软，从外到内，对区域发展的城市功能品质提升提出了更高需求和要求。进入21世纪以来，以土地和劳动力为代表的生产要素成本的提升，倒逼园区企业必须从低端外向型的加工制造，逐步向"微笑曲线"的两端迁移，走制造服务化、制造设计的价值提升路线。于是，和前一阶段"以产兴城"阶段的生产配套型的服务业和城镇功能性需求不同，本阶段产业转型升级对城镇在集聚高端生产要素、凝聚价值品质生活要素方面提出了更高的需求，需要进一步发挥人才集聚的红利，需要更多软实力要素的汇集发酵，需要更高的文化品质与便利生活，这一方面为园区城市品质经营提出了更高的要求，与此同时却也为园区新兴服务业、文化创意和创新产业形态集聚提供了广阔的发展空间和良好契机。这个阶段，为了促成转型升级的及时成功实施，早在2005年苏州工业园区就相继制定并实施了制造业升级、服务业倍增、科技创新跨越、生态优化、"金鸡湖双百人才"、金融产业三年翻番、纳米产业双倍增、文化繁荣、幸福社区"九大行动计划"。这些年，随着这些行动计划的实施和成功推进，苏州工业园区现代化都市区块功能、气质和品质都得到了进一步的提升和升华；而独墅湖创新功能区等的成功建设，也为既有产业的成功转型升级和新兴产业培育提供了重要的智力支持，而不断提升的大都市环境也吸引了越来越多的高端人才在本地安居创业。

——产城共荣阶段的产业转型升级，也对园区的城区功能分类、发展定位、载体建设、生产要素统筹配置和区域一体化发展提出了更加细致精准的要求。和之前的"以产兴城"阶段的辐射带动等相对较粗的发展理念不同，产城共荣阶段中的区域城镇面临二次创业发展的挑战，需要在分区块功能定位、社会服务一体化、软性发展要素提升及行政管理体系改革方面下足功夫。在这方面，2008年以来，城市发展则从硬件建设转向软件与功能完善，东环路沿线、综合保税区两大门户提升工程东西呼应，环金鸡湖金融商贸区、独墅湖科教创新区、阳澄湖半岛旅游度假区三湖板块南北联动，总部经济、金融商业、旅游度假、物流会展、文化创意各大功能要素百花齐放，在品质文化创意产业和创新智力的汇聚方面都做了积极而有效的探索和实践。近年来，园区信息化水平显著提升，实施了智能公交、数字城管、智慧环保、国科数据中心等一批重点信息化项目，政务信息化、社会信息化、公众信息化、企业信息化水平显著提升，为园区城区软性实力的提升，品质、品牌建设和气质塑造发挥了积极的作用。而从2005年以来推进的新一轮的区镇一体化建设，以及2012年启动的镇改街道，让原有乡镇转变职能，更加注重社会治理和社会服务功能的建设，体现了区镇功能在新城镇化发展阶段得到更积极的调整和更精准的再定位。

（3）苏州园区产城融合的主要经验

——以现代产城融合发展理念为引领。和其他地方开发区的"产业主导"、产业先于城市发展的理念不同，苏州工业园区从建设初期就开始贯彻产业发展与城市建设并进，奉行产业发展与城镇建设同步的现代化发展理念，从一开始就摒弃单一发展工业的模式。在工业园区发展早期，就明确提出了建设"具有国际竞争力的高科技工业园区和国际化、现代化、园林化的新城区"发展目标。近些年，根据苏州中心城市发展新格局和工业园区城市发展新变化，又将发展目标进一步提升为建设"具有全球竞争力的国际化、现代化、信息化高科技园区和可持续发展的创新型、生态型、幸福型综合商务城区"。在一定意义上，正是这种国际化视野和全球化眼光所引领的现代化都市产城融合发展理念，决定了苏州工业园区的产业发展并不是单纯为产业而产业，不是为产业发展而舍弃环境约束，不是为产业发展而不顾城镇发展格局，而是始终在城镇建设和产业发展相互协调的框架内考虑产业发展的次序、布局和方向，并相应地在产业发展的不同阶段，适时调整城镇功能与定位，高起点、高标准、严要求推进城乡建设，实现产业发展与城市建设二者的良性互动。

——以前瞻的科学规划为保障。产业发展与城市发展的协调融合，关键在于产业布局与各功能区布局的科学性以及规划的完善性，做好产业规划与城市规划、土地规划和园区规划等多种规划相衔接，做到规划有据，严格实施。和其他开发区建设规划往往忽视产业发展与城市功能的协同，普遍存在"重产业、轻城市"的问题，以产业需求确定空间资源配置，导致产业布局与城市发展需求不匹配，产业空间与城市空间分割、离散甚至相冲突不同，苏州工业园区在建设之初，就充分借鉴了新加坡成熟的城市规划理念，将国际先进的城市规划设计理念引入园区，并结合当地地形地貌特征，共同勾勒了国际化、现代化、园林化的新城区框架。中外专家联合编制的区域总体规划和详细规划，科学布局工业、商贸、居住等各项城市功能，此后又陆续制定和完善了300多项专项规划，并形成了执法从严的规划管理制度。在很大程度上，正是这种超前科学的规划和规划执行体系，为苏州工业园区产城融合发展的顺利推进提供了重要的制度保障。

——以主导产业的动态更新为基础。首先，在初始产业基础确立方面，苏州工业园区紧紧地抓住了全球跨国公司产业转移的重要契机，有效地贯彻了产业链、上下游配套和招商选商的发展理念。从中新合作区直接延伸到区外的三个镇，通过规划引领配套协同发展，按照跨国公司的项目规模等级，设定相应的进入核心区的投资门槛，没有达到投资密度标准的配套企业进入周围乡镇。这些现今在发达地区土地生产要素日益紧缺的背景下看起来再自然不过的发展理念，在当时却十分难能可贵，这也为园区品质产业企业的确立奠定了极为重要的发展基础。从2000年第一批引进项目投产以来，苏州工业园区累计引进跨国企业88家，设立了148个项目，投资10亿美元以上的有7个，在电子信息制造和精密机械制造方面，形成了在国内外有一定竞争力和影响力的产业集群，成为国内液晶面板和电子信息方面最重要的出货基地和测试基地。其次，在产业发展的动态更新方面，2004 年以来，随着生产要素成本提高，园区在国内经济开发区中率先启动了产业结构的转型升级，适时出台了服务业倍增计划、金融业三年翻番等新兴产业发展规划，恰当确立了"3＋5"的总体产业结构布局，引导并鼓励电子信息制造、机械制造、现代服务业三驾马车持续做大做强、做精做优，向产业链两端发展；与此同时，大力发展纳米技术、生物医药、软件创意、融合通信、生态环保等新兴产业，积极培育新产业增长点，提升产业层次。截至 2012 年，这些高新技术产业和新兴产业占园区总产值的比重已经分别达到 68% 和 54%，成功地实现了园区产业结构体系的更新优化。最后，在产业结构持续更新的动力源方面，与园区城市功能和品质提升相匹配，园区还积极依托独墅湖科教创新区所累积的创新创业人力资本高地优势，通过扎根计划引导孵化企业落地等计划，不断优化既有产业门类与发展层次，为既有产业的技术升级换代、商业模式创新和新兴产业发展提质提供了重要的动力之源。

　　——以城市功能优化提升为支撑。城市功能的提升是产城融合发展的重要侧面和关键要务，本质上是地方政府为促进地方产业发展壮大，针对不同发展阶段、发展定位及发展需求所提供的各种有形无形地方性公共产品和公共服务的总和，在一定程度上反映了城镇支撑产业发展的能力和实力，是地方经济发展软实力的最集中体现。缺乏城镇功能的匹配和提升，产业园区常常陷入"空转"和"产业孤岛"的困境。从产城融合协调发展视角来看，城镇功能对地方产业发展构成支撑的地方性公共产品和公共服务包括产业共性生产要素的供给优化、良好的生活配套以及城市整体发展环境的优化。苏州工业园区管理当局在这些软性发展促进要素方面的积极筹划和科学应对，是过去二十年园区产城深度融合取得辉煌成就最突出的经验之一。首先，在共性生产要素的供给优化方面，苏州工业园区最引人注目的创举在于产业发展不同阶段人力资源保障体系建设方面的探索与实践。众所周知，在制造产业发展的不同阶段，产业共性生产要素的需求存在明显差异。早期低水平低附加值制造时期，稳定成规模地简单接受岗前培训或在岗模仿的一般农业转移劳动力即可满足要求；在制造升级和精密制造阶段，有专业技能储备的装备制造工人是升级得以成功的关键要素；

在制造服务化和价值提升阶段，研发设计与创新人才配置比例增加则极为重要。在这方面，与其他工业制造型经济开发区的升级发展经常受到优秀制造队伍不足与不稳定的困扰不同，苏州工业园区在成立之初就建设了两所专门的职业技术学校，较好地缓解了工业制造"灰领"班组长不足使得制造质量和精密度上不去的困扰。截至 2012 年底，全区共有苏州工业园区职业技术学院、苏州工业园区服务外包职业学院、苏州港大思培科技职业学院、苏州工业园区工业技术学校、苏州评弹学校五所职业院校，在校生 2 万余人，已经累计向社会输送了 3 万多名高技能人才，为园区制造品质升级做出了重要贡献。其次，在制造提升和向新兴产业转型方面，苏州工业园区在创新创业人才的引进、培养和集聚方面也做了积极的努力。独墅湖科教创新区已经形成了职业教育、高等教育、高新技术产业一体化发展格局，越来越多创新创举人才在独墅湖创新区的集聚，有力地支撑着苏州工业园区制造向园区"智造"的转型升级。最后，在生活配套及城市区块布局优化提升方面，按照产城融合的发展理念，工业园区延伸了苏州城市东西轴向布局形态，采取了带状组团式的城市开发模式：东西方向上，由西向东规划三个开发片区，依次滚动开发；南北方向上，商业区居于中心地带，由内向外依次是居住区和工业区。功能优化方面，园区确定了城市中心、片区中心、邻里中心和居住小区中心四级公共服务体系，满足了不同层级和不同人群的功能需求。其中城市中心不仅是园区的公共服务中心，也是整个苏州市的商业商务中心；片区中心为本地 20 万 ~ 30 万人进行服务，服务各自的功能片区；邻里中心服务人群为 2 万 ~ 4 万人，主要为居民提供较为综合、全面的日常生活服务项目；居住小区中心服务人群为 1 万 ~ 1.5 万人，满足居民最基本的日常生活需求。工业园区集中建设生活配套设施，借鉴新加坡公共管理先进理念之一的邻里中心，集商业服务和社会服务于一身，将所有社区服务设施（农贸市场、邮政所、银行、阅览室、卫生服务站、理发室、洗衣房、修理铺等）合理集中，组合发展，实现了便民服务与区容区貌、城市交通、人居环境的高度统一。

（4）苏州工业园区产城融合发展经验的启示与借鉴

——树立正确的产城融合发展观念。和传统开发区建设普遍强调产业发展第一位不同，苏州工业园区产城融合发展成功的关键是树立了正确的产城融合发展观念。只有在发展观念和理念上切实改变先生产后生活、先产业再城市、先经济发展再社会建设、先区内后区外的旧式开发区发展观念，才有可能从全局角度更科学地看待并处理好产业园区建设中生产与生活的关系、经济发展与城市生活的关系、经济发展与生态环境的关系、城市发展与统筹城乡的关系，才能有效地谋划和制定产业发展与城市建设协调并进的工作思路、工作方法与工作机制，才能切实地对促进产业发展与城市建设协调并进的本土路径、支撑要素和政策引导做出科学的规划与思考。

——做好产城融合发展的顶层设计。苏州工业园区产城融合发展的经验表明，产城融合发展需要有科学的顶层设计作为先导和框架依据。产城融合的顶层设计必须统筹地区发展的长远框架与短期政策重点，必须兼顾设计的统一性、一致性、延续性和实施中的可操作性、可拓展性和兼容性。需要建立科学的顶层设计执行体制，维护好顶层设计的指导性和权威性，确保其他专项领域发展规划与总体设计相衔接。唯有如此，才能确保产业发展和城市发展在一个连续一致的政策架构内实施推进，才能确保产城融合发展有章可守、有法可依和有据可循。

——建立产业发展的内在更新机制。苏州工业园区产城融合的发展经验表明，缺乏优质的产业基础支撑，园区发展只能是无源之水、无本之木、无米之炊，必须建立起产业增长发展的内在成长更新机制。要认清国际产业发展的主流趋势，密切联系地方经济发展的客观实际和资源禀赋约束，从产业链发展的高度进行招商选商。要借鉴"亲商"理念构建好与产业发展相配套的生产、生活软硬件环境设施。要针对产业发展的不同阶段，有针对性地就产业发展所面临的关键要素瓶颈和约束，加快建设一些产业公共创新服务载体，积极探索建设关键要素供给保障机制，鼓励并引导龙头骨干企业带头走自主创新的可持续发展道路。要综合利用产业发展母基金和相关政策措施，加大对产业转型升级、新兴产业发展和孵化项目载体建设方面的支持，构建良好的产业发展动态结构体系和内在更新机制。

——在经营城市方面下足功夫。产城融合发展的质量和高度，在很大程度上取决于城市城镇在区块功能优化、生活配套改善、社会治理创新和品质文化塑造等软实力方面的综合表现。要从产业发展不同阶段的实际需求出发，从全局发展的高度，从经营城市的角度，前瞻布局城市功能配套设施优化,提高生活配套设施的便利化、品质化和人性化,提升城市社会治理水平和能力。要积极引进一些有利于提升城市匹配产业发展能力的要素保障项目和创新载体项目,营造有利于产业创新发展、可持续发展、绿色发展的城市氛围。

(四) 乡镇层面产城融合的实践模式[①]

广州市增城区新塘镇、深圳市光明新区、上海市青浦区徐泾镇、上海市松江新城、浙江省余杭区塘栖镇、浙江省绍兴市柯桥区钱清镇、天津市东丽区华明镇,城镇化发展与产城融合形态和演化过程均呈现不同特点(见表8-2)。

表8-2 产城融合发展状况:七个特色城镇发展之比较

地 区	基本情况	区域定位	产业特色	城市建设	公共服务
广州市增城区新塘镇	85.09平方公里,户籍人口12.8万人,常住人口49.05万人	广州东部新城的重要组成部分,新的经济增长点	牛仔裤产量占全国60%,依托雄厚的乡镇企业基础,现成为加工制造基地	建成容纳30万人的凤凰居住社区,实行社区化管理,在安置区就地为农民创造就业	道路失修、交通管理混乱,对外来人口和农民工的公共服务力不从心
深圳市光明新区	156平方公里,户籍人口6万人,实际管理人口150万人	国家新型城镇化综合试点单位,深圳产城融合样板区	主要发展未来产业、生命健康、智能装备、文化创意、现代商贸	以绿色为主基调,生态控制线占新区总面积53%,成为全国最大的"绿色建筑示范区"	大力实施就业、创业、学业三业工程,外来人口积分落户和居住证制度并行
上海市青浦区徐泾镇	19平方公里,户籍人口2万人,常住人口13万人	上海向西发展的新的增长极	发展会展业、战略性新兴产业	行政区与功能区重叠	建设都市型新乡镇
上海市松江新城	160平方公里,管理人口90万人	上海战略目标向西部转移的发展重心	婚庆产业、时尚传媒、高端设计、电子商务、休闲旅游和大学城等	采用政府推动、市场化运作思路,建设城市建设投融资新体制	地铁等交通方便,以人为中心发展完备城市功能

---

① 鹿媛媛:《新型城镇化背景下的产城一体化探索》,《现代管理科学》2016年第2期。

续表

地　区	基本情况	区域定位	产业特色	城市建设	公共服务
浙江省余杭区塘栖镇	79.53平方公里，户籍人口9万人，常住人口12.3万人	浙江省新型小城市首批试点	90年代工业第一大镇，现建立高新技术开发区，发展高科技装备制造业	处于副地市级和处级之间，强镇扩权，建有行政审批服务中心	医疗、教育资源较周边地区明显，公共服务水平高
浙江省绍兴市钱清镇	53平方公里，户籍人口6万人，常住人口16人	浙江省新型小城市首批试点	纺织为主导的优势产业，现发展高端制造业、电子商务园区	区域内25个村都有公交车、自来水网、污水控制，两个村设一个社区服务站	已实现农村医疗保险全覆盖，教育、医疗水平与市区相当
天津市东丽区华明镇	76平方公里，管理人口12万人	天津市新型小城镇建设试点	依托复垦区农业园发展都市农业，工业园发展高端装备制造业	通过宅基地换房，街域11个村居民全部迁入新居	村集体经济组织股份制改革、户籍制度改革，建社区居民委员会

　　产城一体化，政府和市场要有机联动，有一个避免不了的问题是，先产后城，还是先城后产。一个可以观察到的事实是，在广东省和浙江省，是先产后城，市场化力量大；而上海市和天津市，则主要依靠政府推动力，先城后产。

1. 粤浙模式

　　深圳是产业发展带动城市发展的典型案例。光明新区是深圳市打造新型城镇化的样本，也是产城融合的样本区。工业基础雄厚，2007年被批为新的功能区，与传统的工业园区相比，光明新区采用全新的管理模式，作为深圳市政府的派出机构，职能整合，机构精简，更有利于为产业园区发展提供"一条龙""一站式服务"。城市建设上以绿色为主基调，生态控制线占新区总面积的53%，是全国绿色建筑最多、最大的"绿色建筑示范区"。珠三角很多镇的城镇化，大多是传统制造业驱动下的城镇化。广州市新塘镇的三次产业比值为1.5：87.4：11.1，表明新塘的工业化已经进入中后期阶段。作为全国最大的牛仔服加工制作基地，新塘镇涌入大量外来人口，形成高密度的人口聚集，多年以来新塘镇的城市建设落后于产业的发展和人口的聚集，出现产城发展不协调问题。据此，新塘镇加大产业升级，建设容纳30万人的凤凰居住社区，实行社区化管理，以产带城，实现居住社区和产业园区有效融合。

与广州新塘形成对比的是，绍兴市也是全国最大的一个纺织及原料加工和交易基地，从 2006 年开始在钱清镇建设柯北新城，以亚洲最大的轻纺原料集散中心为核心，搭建了绍兴市工业化与城市化联动发展的结集点和城乡一体化发展的新平台。杭州塘栖镇在产业上努力对接未来科技城，打造先进装备制造业基地，规划在空间分布上形成"四大居住片区"的居住总体结构、"二心三区二园"的工业用地结构、"两区、多点、多廊"的绿地结构、"四核心、多点配套"的公共服务设施结构。

容易发现，浙江和广东的城镇化与产城融合是渐进的，随着产业的成熟发展规模扩大，人口、土地、技术等相关要素的诉求倒逼政府进行相关制度创新，因而两省的城镇化变迁与产城融合的发展更能体现哈耶克自发秩序原理的本质。在人口流动、产业发展不断推进下，内生出了诸多形式的服务于人口和产业的城市综合体系。因而，在两省整个城镇化和社会转型中，政府介入和政策偏好是内生的。两省发展有其鲜明的特点：先产后城，先自发性发展、后政府介入指导，指导性政策与市场的自由选择结合，终于使两省的产业和城市有机融合，城镇化呈现出较高质量。

2. **沪津模式**

上海市与天津市的城镇化发展与上述城镇化演进相比表现出质的差异性。它们的发展来源于强政府的推动，是在资金和政策的强大助力下的发展。上海市松江新城是产城融合发展的另一种典型。"十二五"期间，松江新城以房地产开发启动，具有上海市西部"卧城"的特征。随着松江新城人口的集聚，居民消费需求的不断提升，松江新城城市功能不断提升，包括"泰晤士小镇"休闲旅游街区的建设和婚庆产业链的打造。徐泾镇作为上海近郊，开发建设时间较早，但产业布局凌乱，城市功能薄弱。借上海市大力拓展虹桥商务区之机，对接虹桥，实现传统制造型乡镇向都市型新乡镇转变，努力打造城市副中心。一方面，西虹桥商务区带动徐泾在道路、绿化、信息基础网络等基础设施方面的提升；另一方面，西虹桥商务区的核心产业——会展服务业可以直接或间接带动一系列相关产业的发展。徐泾镇依托商务区的辐射效应，发展贸易、物流、总部、咨询、电子商务、创意文化等"大会展经济"，实现徐泾镇的产业和城镇建设的大提升，加快产城融合步伐。

天津市自 2005 年以华明镇为代表启动第一批"示范小城镇"试点以来，城镇化发展迅猛。华明镇通过宅基地换房，实现了土地和资金两个平衡。华明镇利用复垦土地建设工业示范园和农业产业园，有效实现了居住社区、工业园、农业园的三区联动。在土地问题解决好的基础上，开始"三改一化"，即"集改股""农改非""村改居"和实行真正的城乡一体化。

结束语
从产城人融合走向城产人融合

　　作为中国近代工业的发祥地之一，改革开放后，常州率先崛起，赢得了"中国工业明星城市"的美誉，形成了以轻纺为主，拥有机械、农机、电子、化工、建材等多种产业集群的工业城市。而今，伴随改革的大潮，常州市再次主动探索出路，提出了新的改革发展思路——让"产""城""人"融合发展。

　　产城融合是在城市发展、产业结构和消费结构转型升级背景下，相对于原本"产城分离"模式而提出的发展思路，是一座城市实现可持续发展的基本要求。从国务院"苏南现代化示范区规划"提出"在常州推动建设西太湖科技城，重点发展先进碳材料、科技金融和高端商务服务，成为产城融合创新示范区"，到成为全省唯一的产城融合综合改革试点，常州"以产兴城、以城促产、宜居宜业、融合发展"的改革发展定位与实践，较为成功地实现了产业与城市功能融合、空间整合和价值融合，推动产业、城市和人的良性互动发展进入了一个更高的层次，初步形成了独特的经验，让常州成为其他城市推进产城融合发展的学习样本。改革推进中，常州牢牢把握"以产兴城"，以重大项目支撑转型升级，以科技创新驱动转型升级，以产业提质加速转型升级，深入实施工业经济"三位一体"战略，全力构筑新常态下常州市工业经济新优势。同时，大力发展现代服务业，第三产业增加值占地区生产总值增加比重预计达到 50.5% 左右，金融、电子商务等产业呈现良好发展态势。始终坚持"以城促产"，不断优化现代综合交通体系，有序推进城市功能项目，推进城乡发展一体化。其间，一大批项目有序推进，如常州火车站一体化改造工程开工建设，常州国际机场新增泰国、韩国、印尼等国际航班，青果巷历史文化街区、文化广场、金融商务区等建设进展顺利，农村文化体育、医疗卫生等基础设施和社会事业建设成效明显。深入落实"以人为本"，积极完善公共服务体系，加强生态文明建设，提升社会和谐水平，全力满足各类人群的公共服务需求，切实提高了常州市居民的满意度和幸福感，促进了人的全面发展这一产城融合核心目标的实现。

可见，依托产城融合试点试验平台，常州积极推进以市场化为导向的经济体制改革和科技体制改革，创新"十大产业链"和现代服务业等现代产业体系推进机制，促进产业发展和就业增长"双提升"；推动三次产业的价值链向高端攀升，促进高端产业与高素质人口"双集聚"；构建以人为核心的产城融合体制机制，加快人口资源、产业资源、空间资源的平衡配置，推动生产、生活、生态的良性互动和深度耦合，以现代城市的形态满足新兴产业的发展需要和高素质人口的生活需求。其产城融合发展的初步经验主要集中在以下五个方面。

一是以现代理念为引领。常州始终坚持在城镇建设和产业发展相互协调的框架内考虑产业发展的次序、布局和方向，在产业发展的不同阶段，适时调整城镇功能与定位，高起点、高标准、严要求推进城乡建设，实现产业发展与城市建设的良性互动。二是以科学规划为保障。注重做好产业规划与城市规划、土地规划和园区规划等多种规划的衔接，做到规划有据，严格实施。科学布局工业、商贸、居住等各项城市功能，陆续制定和完善了各种专项规划，为产城融合发展提供了重要保障。三是以产业更新为基础。有效贯彻产业链、上下游配套和招商选商的发展理念。启动了产业结构的转型升级、新兴产业发展规划，确立了总体产业结构布局，不断优化产业门类与发展层次，为既有产业技术升级换代、商业模式创新和新兴产业发展提质提供了动力之源。四是以功能提升为支撑。把城市功能的优化和城镇功能的匹配作为产城融合发展的重要环节，通过不断提升和完善城市功能来满足不同层次人群的需求，防止产业园区陷入"空转"和"产业孤岛"困境。五是以机制创新为重点。重点围绕"构建人口自由流动与有效集聚机制""强化产业发展推进机制""创新财税金融服务机制""深化土地制度改革""严格生态保护制度""健全空间优化管理机制"六个方面的机制创新任务，先行先试、敢闯敢试，从制度的"立、改、废"等多方面着手，完善、制定、出台一系列配套管用的政策措施，促进管理运行科学有序、资源配置开放高效、产业推进联动协作、投资建设多方参与。

需要指出的是，作为东部发达地区的常州在推进产城融合发展中也面临着以下三个方面的问题。一是试点区域的发展规划尚需完善。有的试点区域建设规划存在产业发展与城市功能协同不到位的情况，"重产业发展、轻城市功能"的问题较为普遍，以产业需求确定空间资源配置，导致产业布局与城市发展需求不匹配，产业空间与城市空间分割、离散甚至冲突。二是新老城区功能难以互补融合。老城区生产服务设施从布局到功能基本比较合理和完善，而新城区的区位规模与城分离且规模相当，对主城资源的利用度非常有限，造成新老城区功能难以互补和融合，新城区实现繁荣发展和功能完善还需时日。三是区镇行政职能衔接不够紧密。目前开发区治理主要实行管委会体制，与所在地方的政府职能衔接还需进一步理顺。在双重治理体制下，开发区往往注只重经济职能而不具有完整的社会职能，容易带来一系列的城市发展和社会问题，制约了产城融合的推进。

为此，常州要围绕打造"工业明星城市"升级版和建设全国一流智能制造名城的目标，加快经济转型升级步伐，培育新经济，发展新动能；围绕提升城乡功能，推进一批重大基础设施建设，全面提升城乡功能和管理水平，打造宜居宜业宜游城市。具体可从以下五个方面进一步深入推进常州产城融合发展。

一是创新理念指导实践。以"创新"理念推动产业发展，紧紧抓住苏南国家自主创新示范区建设机遇，优化区域创新布局，提升企业创新能力和产业竞争力，形成更多新产业、新业态、新模式；以"协调"理念推进城乡区域协调发展，不断优化"一纵三横"总体布局，加快县域经济发展和城乡基础设施建设步伐，补齐城乡之间、区域之间发展不平衡的短板；以"绿色"理念建设宜居城市，深入实施生态文明建设环境保护重点任务行动方案，提升生态绿城建设水平，巩固国家森林城市成果，创建国家生态园林城市；以"开放"理念提升城市国际化水平，加快推进企业、产业、园区、城市、人才"五个国际化"；以"共享"理念增强市民获得感，把"以人为本"贯穿产城融合改革全过程，不断提升民生实事水平，打造更多民生亮点。

二是重大项目支撑发展。始终围绕重大项目建设，加快引进和建设一批大项目、好项目，努力提升产业发展层级和城乡发展水平。加速重大项目建设，全力推进实施省市重点项目以及"十大产业链"、现代服务业等专项领域重点项目，加快项目竣工投产。狠抓重点项目招引，强化各类开发区、产业集聚区的载体作用，强化基金招商、产业链招商，主动对接各类央企、知名外企、大型民企，瞄准技术发展趋势和产业发展制高点，加快大项目、好项目招商力度。加快储备项目阶段转化，按照产业项目"六个一批"、重大基础设施和社会事业项目"四个一批"要求分类管理，确保项目接续。

三是统筹推进综合保障。以科学规划推进产城融合，加强开发区与周边城镇的统一规划，推进区域综合开发。注重"职住平衡"和功能协调，逐步将城市功能有机融入园区，使生产区、生活区、配套服务区融合。以示范引领带动整体工作，发挥试点区域的引领作用，按照县（市）、开发区、乡镇、特色产业集聚区、城市重要功能区五类区域开展市级试点工作，探索产城融合新路。构建评价考核体系，从产业发展、空间融合、人口融合和功能融合等方面构建评价指标体系，进行融合度评判。以治理融合推动产城融合，根据各开发区实际情况，探索推进两种模式：开发区和所在城镇政府实现兼职或交叉任职、共同治理，或建立开发区和所在城镇政府协调治理运作机制，分工负责，共同推进。

四是创新机制吸引人才。围绕产业科技创新需求，对接国家级领军人才平台——科技领军人才创新驱动中心（常州），加快建立长效的高端人才服务机制，着力引进领军型创新创业人才和创新团队。深入实施"龙城英才"计划，综合运用无偿拨款、跟进投资、基金参与等多种形式，广泛集聚海内外高层次创新创业人才，培植科技型初创企业；重点引进行业细分领域创新创业顶尖人才团队，对入选常州创新科研团队的海外高层次人才团队给予配套资助。

五是以人为本配套功能。在新型城镇化建设中尽快摆脱"先生产，后生活"的传统观念，由"各类要素围绕工业配套"转向"各类要素围绕人的需求配套"。有条件的地区可以适当突破第一、第二、第三产业发展的常规路径，有目的地引导和推动服务业适度超前发展，从而实现产业与城市长期协同发展。在制订城镇发展规划时要充分考虑未来发展对城市功能的需求和已有服务业的服务半径，同步甚至超前发展城市生活配套设施，将商业综合体的建设纳入发展规划，探索建立政府投资、价格协同等合理回报机制，促进服务业项目能与工业项目一样获得稳定的多元化投资。

常州产城融合综合改革正坚实推进，并初步积累和形成了一些成功做法和宝贵经验，但要形成可复制、可推广的新模式，还需完善机制、精细雕琢、砥砺前行。

一是人口、产业、空间深度耦合。实现人口资源、产业资源、空间资源有效配置、相互支撑，才能形成人、产、城的深度耦合。人口素质需要再提升。产城融合核心在人，不能忽视人口素质的提升。既要从海内外大力引进产业发展急需的各类人才，又要夯实教育根基，培养大批人才。在规划中，特别要注意围绕人口素质提升科学配置优质教育文化资源。产业结构需要再优化。产城融合的进一步深化，对产业的选择与优化提出了更高要求。传统产业需要转型升级，向价值链高端攀升，提升竞争力；战略性新兴产业要坚持创新驱动，形成规模化集聚化效应；现代服务业要突破发展生产性服务业、提升发展消费性服务业、培育发展民生性服务业，突出文化产业以及现代农业的特殊功能，满足现代人群的多样需求。空间布局需要更科学。应在土地集约利用的基础上，科学划定功能分区，规划好产业发展空间和人口活动空间，构建起产业复合、规模适当、职居平衡、服务配套的空间组织方式，让城乡居民能在不同的空间单元中就近、舒适地生活、就业、居住、休闲。

二是政府、市场、社会共同发力。推进产城融合，不仅要发挥政府的主导作用，而且要激发市场和社会中蕴藏的潜力和活力，形成多方参与、合力推进的良好格局。首先需要政府引导力。政府应履行好自己应当承担的职责，不能缺位、错位。在产业规划上，力求科学合理，为产业发展提供"指南针"和"校准器"；在政策制定中，增强引领性、含金量，营造公平竞争的市场环境；在基础设施建设中，加大投资力度，为产业、城市和民生提供坚实的硬件支撑；在公共服务上，更好地为企业、为市民提供高效优质服务。其次需要市场驱动力。通过深化改革、简政放权、完善市场体系、发展混合所有制经济等，释放市场活力，打开产业发展的广阔空间。搭好公平竞争平台，促进城乡要素自由合理流动。推广政府和民间资本合作方式，调动民间资本参与产业发展和城市功能提升的积极性。最后还有社会支撑力。注意发挥基层组织、社会组织以及公众的作用。在城市规划中，广开言路、集思广益，多听取社会各界的意见；在产业发展中，发挥好行业组织的自律作用；在城市治理中，鼓励共同参与，努力营造文明、和谐、绿色的生产生活环境。

三是生产、生活、生态良性互动。产城融合不仅要加快产业转型、加速城乡一体，更要有生产、生活、生态空间的科学合理配置，形成均衡发展、持续发展的模式。实现生产与生活互动，关键在于科学划分城市功能区，既要利于生产又要方便生活，让乐业和宜居统一起来。不同的产业形态集聚不同的人群，要构建适合产业形态和人群特征的功能布局。例如，把文化产业发展和文化创意产业街区建设结合起来，营造能够产生创意的小环境；在高端产业集聚区开设高端休闲场所，满足科技人才的高品质生活需求。形成生产、生活与生态良性互动，"产"应当是绿色产业，要推进转型升级，狠抓节能减排，加快淘汰落后产能，坚持绿色、循环、低碳发展；"城"应当是生态城市，要推进生态绿城建设，补充生态环境容量，让市民在良好生态环境中生产、生活，实现绿色化发展。

但从更加彻底、更为根本的层面来看，常州产城融合综合改革需要颠覆性的观念变革，需要实现从产城人融合到城产人融合的转变。从"产城人"到"城产人"，意味着从"以产带城"转向"以城促产"，以城市现代化促进产业高端化。改革开放 30 多年来，常州走的是一条工业化带动城市化的道路，是产业和企业成就了城市。现如今，常州步入后工业化阶段，到了以城市化带动工业化的历史拐点，工业化红利趋于稳定，城市化红利大有空间，通过提质升级城市功能、提高综合承载能力，以城市的高品质、现代化、国际化汇聚资源、吸引人才，带动产业、企业的提升和发展，即以城市来成就产业和企业，使城市成为常州更具推动力的经济发展引擎。但无论是城市引领还是产业支撑，城市治理和发展的出发点和落脚点是居于城中的人，所谓"城，所以盛民也"。城市最终赋予人舒适的生活空间、完善的公共服务、平等的发展机会。人们期冀，栖息于城市能够衣食无忧、身体康健、精神愉悦，能够自由奔跑、畅快呼吸、纵情欢笑，能够乐于思想、坚持理想、追逐梦想。

同时，立足全国产城融合发展的态势，面对日益复杂的发展环境与条件，我们认为只有客观地认识产城融合的概念与方法，才能避免产城融合从"进步"走向"盲从"。

一是因"势"利导,把握产城融合的阶段特征。在现实的发展过程中,"产""城"之间始终处于"不平衡"的作用状态。一方面,两者各自的体系都处于不断的演进过程之中;另一方面,两者之间的"互动作用过程"同样是一个"打破既有平衡"的创新过程。因此,理解产城融合不能只是简单地看静态结果,更要建立动态的"过程"思维。从某种意义上说,地区差异就是宏观发展的"时差"。在国家整体层面,从沿海到内陆、从东部到西部、从珠三角到长三角再到京津冀等一系列的梯度发展反映出明显的"时差",而这也就导致各区域在城镇化发展道路上的截然不同。就城市微观成长周期而言,不同发展阶段的矛盾和问题各不相同,也就必然导致融合的路径存在明显的差异。无论是老城区的"退二进三",还是新区的"联动发展",本质上都是发展阶段不同造成的需求差异。因此,产城融合不仅是静态的"规划理念",更是职能培育与公众认知的过程,不能急于求成,需要在这一过程中不断地处理融合矛盾和创新融合方法。在实践中,要审时度势,尊重城市及经济发展的客观规律,理性地评估和认识城市发展阶段的动力、规模、结构与需求特征,选择符合城市实际情况的融合方式与方法,不能盲目"求新""求变";另外,要有序引导,建立起发展的过程观,围绕总体的发展方向与目标,关注发展中不同阶段的现实问题与需求,强化过程政策、成长策略与行动计划的持续、有序推进,不能急于"求成""求果"。

二是因"地"制宜,建立产城融合的统筹观念。对产城融合的理解不能仅停留在"局部"功能关系的认识上,必须从城市甚至区域的整体出发,看待微观的功能与服务融合问题,否则将会导致城市整体运行效率的降低和功能体系的涣散。以常州为例,该城市的中心城区共有常州高新技术开发区、武进高新技术开发区、常州经济开发区、天宁经济开发区、钟楼经济开发区、武进西太湖科技产业园、金坛经济开发区、滨江经济开发区、常州空港产业园、常州轨道交通产业园、新北光伏产业园、江苏中关村科技产业园、常州金融商务区等20多个不同类型的开发区及园区,各园区大小不一,各自的区位条件也不相同。在产城融合理念的引领下,如果各园区均只立足自身区域范围,势必在内部形成封闭的"小而全"的功能体系,从而产生中心城区功能体系组织的"散"、人居环境质量的"差"、空间布局结构的"乱"等一系列现实的问题,使城市整体功能与环境品质的提升面临极大的障碍，城市整体的运行也陷入"诸侯经济"的泥潭之中。因此，产城融合需要有一个空间统筹发展的前提作为指导，否则将会引发"小而散""规模不经济"等问题。正所谓"不谋全局者，不足谋一域"，要理性地看待城市的"区位"特征，处理好功能统筹与融合的关系。今天的产城融合所面临的问题早已不仅是功能区内部简单的功能匹配和职住关系问题，更需要建立全局统筹的大视野，从不同空间层级、不同区位特征及不同结构属性等方面来审视融合的核心问题，从而制定融合的方式、路径与对策，最终形成多元化的空间形态结果与复杂的空间作用层次。

三是因"人"而异，回归产城融合的人本导向。产城融合不能仅停留在形式上，而应回归到"以人为本"的价值导向上。只有基于人的真实需求所进行的功能安排、设施统筹和制度设计，才能真正引导城市功能、效率及生活质量的不断提高，从而实现真正意义上的产城融合。否则，只能是空洞的"概念炒作"和"谋利说辞"而已。近些年国内许多规划对于产城融合概念的理解仅仅停留在用地形式和主观意愿层面上，而打着产城融合的口号所进行的种种房地产投机行为也必然会给城市健康、可持续发展带来巨大的隐患。因此，必须从产城融合的概念表象回归深层次的价值认识，围绕人的真实需求，建立起真正意义上的服务关联，而不是形式上的关联。融合的目标不仅要停留在"物"的层面，更要回归到"人"的需求层面。只有基于人的真实需求所实现的融合才是真正的融合，才会走向正确的方向。我们认为，首先，应强调广泛的公众参与，通过充分"对话"，了解不同主体的真实需求，从而选择更具服务指向性的功能融合方式与类型；其次，通过建立实施过程中的动态评估机制与反馈机制，了解人群结构与需求的动态变化，促进过程中"实施共识"的建立，并及时调整过程中出现的供需矛盾与融合问题。

参考文献

白小明:《加快河南省产业集聚区产城融合的思路与对策研究》,《行政科学论坛》2016 年第 3 期。

蔡炜:《产城融合,"刷"出一个全新常州》,《新华日报》2015 年 12 月 7 日。

柴彦威、曲华林、马玫:《开发区产业与空间及管理转型》,科学出版社,2008。

陈鸿、刘辉、张俐、王洁新:《开发区产业集聚及产城融合研究——以乐清市为例》,《城市发展研究》2014 年第 1 期。

陈家祥:《中国国家高新区功能偏离与回归分析》,《城市规划》2006 年第 6 期。

陈柳钦、黄坡:《产业集群与城市化分析——基于外部性视角》,《西华大学学报》(哲学社会科学版) 2007 年第 2 期。

陈智君、张金华、黄勇:《关于常州乡村地区"多规合一"规划的理论与实践探索》,《江苏城市规划》2015 年第 6 期。

董伟:《论城市新产业区及其对城市化进程的影响》,《西南民族大学学报》(人文社科版) 2010 年第 4 期。

杜宝东:《产城融合:避免从进步走向盲从》,《成都日报》2016 年 9 月 28 日。

杜宝东:《产城融合的多维解析》,《规划师》2014 年第 6 期。

费高云:《工业结构调整的实践与思考》,《新华日报》2016 年 8 月 9 日。

费高云:《聚力转型升级 提升发展质效》,《群众》2016 年第 2 期。

费高云:《通过创新提高公共文化服务水平》,《人民日报》2016 年 1 月 21 日。

高国力：《规划的革命：经济新常态下"多规合一"的重难点》，《探索与争鸣》2015 年第 6 期。

葛立成：《产业集聚与城市化的地域模式——以浙江省为例》，《中国工业经济》2004 年第 1 期。

"工业化与城市化协调发展研究"课题组：《工业化与城市化关系的经济学分析》，《中国社会科学》2002 年第 2 期。

谷人旭：《现代都市由产城分离到融合的理性思考——以上海"产城分离"困境为例》，《上海城市管理》2013 年第 3 期。

顾朝林、柴彦威等：《中国城市地理》，商务印书馆，1999。

郭嫱：《产城融合发展模式及规划策略研究——以天津市东丽区为例》，《天津经济》2015 年第 9 期。

国务院发展研究中心课题组：《中国城镇化前景、战略与政策》，中国发展出版社，2010。

何立春：《产城融合发展的战略框架及优化路径选择》，《社会科学辑刊》2015 年第 6 期。

何育静、夏永祥：《江苏省产城融合评价及对策研究》，《现代经济探讨》2017 年第 2 期。

贺传皎、王旭、邹兵：《由"产城互促"到"产城融合"——深圳市产业布局规划的思路与方法》，《城市规划学刊》2012 年第 5 期。

洪银兴：《产城融合的一个可推广范例》，《新华日报》2015 年 12 月 10 日。

胡滨、邱建、曾九利、汪小琦：《产城一体单元规划方法及其应用——以四川省成都天府新区为例》，《城市规划》2013 年第 8 期。

花建：《文化产业集聚发展对新型城市化的贡献》，《上海财经大学学报》2012 年第 2 期。

花永剑：《浙江推动新型小城镇产城融合发展》，《宏观经济管理》2015 年第 6 期。

华克思：《关于开发区转型发展的思考——以皖江示范区为例》，《宏观经济管理》2016 年第 3 期。

黄鲁成、张淑谦、王吉武：《管理新视角——高新区健康评价研究的生态学分析》，《科学学与科学技术管理》2007 年第 3 期。

黄杉、张越、华晨、汤婧婕：《开发区公共服务供需问题研究——从年龄梯度变迁到需求层次演进的考量》,《城市规划》2012 年第 2 期。

霍春龙:《论政府治理机制的构成要素、涵义与体系》,《探索》2013 年第
　　1 期。

贾晓华:《强化中小城市的产业支撑实现城镇与产业的融合发展》,《辽宁
　　大学学报》(哲学社会科学版) 2014 年第 3 期。

简新华、罗钜钧、黄锟:《中国城镇化的质量问题和健康发展》,《当代财
　　经》2013 年第 9 期。

蒋浩:《促进常州农民增收缩小城乡收入差距的思考》,《宏观经济管理》
　　2012 年第 1 期。

蒋华东:《产城融合发展及其城市建设的互融性探讨——以四川省天府新
　　区为例》,《经济制改革》2012 年第 6 期。

蒋清松:《长三角地区产业园区产城融合发展研究——以常州西太湖科技
　　产业园为例》,《农村经济与科技》2016 年第 24 期。

焦华富、戴柳燕:《合肥市城市居民职住空间均衡性现状及影响因素》,
　　《城市问题》2015 年第 5 期。

解佳龙、胡树华:《国家自主创新示范区"四力"甄选体系与应用》,《科
　　学学研究》2013 年第 9 期。

G. L. 克拉克,M. P. 费尔德曼,M. S. 格特勒:《牛津经济地理学手册》,
　　刘卫东、王缉慈、李小建、杜德斌等译,商务印书馆,2010。

孔翔、杨帆:《"产城融合"发展与开发区的转型升级——基于对江苏昆山
　　的实地调研》,《经济问题探索》2013 年第 5 期。

李海龙、于立:《中国生态城市评价指标体系构建研究》,《城市发展研究》
　　2011 年第 7 期。

李文彬、陈浩:《产城融合内涵解析与规划建议》,《城市规划学刊》2012
　　年第 S1 期。

李文彬、张昀:《人本主义视角下产城融合的内涵与策略》,《规划师》
　　2014 年第 6 期。

李学杰:《城市化进程中对产城融合发展的探析》,《经济师》2012 年第
　　10 期。

李扬:《创新,让新的增长点破茧而出》,《新华日报》2015 年 12 月 11 日。

厉无畏、王振:《中国开发区的理论与实践》,上海财经大学出版

社，2004。

林汉川：《高新技术开发区建设的理论思考》，《中国社会科学》1995 年第
    4 期。

林华：《关于上海新城"产城融合"的研究——以青浦新城为例》，《上海
    城市规划》2011 年第 5 期。

林善浪、姜冲：《产城融合是新型城镇化的重要路径》，《中国国情国力》
    2014 年第 11 期。

林章悦、王云龙：《新常态下金融支持产城融合问题研究——以天津市为
    例》，《管理世界》2015 年第 8 期。

刘畅、李新阳、杭小强：《城市新区产城融合发展模式与实施路径》，《城
    市规划学刊》2012 年第 S1 期。

刘瑾、耿谦、王艳：《产城融合型高新区发展模式及其规划策略——以济
    南高新区东区为例》，《规划师》2012 年第 4 期。

刘荣增、王淑华：《城市新区的产城融合》，《城市问题》2013 年第 6 期。

刘顺兴、刘俊民、董艳菊、高伟山：《"非常之州"的智慧发展》，《许昌
    日报》2016 年 7 月 4 日。

刘永萍、王学渊：《城市化与产业结构升级协调发展研究》，《齐鲁学刊》
    2014 年第 2 期。

龙麒任：《基于 PCA/AHP 的产城融合测度与评价——以湖南省为例》，
    《经济师》2016 年第 4 期。

卢为民：《产城融合发展中的治理困境与突破——以上海为例》，《浙江学
    刊》2015 年第 2 期。

卢为民：《工业园区转型升级中的土地利用政策创新》，东南大学出版
    社，2013。

罗守贵：《中国产城融合的现实背景与问题分析》，《上海交通大学学报》
    （哲学社会科学版）2014 年第 4 期。

马鹏、李文秀、方文超：《城市化、集聚效应与第三产业发展》，《财经科
    学》2010 年第 8 期。

马野驰、祝滨滨：《产城融合发展存在的问题与对策研究》，《经济纵横》
    2015 年第 5 期。

潘锦云、丁羊林：《新型城镇化视角下产城融合理论与发展路径研究》，

《安庆师范学院学报》（社会科学版）2016 年第 5 期。

潘锦云、姜凌、丁羊林：《城镇化制约了工业化升级发展吗——基于产业
和城镇融合发展的视角》，《经济学家》2014 年第 9 期。

彭俊杰：《以产业集聚推进河南城镇化均衡发展的对策建议》，《中共郑州
市委党校学报》2014 年第 6 期。

彭兴莲、陈佶玲：《产城融合互动机理研究——以苏州工业园区为例》，
《企业经济》2017 年第 1 期。

屈大磊：《基于产城融合的常州新型城镇化建设实践探讨》，《现代商贸工
业》2016 年第 22 期。

上海市经济和信息化委员会：《2013 上海产业和信息化发展报告——产城
融合与总部经济》，上海科学技术文献出版社，2012。

孙肖远、顾新华：《工业智能改造升级的常州路径》，《新华日报》2015 年
12 月 11 日。

覃成林：《基于协调与共享发展的中原城市群建设制度创新》，《地域研究
与开发》2008 年第 6 期。

唐晓宏：《基于灰色关联的开发区产城融合度评价研究》，《上海经济研究》
2014 年第 6 期。

唐晓宏：《上海产业园区产城融合发展路径研究》，《宏观经济管理》2014
年第 9 期。

唐永伟、彭宏业、陈怀录：《"产城融合"理念下西北河谷型城市郊区工业
园规划模式研究》，《现代城市研究》2015 年第 7 期。

藤田昌久、克鲁格曼等：《空间经济学》，中国人民大学出版社，2011。

王慧：《开发区与城市相互关系的内在肌理及空间效应》，《城市规划》
2003 年第 3 期。

王家斌、李茜：《新型城镇化视阈下产城融合发展战略探究》，《江南论
坛》2016 年第 8 期。

王丽：《国家新型城镇化规划解读及地方实践探索》，中国建材工业出版
社，2014。

王丽华：《产城融合发展模式及策略思考》，《中国集体经济》2012 年第
31 期。

王丽主编《国家新型城镇化规划解读及地方实践探索》，中国建材工业出

版社，2014。

王世停：《智慧发展，长三角崛起非常之"州"》，《新华日报》2015 年 12
　　月 10 日。

王世停：《智慧建设，城市进化的常州镜鉴》，《新华日报》2015 年 12 月
　　9 日。

王霞、王岩红、苏林、郭兵、王少伟：《国家高新区产城融合度指标体系
　　的构建及评价——基于因子分析及熵值法》，《科学学与科学技术管
　　理》2014 年第 7 期。

王晓映：《智慧文化，以城促产的常州精彩》，《新华日报》2015 年 12 月
　　8 日。

王欣、徐颖、王先君：《关于实现"产城融合"的若干思考——以台州市
　　区为例》，《建筑设计管理》2015 年第 1 期。

王雅莉：《城市经济学》，首都经贸大学出版社，2008。

王逸飞：《杭州"产城融合"促转型》，中国新闻网，2016 年 3 月 7 日，
　　http：//www. chinanews. com/df/2016/02 - 29/7777895. shtml。

王政武：《中国新型城镇化建设应通过产城融合来保障人的生存和发展》，
　　《改革与战略》2013 年第 12 期。

王志美、李京文：《基于产业技术创新的城市空间演化特征》，《城市问题》
　　2007 年第 6 期。

韦亚平、赵民：《关于城市规划的理想主义与理性主义理念——对"近期
　　建设规划"讨论的思考》，《城市规划》2003 年第 8 期。

魏后凯：《走中国特色的新型城镇化道路》，社会科学文献出版社，2014。

吴丰林、方创琳、赵雅萍：《城市产业集聚动力机制与模式研究进展》，
　　《地理科学进展》2010 年第 10 期。

肖曾艳、李玲：《"产城融合"视角下的房地产转型与创新》，《梧州学院
　　学报》2013 年第 2 期。

谢呈阳、胡汉辉、周海波：《新型城镇化背景下"产城融合"的内在机理
　　与作用路径》，《财经研究》2016 年第 1 期。

徐代明：《基于产城融合理念的高新区发展思路调整与路径优化》，《改革
　　与战略》2013 年第 9 期。

许明强、魏伟：《产城融合研究综述——以一个新界定为框架》，《中国房

地产》2016年第12期。

阎立、常州:《着力建设创新型城市》,《群众》2015年第11期。

阎立:《努力探索具有常州特色的新型城镇化道路》,《江南论坛》2014年第1期。

阎立:《探路产城融合发展》,《群众》2015年第10期。

阎立:《以新发展理念深化产城融合综合改革》,《江南论坛》2016年第4期。

杨雪锋、未来:《产城融合:实现路径及政策选择》,《中国名城》2015年第9期。

姚懿:《关于产城融合发展战略重点的思考》,《现代商业》2016年第30期。

叶连松、靳新彬:《新型工业化与城镇化》,中国经济出版社,2011。

于涛方、顾朝林、吴泓:《中国城市功能格局与转型——基于五普和第一次经济普查数据的分析》,《城市规划学刊》2006年第5期。

翟慎良:《智慧制造,以产兴城的常州使命》,《新华日报》2015年12月7日。

张莉、王贤彬、徐现祥:《财政激励、晋升激励与地方官员的土地出让行为》,《中国工业经济》2011年第4期。

张明斗、王雅莉:《中国新型城市化道路的包容性发展研究》,《城市发展研究》2012年第10期。

张召堂:《中国开发区可持续发展战略》,中共中央党校出版社,2003。

赵淑玲、王峰玉:《产城融合背景下产业集聚区发展建设研究》,《科技信息》2013年第22期。

赵学彬:《基于空间均衡格局下的长沙市城市空间发展战略研究》,《城市发展研究》2010年第11期。

中共中央文献研究室:《十八大以来重要文献选编(上)》,中央文献出版社,2014。

中国社会科学院工业经济研究所:《中国工业发展报告2014》,经济管理出版社,2014。

周其仁:《产城融合,增强综合改革穿透力》,《新华日报》2015年12月11日。

邹伟勇、黄炀、马向明、戴明：《国家级开发区产城融合的动态规划路径》，《规划师》2014 年第 6 期。

邹小勤、曹国华、许劲：《西部欠发达地区"产城融合"效应实证研究》，《重庆大学学报》（社会科学版）2015 年第 4 期。

左学金：《我国现行土地制度与产城融合：问题与未来政策探讨》，《上海交通大学学报》（哲学社会科学版）2014 年第 4 期。

Brueckner J. K. , "Urban Sprawl: Diagnosis and Remedies," *International Regional Science Review*, 2000, 23 (2): 160 – 171.

Patacchini E. , Zenou Y. , "Search activities, Cost of Living and Local Labor Markets," *Regional Science and Urban Economics*, 2006, 36 (2): 227 – 248.

Scott A. J. , "Industrialization and Urbanization: A Geographical Agenda," *Annals of The Association of American Geographers*, 1986, 76 (1): 25 – 37.

Mills, E. S. , Hamilton, B. W. , *Urban Economics*, New York: Harper Collins College Publishers, 1994.

Hepinstall – Cymerman J. , Coe S. , Hutyra L. R. , "Urban Growth Patterns and Growth Management Boundaries in The Central Puget Sound, Washington, 1986 – 2007," *Urban Ecosystems*, 2013, 16 (1): 109 – 129.

Keeble, D. , Wilkinson, F. , "Collective Learning and Knowledge Development in The Evolution of Regional Cluster and of High – technology SMEs in Europe," *Regional Studies*, 1999, 4, 295 – 303.

Smith T. E. , Zenou Y. , "Spatial Mismatch, Search Effort, and Urban Spatial Structure," *Journal of Urban Economics*, 2003, 54 (1): 129 – 156.

Giuliano G. , "Is Jobs – Housing Balance A Transportation Issue?" *University of California Transportation Center Working Papers*, 1991, 1305 (1305): 305 – 312.

Van Ommeren J. , Rietveld P. , Nijkamp P. Jobmoving, "Residential Moving, and Commuting: Asearch Perspective," *Journal of Urban Economics*, 1999, 46 (2): 230 – 253.

图书在版编目（CIP）数据

产城融合发展：常州实践与特色／芮国强著. --
北京：社会科学文献出版社，2017.9
　（苏南现代化研究丛书）
　ISBN 978 - 7 - 5201 - 1328 - 1

　Ⅰ.①产⋯　Ⅱ.①芮⋯　Ⅲ.①城市化 - 研究 - 常州
Ⅳ.①F299.275.33

　中国版本图书馆 CIP 数据核字（2017）第 211661 号

·苏南现代化研究丛书·

产城融合发展
——常州实践与特色

著　　者／芮国强

出 版 人／谢寿光
项目统筹／谢蕊芬
责任编辑／杨　阳　汪　涛

出　　版／社会科学文献出版社·社会学编辑部（010）59367159
　　　　　　地址：北京市北三环中路甲 29 号院华龙大厦　邮编：100029
　　　　　　网址：www. ssap. com. cn
发　　行／市场营销中心（010）59367081　59367018
印　　装／北京季蜂印刷有限公司

规　　格／开 本：787mm × 1092mm　1/16
　　　　　　印 张：19.75　字 数：321 千字
版　　次／2017 年 9 月第 1 版　2017 年 9 月第 1 次印刷
书　　号／ISBN 978 - 7 - 5201 - 1328 - 1
定　　价／89.00 元

本书如有印装质量问题，请与读者服务中心（010 - 59367028）联系